STUDY ON INDEPENDENT DIRECTORS, EXECUTIVE COMPENSATION AND CORPORATE PERFORMANCE
— BASED ON LISTED COMPANIES

独立董事、高管薪酬与公司业绩

——基于上市公司的研究

袁春生 ◎ 著

经济管理出版社
ECONOMY & MANAGEMENT PUBLISHING HOUSE

图书在版编目（CIP）数据

独立董事、高管薪酬与公司业绩：基于上市公司的研究/袁春生著．—北京：经济管理出版社，2020.9

ISBN 978－7－5096－7482－6

Ⅰ.①独…　Ⅱ.①袁…　Ⅲ.①董事会—管理体制—研究　Ⅳ.①F271

中国版本图书馆 CIP 数据核字(2020)第 158340 号

组稿编辑：杜　菲
责任编辑：杜　菲
责任印制：黄章平
责任校对：张晓燕

出版发行：经济管理出版社
（北京市海淀区北蜂窝 8 号中雅大厦 A 座 11 层　100038）
网　　址：www. E－mp. com. cn
电　　话：（010）51915602
印　　刷：唐山昊达印刷有限公司
经　　销：新华书店
开　　本：720mm×1000mm/16
印　　张：14. 75
字　　数：258 千字
版　　次：2020 年 10 月第 1 版　　2020 年 10 月第 1 次印刷
书　　号：ISBN 978－7－5096－7482－6
定　　价：78. 00 元

前　言

自 1978 年以来，我国开始以经济建设为中心，拉开了改革开放的序幕，自此，我国经济得到了快速发展。由计划经济体制向市场经济体制渐次转型，贯穿我国改革开放以来近 40 年的经济建设历程，市场在经济资源配置中起到越来越重要的作用，这是我国经济得以快速增长的重要原因。劳动力特别是管理者才能的市场化配置是我国经济转型的重要组成部分，也是我国经济快速增长的推动因素之一。管理者才能在经济资源配置、企业创新活动中起到了越来越重要的作用。

钱德勒在其著作《看得见的手——美国企业的管理革命》中强调了经理人的管理协调这只“有形之手”的重要作用。他认为：“现代工商企业在协调经济活动和分配资源方面已取代了亚当·斯密的所谓市场力量的无形之手……现代工商企业已成为美国经济中最强大的机构，经理人员则已成为最有影响力的经济决策者集团。”熊彼特强调企业家的破坏性创造的重要作用，重视企业家对生产要素和生产条件重新组合的创新过程，认为企业创新引起模仿，模仿打破垄断，从而周而复始地推动着经济发展。

在委托代理关系中，管理者作为企业资源的使用者利用自己的人力资本为资源的提供者（股东或所有者）创造价值，并将企业视为获取报酬、实现自我价值的源泉。然而，Berle 和 Means（1932）在对美国 200 家大公司的调查中发现，现代大型企业的管理权正从私人资产所有者转移到具有专门管理技能的管理者手中。两权分离的结果导致了企业权利配置移位，企业所有者不再拥有企业经营权，掌握企业管理权的经理层在日常经营过程中实质上控制了企业。由于股东与管理者的目标函数不一致，且双方存在较严重的信息不对称，管理者有可能利用其私有信息和实际经营决策权做出有利于自身利益、损害股东利益的经营决策，从而产生利益冲突。

存在于股东与管理者之间的利益冲突，通常称为第一类代理问题，主要表现在直接侵蚀股东财富和间接侵蚀股东财富两个方面，前者表现为经理人追求高额薪酬、在职消费、工作懈怠等。高管高额薪酬是股东与管理者之间代理冲突最直观的表现形式。由于股东对公司价值具有剩余索取权，因此高管薪酬越高，股东得到的相对越少。Jensen 和 Murphy（1990）的研究发现，美国上市公司经理薪酬与公司业绩之间的敏感性较低，即使在公司业绩很差时，经理也可能会给自己增加薪水。后者表现为由管理者的帝国建造行为引起的过度投资，由管理者的风险态度和任期观念引起的投资不足等投资行为对股东财富的影响。过度投资和投资不足都会导致公司价值降低，从而损害股东利益。

解决股东与高管之间代理问题的方法之一，是采用合适的激励方式与激励强度，将高管的收入与公司业绩挂钩，实行基于业绩的报酬制度。设计良好的管理层薪酬契约被认为是协调管理者行为和股东目标的主要机制之一，它有助于缓解管理者自利行为引发的代理问题。此方面的实证研究主要围绕薪酬机制（薪金、股票期权、股份、解雇费）对公司财务行为（投资、融资、股利政策）和业绩的激励效果两条主线展开。

另一个解决股东与高管之间代理问题的方法是加强监督，使高管不至于工作懈怠、不至于因追求基于业绩的报酬而财务造假。其中一个典型的监督机制是独立董事制度。独立董事制度最早在美国开始实施，我国正式引入以 2001 年发布的《关于在上市公司建立独立董事制度的指导意见》为标志。独立董事的主要职权是对重大关联交易发表的独立意见、向董事会提议聘用或解聘会计师事务所、向董事会提请召开临时股东大会、提议召开董事会、独立聘请外部审计机构和咨询机构、可以在股东大会前公开向股东征集投票权。将独立董事引入公司董事会中，独立董事可以以相对独立的身份对管理层进行监督，对公司财务情况客观地发表意见及建议，让董事会在更加公平、公正、公开的环境中运行，可使股东利益得到更好的保障。

为此，本书围绕公司治理中的第一类代理问题，讨论我国市场化进程中的独立董事与会计信息质量、高管薪酬差距、薪酬管制、薪酬业绩敏感性等问题，其结论在理论上能够增强人们对独立董事、高管薪酬与公司业绩三者之间关系的理解，在实践上能够为完善独立董事制度、完善高管薪酬制度以及完善公司治理，最终推动我国企业改革与发展提供一定的借鉴。

目　录

第一章　绪论 ……………………………………………………………… 001

一、研究意义 ……………………………………………………………… 001

二、研究目标与主要内容 ………………………………………………… 005

三、研究方案与研究方法 ………………………………………………… 007

第二章　市场化进程、独立董事与会计信息质量 ……………………… 010

一、引言 …………………………………………………………………… 010

二、文献综述 ……………………………………………………………… 014

三、研究假设与设计 ……………………………………………………… 024

四、市场化进程、独立董事与会计信息质量的实证分析 ……………… 032

五、研究总结与建议 ……………………………………………………… 043

第三章　董事会独立性、高管薪酬差距与公司绩效 …………………… 046

一、引言 …………………………………………………………………… 046

二、文献综述 ……………………………………………………………… 050

三、理论分析与研究假设 ………………………………………………… 055

四、实证研究设计 ………………………………………………………… 059

五、实证分析结果 ………………………………………………………… 062

六、结论与讨论 …………………………………………………………… 071

第四章　市场化进程、国有企业薪酬管制与高管薪酬业绩敏感性 …… 074
一、引言 …… 074
二、文献综述 …… 079
三、理论依据与研究假设 …… 085
四、实证分析 …… 092
五、研究结论与建议 …… 107
第五章　独立董事津贴与高管薪酬契约——合谋视角的研究 …… 111
一、引言 …… 111
二、文献综述 …… 117
三、理论分析与研究假设 …… 125
四、实证分析 …… 135
五、研究结论与建议 …… 165
第六章　管理层权力、内部控制与高管薪酬业绩敏感性 …… 169
一、绪论 …… 169
二、文献综述 …… 173
三、研究假设与研究设计 …… 180
四、实证结果与分析 …… 186
五、研究结论与政策建议 …… 194
第七章　研究总结 …… 197
一、研究结论 …… 197
二、研究局限 …… 200
三、研究展望 …… 201
参考文献 …… 203
后记 …… 224

第一章
绪　论

一、研究意义

自 Berle 和 Means（1932）首次分析美国资本市场上分散持股的股东与经营者之间的代理关系以来，关于如何完善公司治理以减少经理人代理成本的研究就开始得到蓬勃发展，其中一个热门研究分支是讨论管理层激励的作用。在此方面，高管激励理论认为，管理者人力资本的利用效果与其载体不可分离，易受到管理者心理状态的影响，人力资本特别是管理者才能只能激励而不能剥夺。另外，企业管理者的工作不像普通工人那样容易被监督，所以更需要采用激励机制以使管理层的利益与股东一致。这就是劳动力市场理论中的激励假设。激励假设所表达的主要观点是，股东回报部分依赖于公司高层管理者的努力程度（Murphy，1986），当企业没有提供给管理层足够的激励时，管理层的道德风险问题较容易发生。利用基于业绩的报酬激励可以使管理层利益与股东利益紧密结合在一起。

激励假设理论认为，高管报酬是最小化高管与股东之间代理成本的制度，董事会应利用报酬激励最大化股东价值。但是，在公众公司，董事会易受管理层影响或控制且董事会对报酬合同实施情况的监督无效率，导致高管激励偏离最优合同理论的设计，高管报酬远远超过股东利益最大化的报酬水平。为隐藏及方便攫取租金，管理者甚至会动用权力影响自身报酬结构，这会进一步扭曲激励机制（Bebchuk et al.，2002）。管理层权力理论认为，公司高管对自身报酬有实质性影响，高管权力越大，其影响自身报酬及攫取租金的能力越强。管理层权力大小受到有效接管障碍的存在、董事会结构、大股东以及机构投资者等因素影响。当管理者受到反接管条款保护、董事会较弱、管理层拥有较多股权、没有机构投资者、没有外部大股东时，管理层拥有较多权力。管理者权力越大，管理者能攫取的租金就越多。

有关经理人报酬的经验数据也基本支持管理者权力理论。与以前年代相比，近几十年来经理人市场中公司高管报酬激励出现了一些显著变化特征，主要表现在：一是高管报酬快速增长。Hall 和 Murphy（2003）、Bebchuk 和 Fried（2003）也认为，过去 20 多年来公司高管报酬的确呈持续增长态势，特别是 20 世纪八九十年代大型上市公司 CEO 报酬的增长非常显著。Murphy 和 Zábojník（2007）观察到美国公司治理变化中三个显著的特征，其中一个是过去 30 多年来 CEO 报酬的显著增长。标准普尔 500 公司的 CEO 平均现金报酬由 1970 年的 90 万美元增长到 2005 年的 330 万美元，增长近 3 倍。特别地，近年来高管报酬增长的速度呈加快趋势。1980～2003 年美国公司 CEO 报酬增长达到 6 倍，此期间的 CEO 报酬增长速度远高于 1970～2005 年。高管报酬的快速增长，使其与普通员工的收入差异趋于扩大。1970 年美国公司 CEO 平均现金报酬是生产工人的 28 倍，而到 2005 年 CEO 平均现金报酬为生产工人平均现金报酬的 115 倍（Murphy & Zábojník，2007）。

二是高管报酬业绩敏感性持续降低。Jenson 和 Murphy（1990）观察到：CEO 报酬业绩敏感性约为 0.325%，即股东财富变化 1000 美元，CEO 财富相应变化的幅度为 3.25 美元；CEO 报酬业绩敏感性从 20 世纪 30 年代一直在下降，并且 50 多年来 CEO 在公司中拥有的股权比例持续下降。

Rosenstein 和 Wyatt（1990）考察了大量有关 CEO 报酬的经验研究文献后认为，股市回报与 CEO 报酬自然对数之间的系数大致位于 0.1 ~ 0.15，弹性系数为 0.1 意味着，年度股票回报率为 20% 的公司 CEO 报酬只比年度股票回报率为 10% 的公司 CEO 报酬高 1 个百分点。Yermack（2004）研究发现，企业价值增加 1000 美元，董事个人财富才增加 11 美分。关于持续较低的高管报酬业绩敏感性之谜，目前仍缺乏有效的经济理论对此做出合理的解释（Baker et al.，1988）。

三是高管报酬与公司规模相关程度增强。与高管报酬业绩敏感性较低伴随的是，高管报酬与公司规模的相关程度越来越强，公司规模的变化对于 CEO 薪酬变化的解释程度越来越强。横截面数据显示，CEO 报酬与公司规模的联系持续增加（Frydman & Saks，2010）。从时间序列变化特征看，尽管 20 世纪 40 ~ 70 年代高管实际报酬与公司规模增长之间只有微弱联系，但是在过年的 30 年里，高管报酬与公司规模显著相关（Frydman & Saks，2010）。公司规模可以解释大多数 CEO 报酬方式以及不同公司、不同时间、不同国别之间 CEO 报酬存在的差异，特别地，1980 ~ 2003 年美国公司 CEO 报酬近 6 倍的增长几乎全部可以归因于此期间公司市场资本总额 6 倍的增长。高管报酬与公司规模强相关关系对将公司规模视为影响 CEO 报酬的外生变量的传统理论形成了强有力的挑战。

四是股票及期权激励中高管自定激励方案的普通存在。Bebchuk 等（2002）对高管股权及期权激励总结出如下特征：①高管的期权横财现象普通存在，即由于利率下降等非管理层努力因素而导致公司股票价格上升时，管理层可以凭借股票期权获利。②管理层平价股票期权激励计划的普通使用。③股票期权执行价格的单边调整。当公司股价低于期权执行价格时，公司会降低期权执行价格；但当股市处于上升期时，公司很少调高期权执行价格。④高管随意解除激励计划的自由。虽然股权激励是增强激励效果和增加高管持股数量的有效方式，但公司很少会采取措施防止受限股票的解禁，在决定解禁数量及解禁时机选择方面管理层有较大自由度。⑤再次配置期权。大量公司会对已经执行期权并出售股票的高管重新赋予新的股票期权计划。⑥无端支付给被并购公司 CEO 合同之外大额款项的现象大量存在。

作为一项公司治理机制，独立董事制度被社会各界所重视。一些研究发现，独立董事可以通过其专业知识与经验给予公司一定指导，帮助公司做出更明智的决策，如帮助公司提高会计信息质量。当其比例较高时，独立董事在公司中可以形成一定的规模效应，更敢于发出自己真实的意见及建议，在一定程度上能够抑制公司不良行为的发生。如果董事会中存在一定数量的独立董事，他们能站在客观的角度看待财务报告，有利于防范管理层为了自身利益而篡改财务报告的行为。Peasnell 等（2000）通过研究发现，独立董事比例较高的董事会，管理层的盈余管理行为会有所缓解，原因在于，对于独立董事比例较高的公司来说，为确保利润不下降而将损失转变为盈利的机会更小。

独立董事在公司薪酬政策制定中也具有重要影响，特别是在公司高管薪酬的决定上具有关键作用。董事会独立性的增强有助于降低高管薪酬粘性（方军雄，2009）。然而，一些学者和公众也质疑，独立董事确实独立吗？它究竟是服务于广大股东还是服务于管理当局呢？一些学者对此进行了相关研究。袁春生和唐松莲（2015）的研究发现，虽然外部董事弱化了高管薪酬粘性，但高管薪酬业绩敏感性并没有得到提高，外部董事在高管薪酬确定中更可能充当合谋而非监督者角色。谢联胜（2003）表示，独立董事群体存在着典型的囚徒困境问题，卸责对于独立董事是一种占优的行动策略。赵志华等（2005）认为，现行的独立董事聘任和从董事会获取津贴的机制使得其独立性难以得到保证。曹雁翎（2007）认为，在我国民营企业中，独立董事的董事角色被弱化，取而代之的是专家、参谋和公关的角色定位，民营上市公司聘请独立董事只是为满足硬性规定。石宗辉等（2014）认为，独立董事的引入并不能减少企业盈余管理，反而会因此谋求风险补偿，加剧公司盈余管理行为。由此看来，独立董事制度在实行中并未表现出预期的效果。

基于以上现实背景和研究背景，本书以激励理论和代理理论为基础，从理论和实证两个方面分析并检验市场化进程中独立董事对会计信息质量的影响，以及董事会独立性对高管薪酬差距及其与公司业绩关系的影响、国有企业高管薪酬管制与高管业绩敏感性的关系、基于合谋角度探讨独立董事津贴与高管薪酬的关系，分析公司内部控制对管理者权力与薪酬业绩敏感性关系的影响。本书的研究意义在于，在理论方面，考察高管薪酬差距、国有企业薪酬管制、薪酬业绩敏感性等内容，有助于丰富代理理论和激励理论，有助于理解我国上市公司高管薪酬与公司业绩的关系。在实践方面，基于独立董事角度和内部控制角度的研究，可以为抑制上市公司高管不合理高额薪酬、更好地发挥管理层薪酬的激励作用提供一些建议，推进上市公司高管薪酬的改革。

二、研究目标与主要内容

（一）研究目标

本书以激励理论和代理理论为基础，围绕独立董事、高管薪酬和公司业绩进行研究。具体来说，本书的研究目标包括如下五个方面：

第一，从制度特征及独立董事行为特征上研究独立董事在提高会计信息质量方面所起的作用。

第二，分析公司薪酬差距到底是提升公司业绩还是降低公司业绩、独立董事在薪酬差距与公司业绩关系中所起的作用。

第三，探讨国有企业高管薪酬管制是否会对公司高管薪酬业绩敏感性产生影响？产生何种影响？同时分析市场化进程对两者关系的影响。

第四，分析在高管薪酬确定事项上，独立董事和高管是否存在合谋关系？

第五，研究公司高管权力对其薪酬业绩敏感性的影响、良好的内部控制能否抑制管理层权力对高管薪酬业绩敏感性的负面影响。

（二）主要内容

本书主要内容安排如下：

第一章，绪论。介绍研究意义，简要描述研究目标与研究内容、研究方案与研究方法。

第二章，市场化进程、独立董事与会计信息质量。从独立董事对公司重大事项发表的意见、独立董事兼职数量及独立董事津贴三个方面分析独立董事与会计信息质量的关系。另外，考虑到我国是新兴市场国家，各地区市场发展程度不一，所以进一步研究市场化进程高与低的地区，独立董事的上述三个特征对会计信息质量的影响是否存在差异。

第三章，董事会独立性、高管薪酬差距与公司绩效。将高管薪酬差距进一步细化为高管间薪酬差距和高管员工间薪酬差距，研究高管薪酬差距能否提升薪酬激励制度的有效性，同时分析董事会独立性对高管薪酬差距的影响以及对高管薪酬差距激励有效性的影响。在研究过程中还考虑不同性质企业中上述关系是否存在差异。

第四章，市场化进程、国有企业薪酬管制与高管薪酬业绩敏感性。探讨市场化进程和薪酬管制对高管薪酬业绩敏感性的影响。分别对薪酬管制、市场化进程与高管薪酬业绩敏感性的关系进行研究，分析市场化进程对薪酬管制和高管薪酬业绩敏感性关系的影响。

第五章，独立董事津贴与高管薪酬契约——合谋视角的研究。讨论独立董事与公司高管在高管薪酬确定上可能存在的合谋问题。分析独立董事津贴和高管薪酬之间以及独立董事津贴与高管薪酬业绩敏感性之间的关系，据此分析两者是否存在合谋的可能。基于代理理论，分析当大股东缺位、CEO 权威性大、董事长关联性强、独立董事怠职时以及股权制衡大、独立董事有海外背景、机构投资者监督力度大、地区市场化发育程度高时，独立董事津贴和高管薪酬、高管薪酬业绩敏感性的关系。

第六章，管理层权力、内部控制与高管薪酬业绩敏感性。研究公司高管是否利用了其权力对薪酬进行操纵，从而影响高管薪酬业绩敏感性；公司内部控制是否对高管薪酬业绩敏感性产生积极影响；内部控制能否限制公司高管利用管理层权力为自己谋求利益，抑制管理层权力对高管薪酬业绩敏感性的负面影响。

第七章，研究总结。总结全书研究的结论、存在的局限，并展望未来可能存在的研究机会。

三、研究方案与研究方法

（一）研究方案

本书主要目标在于分析我国上市公司独立董事、高管薪酬与公司业绩之间的关系。考虑到会计信息是企业整体经济活动的反映，绝大多数投资者会依据公开披露的会计信息进行投资决策，因此考察独立董事能否提升会计信息质量。本书由各自独立而又存在紧密联系的五个方面主要内容构成，分别是市场化进程、独立董事与会计信息质量；董事会独立性、高管薪酬差距与公司绩效；市场化进程、国有企业薪酬管制与高管薪酬业绩敏感性；基于合谋视角的独立董事津贴与高管薪酬契约研究；管理层权力、内部控制与高管薪酬业绩敏感性。

本书按研究内容为主线设计的技术路线图如图 1－1 所示。

（二）研究方法

本书主要采用文献研究法、规范分析法、实证研究法等对主要内容进行研究。

图1－1　研究技术路线图

1. 文献研究法

文献研究法可为本书选题方向的确定、理论框架的建立等提供依据，也可为本书研究假设的提出、研究设计、研究样本和研究方法的选择等奠定基础。此方法在每个子研究内容中都需要使用。

2. 规范分析法

规范分析方面，主要利用代理理论、激励理论和契约理论对拟研究的主要问题进行理论推演，以建立可用于实证检验的研究假设。此方法在每个子研究内容中都需要使用。

3. 实证研究法

根据研究设计，本书利用我国上市公司数据，对依据规范分析所建立的研究假设进行实证检验，具体方法主要包括描述性统计、相关性分析、回归分析等。此方法在每个子研究内容中都需要使用。在此过程中，本书将谨慎选择研究样本、根据研究假设合理设计检验模型、合理地进行变量设计。

第二章

市场化进程、独立董事与会计信息质量

一、引言

（一）研究背景与意义

1. 研究背景

近年来，随着我国市场经济的快速增长，我国证券市场的逐渐发展和不断完善，上市公司会计信息质量在资本市场中的重要地位也随之突显出来。《证券法》规定的“三公原则”将“公开”摆在了第一位，反映出市场信息的重要程度。作为市场信息的重要组成部分，会计信息是企业整体经济活动过程的反映，大多数投资者会依据公开披露的会计信息进行投资决策，真实可靠的高质量会计信息对于投资者的投资决策甚至证券市场发展至关重要。良好的会计信息也有利于国家实施宏观调控、优化资源配置、增强经济管理效率，是市场经济高效运转的重要保障之一。而虚假的财务会计信息会给社会乃至整个国家带来严重的后果。然而，在我国上市公司中，令投资者觉得十分苦恼的一个问题就是会计信息的可靠性低，经常存在上市公司财务报告舞弊行为，这极大地影响了市场经济的正常运行，大大降低了投资者证券投资的信心。从问题表面看，会计人员职业道德缺乏、外部审计没有起到作用等是造成会计信息失真的直接原因，但上市公司治理结构存在的缺陷也是会计信息质量不高的根本原因之一。

独立董事是指除公司董事职务外，不担任其他职务，并与公司及其主要股东没有重要的业务或专业联系，可进行独立客观判断的董事。独立董事制度最早在美国开始实施，我国正式引入独立董事制度以 2001 年发布的《关于在上市公司建立独立董事制度的指导意见》为标志。因为独立董事与公司之间是独立的关系，将独立董事引入到公司的董事会中，通过参与公司的决策，独立董事可以从外部对管理层进行监督与制约。在法律赋予的权利下，独立董事客观地发表自己的意见及建议，让董事会在更加公平、公正、公开的环境中运行，也可以使各个股东的利益得到更好的保障。独立董事的职权中，否决权是独立董事拥有的一项重要权利。独立董事可以对公司管理决策提出异议，对高管的管理行为实施有效的监督与管理，对会计信息的真实可靠性进行监督。可以说，在会计信息质量的提高、公司运作规范等方面，独立董事制度起到了十分重要的作用。

国外有关独立董事制度、董事会、审计委员会、公司治理结构与会计信息质量、公司绩效等关系的研究已经很多，并且取得了丰富的研究成果，能够为我国上市公司治理改革提供丰富的可资借鉴的经验与建议。但是，由于我国资本市场与国外发达经济体资本市场存在较大差异，必须从我国实际情况出发，研究在我国特殊的制度环境下，独立董事制度与会计信息质量之间的关系。另外，我国属于新兴市场国家，资本市场起步较晚，各地区市场化进程存在很大差异，所以，研究不同市场化进程下独立董事与会计信息质量的关系十分必要。为此，本书关注市场化进程中独立董事与上市公司会计信息质量的关系，以期为保障独立董事监督职能的发挥、会计信息质量的提高以及规范上市公司财务信息披露提供一定的理论依据和实践指导。

2. 研究意义

本章主要从公司外部制度特征及独立董事的行为特征研究独立董事在

提高会计信息质量方面所起到的作用。在独立董事的行为特征中，特别以独立董事对公司重大业务事项发表的意见作为本章的解释变量之一，进一步探讨不同市场化进程下，独立董事与会计信息的关系会有何不同。研究的主要意义在于：

（1）理论意义。关于独立董事和公司绩效、独立董事和盈余管理、市场化进程和公司业绩以及上市公司治理结构和会计信息披露等方面的研究较多，而有关独立董事意见与会计信息质量关系的研究却很少。与此同时，我国各地区的市场化进程发展极不平衡，此市场化进程的差异可能会对独立董事履职情况产生影响。因此，在借鉴已有国内外研究的基础上，研究独立董事在公司重大业务事项上发表的意见对会计信息质量的影响，希望能更客观、全面地分析独立董事与会计信息质量之间的关系。我们还将进一步探讨在不同市场化进程下，独立董事对会计信息的影响会有何不同。理论上本研究在一定程度上可拓展与丰富独立董事、会计信息、市场化进程等领域的研究成果。

（2）实践意义。以国泰安数据库（CSMAR）中深圳证券交易所 A 股上市公司 2009～2013 年的财务数据为研究对象，结合深圳证券交易所公布的信息披露考核评级，从独立董事角度对会计信息质量进行实证研究与分析。根据研究结果提出相关政策建议，既可以为有关监管部门今后更好地建设独立董事制度提供一定的参考价值，也有利于降低上市公司财务造假行为发生的可能性，维护资本市场的健康运行。

（二）本章研究内容

本章的研究内容主要涵盖五个部分：

第一部分，引言。简述研究背景及意义、研究内容，总结出相关创新点。

第二部分，文献综述。简述会计信息质量的特征及其衡量标准，阐明上市公司外聘独立董事的动机，并对董事会特征、独立董事特征、市场化进程与会计信息价值的关系等国内外相关文献进行归纳和梳理，在此基础上进一步提出研究目标。

第三部分，研究假设与设计。根据研究目标提出研究假设；界定研究样本与数据来源，为实证研究做准备；对解释变量、被解释变量以及控制变量进行具体定义，根据研究假设建立模型。

第四部分，市场化进程、独立董事与会计信息质量的实证分析。运用描述性统计分析、相关性分析、Logistic 回归及多元线性回归分析方法分析独立董事意见、独立董事兼职数量及独立董事津贴与会计信息质量之间的关系，进一步探讨在不同市场化进程下，独立董事的这些特征对会计信息质量的影响有何不同。

第五部分，研究总结与建议。总结研究结论，提出相关政策建议。

（三）研究创新

本章采用规范研究与实证研究相结合的方法研究市场化进程、独立董事与会计信息质量的关系，并提出相关建议。本章的创新之处在于：

众多研究都只是研究董事会特征或独立董事比例与会计信息质量的关系，而我国作为新兴市场化国家，各个地区市场化进程存在很大差异，所以市场化进程也应是研究重点。本章通过研究不同市场化进程下独立董事对会计信息质量的影响有何差异，能更好地把握独立董事与会计信息质量的关系，有利于相关政府部门针对不同市场化进程的地区实施有针对性地完善独立董事制度的措施，更有效地发挥独立董事应有的监管职能。

在自变量的选取上，现有文献关于独立董事与会计信息质量的研究大多从独立董事财务背景、独立董事比例、薪酬、知识结构、董事会次数、个人特质方面研究，而没有考虑独立董事对公司重大事项发表的意见。本章除选取独立董事兼职数量、独立董事津贴外，还选取了独立董事对公司重大事项发表的意见进行研究。

二、文献综述

（一）会计信息质量特征及其衡量标准

1. 会计信息质量特征

会计信息质量在促进证券市场资源优化配置方面具有非常重要的作用。会计信息质量特征规定了会计信息应具备的质量标准，并以此来判断会计信息质量的高低。但由于对会计信息及其目标有着不同理解，导致不同主体在会计信息质量特征的描述上存在一定差异。例如，美国财务会计准则委员会（FASB）认为，会计信息最终的质量特征应该是相关性及可靠性。英国会计准则委员会（ASB）也表示财务信息质量应该主要是会计信息的相关性和可靠性，而重要性应该是其最低的质量标准。国际会计准则委员会（IASC）则列出了十大会计信息的质量特征，并认为其中可靠性、可比性、可理解性和相关性四个特征是会计信息质量的最主要特征，及时性和效益成本两个特征则被认为是会计信息质量方面的限制性特征。我国新企业会计准则也对会计信息质量提出了一些具体要求，包括可靠性、可比性、可理解性、相关性、谨慎性、及时性、重要性、实质重于形式八项内容。

综上所述，虽然各国对会计信息质量特征的具体内容并没有完全一致的认识，但是都十分重视会计信息的相关性和可靠性，都将这两者作为会计信息质量特征的重要内容。

2. 会计信息质量的衡量

通过上述对会计信息质量特征的描述可知，其概念相对来说比较抽象。为了具体衡量会计信息质量，学者采取了多种方法，其中最主要的有以下几种：

（1）盈余管理指标。作为会计信息中一个极为重要的部分，盈余表示的是企业一段时期内的经营成果，体现的是企业获利能力。盈余管理是指管理当局为了达到自身利益最大化，在法律法规允许的范围内，对公司业务交易和财务报告选择有利于自己的政策或者安排。用盈余管理作为会计信息质量的替代变量，一般是通过可操控性应计利润来表示盈余管理水平，盈余管理水平越高，会计信息质量越低。例如，Penman（2003）认为，“财务质量与盈余之间基本上是一致的”，所以在实证研究中将会计信息质量用盈余管理水平替代是可行的、常见的。我国学者杜兴强和温日光（2007）用盈余管理水平作为信息披露质量综合指数，以此研究公司治理与会计信息之间的关系。到目前为止，大量研究都表明，公司盈余管理大多数是机会主义行为，并且我国上市公司存在着较为广泛的盈余管理现象，这严重损害了中小投资者的切身利益，会计信息最重要的两个质量特征相关性和可靠性也大大降低了。虽然盈余管理的行为并不违背企业会计准则，但是却严重影响了公司会计信息质量。

（2）财务舞弊。财务舞弊通常是以违法违规的方式虚构财务报告，会计信息质量严重违反了可靠性原则，因此，会计信息质量高低可用是否进行了财务舞弊来衡量。以是否进行财务舞弊作为会计信息质量的替代变量时，对照样本通常为未被证券监督管理部门处罚的公司，因违规操作而受到证券监督管理部门处罚的公司则作为检测样本。例如，杨清香等（2009）在探讨董事会特征和财务舞弊之间的关系时，选取2003～2007年上市公司为样本，并将其分组为非财务舞弊公司和财务舞弊公司。Chen等（2006）也将样本分为财务舞弊公司与非财务舞弊公司，以此来研究两者在所有权结构、公司治理等方面有何不同。

（3）权威机构的信息披露评级。自20世纪80年代起，美国投资管理和研究协会每年都会发布《公司报告实务年度评价》，以此作为评价公司会计信息披露有效性的依据。在此评价体系中，考察的指标除年度报告和季度报告外，还有新闻发布会、董事会信件、管理者讨论和分析等信息，所以相对来说还是比较全面的，此评价结果也得到了广泛的运用。随后，在此基础上还衍生出了很多其他有关会计信息披露质量的评价体系，如标准普尔的透明度和披露评级，采用了高达98个指标进行考察。另外，美国国际财务分析和研究中心采用将近90个指标建立的CIFAR指数来评价会计信息披露质量。上述评价体系采用的指标都十分全面，专业性也强，所以得到了投资界的一致认可。

我国唯一由权威机构发布的公开会计信息披露评价是《深圳证券交易所上市公司信息披露工作考核办法》，于2001年5月10日由深圳证券交易所发布。此办法按年度对上市时间满6个月的公司每年进行信息披露考核评级，考核结果以优秀、良好、及格、不及格四个等级表示。2011年之后则以A、B、C、D来分别表示优秀、良好、及格、不及格四个等级。考核的内容主要涉及合法性、及时性、完整性、准确性四个方面。同时，对上市公司及董事会秘书的信息披露工作也进行相关考核，并关注该年度上市公司所受到的奖惩情况及与相关监管部门的工作配合情况，以此来对公司每年每次的信息披露划分为相对应的等级。吴文锋等（2007）在研究信息披露质量与资本成本关系时就采用深圳证券交易所的考核评级作为会计信息披露质量的替代变量。

（4）注册会计师的审计意见。注册会计师是会计信息质量的鉴证者之一，依据其所具备的专业优势，对财务报告进行独立且全面的审计，客观公正地以独立的第三方身份对上市公司财务报告的真实性、可靠性等方面进行评价。在各国证券市场的发展过程中，注册会计师在财务报告信息的真实性及可靠性的鉴证方面发挥了巨大的作用。标准无保留意见、加强调事项段的无保留意见、保留意见、否定意见和无法表示意见是注册会计师出具的五类审计意见类型。理论上讲，前两种审计意见的性质是相似的，差别主要体现在量上。但是在实际工作中，注册会计师由于客户施加的压力及规避职业风险的需要，在准备给客户出具保留意见时，往往更换为加强调事项段的无保留意见。因此，在很多研究中，一般都将审计意见分成两类：第一类是表明上市公司的会计信息质量基本不存在问题的标准无保留意见，该意见中不带任何强调事项段或者修正性用语。第二类是除标准无保留意见外的其他所有审计意见，表明上市公司的会计信息质量整体上都存在或多或少的问题。

（二）上市公司外聘独立董事的动机

上市公司之所以聘请独立董事主要有两个方面的原因：公司自身发展需要及政府监管部门的强制要求。

1. 公司自身发展需要

很多公司都会积极寻求外部董事，因为这样可以充分利用独立董事可能给公司带来的有效资源和价值。如果董事会中有独立的第三方一起参与进行决策，那么董事会的作用会大大增强。而且公司通过交换主管可以有效改善与其他公司的关系（David et al.，1981）。公司聘用独立董事会对公司治理、公司绩效产生一定影响，当独立董事的监督职能起到应有的作用时，可以促进公司治理结构的完善，有利于公司长远发展。独立董事通过担任董事会的顾问，可利用其专业经验和专业知识，为公司提供不同于公司内部董事的观点。在公司绩效下降甚至面临破产重组时，外部董事占主导地位的董事会能更好地发挥作用（Hermalin & Weisbach，1988）。不过，外部董事在付出努力上有较弱动机，同时还存在较高的信息获取成本（Fama & Jensen，1983）。

总体上说，独立董事对公司的作用至少表现在以下三个方面：首先，在监督公司经营管理方面，因为独立董事是独立于公司的第三方，所以有利于促进和完善公司的战略与决策，保证公司按照法律、法规和公司章程的规定进行运作。独立董事通常享有法律赋予的批准权、否决权、相关人员的报酬决定权等，这些权力都使独立董事能够对公司经营活动进行有效的监督和制约。独立董事的参与可帮助董事会对管理层进行有效监督，及时发现经营管理中的问题，并制定对策制止管理层的错误行为。其次，在提高公司业绩方面，独立董事一般都拥有一定的专业知识与经验，作为独立的第三方，可以公正公平客观地评判公司经营业绩，为公司的长远发展提供有价值的意见，有利于提高公司的决策水平。最后，在保护股东权益方面，有利于制衡控股股东，保护中小股东和债权人利益。在公司重大业务事项上独立董事可以提出自己的客观意见，牵制了控股股东的行为，有利于保护中小投资者利益。Fama 和 Jensen（1983）就提出，当公司存在内部股东利益不一致的情况时，董事会很容易失去独立性，这时候就需要独立董事来保证公司所有活动都以股东价值最大化为目标，维护公司所有股东的利益。

2. 政府监管部门的强制要求

由于现代企业的所有权和经营权相分离，委托人与代理人会因为追求各自利益最大化而产生矛盾，加上委托人和代理人之间信息不对称，委托人无法全面地了解代理人行为，由此产生了委托代理问题。因此，为了有效地解决这一问题，独立董事制度应运而生。作为独立于股东和管理层以外的第三方，独立董事可以站在客观公正的立场发挥对管理层的监督与制约作用，降低其通过占用公司资源而为个人谋利的可能性，防止其发生机会主义行为，从而达到保护公司和投资者利益的目的（Fama & Jensen，1983）。我国证监会于 2001 年 8 月引入了独立董事制度，要求上市公司董事会成员中的独立董事比例不得低于 1/3。2006 年 1 月 1 日新修订的《公司法》也对独立董事进行了相关规定，这是我国第一次从法律层面明确独立董事的地位，表明独立董事制度在我国正式确立。

在上述政策的强制要求下，上市公司必须在规定的时间内建立起独立董事制度，否则会在证券市场及舆论中陷入不利的位置。为了满足证监会等相关监管部门的要求，上市公司外聘独立董事也就成为了必然。

（三）董事会特征与会计信息质量的研究

1. 董事会规模与会计信息质量

关于董事会规模与会计信息质量的关系，有些学者通过研究得出两者呈负相关的结论，即董事会规模越小，会计信息质量反而越高。如 Fama 和 Jensen（1983）就指出，在董事会人数越少的情况下，越有利于监督管理层的行为。因为当董事会人数较多时，决策效率会降低，董事会成员之间也会更加注重礼节，导致 CEO 能更加容易地控制董事会。Jensen（1993）研究指出，如果董事会规模超过 8 个人就容易形成运行效率低下的董事会，容易被 CEO 控制，因此较小的董事会规模反而更有利于提高董事会运行效率，使监督作用得到有效发挥。Lipton 和 Lorsch（1992）通过研究表明，在董事会成员超过 10 个人的情况下，董事之间的协调和沟通问题会变得十分严重，董事会将缺乏决策效率，同时也容易被公司经理层所控制。Vafeas（2000）的研究中将盈余反应系数作为财务报告信息质量的替代变量，得出董事会规模与财务报告信息质量之间是显著负相关关系。然而，也有学者认为董事会规模与会计信息质量之间正相关，董事会规模越大越能更好地行使董事会职权，提供更好更广的服务范围，进而有效地降低公司财务造假现象发生的可能性，提高会计信息质量。

2. 董事会会议次数与会计信息质量

学者普遍认为，随着董事会会议次数的增多，会计信息质量应该会有所提高。例如，杨清香等（2009）通过实证研究指出董事会开会次数越多，在一定程度上能减少财务舞弊的发生，从而提供相对较高的会计信息。Xie 等（2003）研究发现，盈余管理程度其实与董事会会议的频率有关，随着董事会开会次数的增加，盈余管理的程度会有所降低。

然而，也有学者持相反观点。Chen 等（2006）认为，当公司经营管理存在着一定的问题时，董事会一般都是用会议形式对公司问题进行讨论分析。在董事会会议上，公司董事也可能在一起商讨如何进行财务造假，所以董事会开会次数越多，财务造假的可能性越大。杜兴强和温日光（2007）以反向的盈余管理程度作为会计信息质量的替代变量，研究发现董事会会议次数与会计信息质量呈负相关。

（四）独立董事与会计信息质量的研究

1. 独立董事比例与会计信息质量

通常，独立董事可以凭借他们的专业知识与经验，给予公司一定指导并协助解决公司管理存在的问题，帮助公司做出更客观科学的战略决策和经营决策，从而提高会计信息质量。当独立董事比例较高时，独立董事在公司中可以形成一定的规模效应，更敢于发出自己真实的意见及建议，在一定程度上能够抑制财务造假等不良行为的发生。另外，公司财务报告都会提交给董事会进行审批，如果董事会中存在一定数量的独立董事，他们能站在客观的角度看待财务报告，有利于防范管理层为了自身的利益篡改财务报告的行为。因此，通常独立董事比例越高，企业会计信息质量相对越高。

相关研究确实发现两者之间的正相关关系。Peasnell 等（2000）通过研究得出，独立董事比例越高的董事会，管理层的盈余管理行为会有所缓解。因为对于独立董事比例较高的公司来说，管理层为了确保利润不下降而将损失转变为盈利的机会更小。Baysinger 和 Butler（1985）研究发现，高于平均业绩的公司比平均业绩之下的公司拥有更多的独立董事，其会计信息质量更好，也就是说，董事会构成会对财务信息质量的高低产生影响。Beasly（1996）以公司规模、行业、股票上市的证券交易所、年度为标准，为财务造假的公司配对非舞弊的公司，采用 Logit 截面回归分析方法进行实证检验，发现不存在财务造假的公司拥有更多的独立董事，即独立董事的比例越高，财务报告造假的现象越不容易发生。但 Park 等（2004）以在多伦多证券交易所上市的公司为研究样本，挑选了 539 家公司的财务数据研究了董事会结构、监督效率与盈余管理之间的联系，研究发现，独立董事比例和非正常应计利润的大小之间不存在明显的联系，董事会监督效率不能通过仅仅增加独立董事的方法来提高。国内也有很多学者的研究结论与 Park 等（2004）的类似，如杜晓旭（2009）对独立董事比例与盈余管理的关系进行的实证研究没有取得明确的结论，无法确定独立董事比例与上市公司盈余管理程度的关系。

2. 独立董事财务背景与会计信息质量

大多数国外的研究结论都表明，独立董事如果具有一定的财务背景将有利于及时发现财务报告中的虚假信息，减少盈余管理行为，从而提高会计信息真实性及可靠性。例如，Agrawal 和 Chadha（2005）的研究表明，有财务背景的独立董事进入公司董事会或审计委员会，可以有效降低财务虚假披露的可能性。中国证券监督管理委员会也要求上市公司应当包括至少一名会计专业背景的独立董事，这表明证监会也已经察觉到会计专业独立董事更有利于会计信息质量的提高。王跃堂等（2008）经过研究分析认为，在实际盈余小于企业预期盈余的情况下，金融机构的独立董事更能有效地抑制盈余管理的行为，即财务专业背景的独立董事降低公司盈余管理的可能性，企业会计信息更高。程新生（2008）研究表明，公司在做财务决策时，如果董事会中拥有更多的财务专业独立董事，决策的失误率会更低。陈国辉等（2009）以深圳证券交易所的上市公司为研究样本，同样发现具有财务背景的独立董事能有效提高企业财务披露信息的自愿性。

3. 独立董事兼职数量与会计信息质量

独立董事的兼职数量是指一名独立董事同时兼任其他上市公司独立董事的数量。由于上市公司的独立董事绝大多数都是兼职担任的，所以为了避免兼职数量过多而严重分散独立董事的时间与精力，《关于在上市公司建立独立董事制度的指导意见》中明确规定了独立董事所能兼任的最多公司数量为 5 家。Linck 等（2009）研究发现，工作量、风险程度与其担任董事的意愿存在负相关关系，而且相对于货币薪酬等物质利益而言，独立董事对声誉、社会地位等非物质利益关注度更高。高管声誉不仅是其在人力市场上成功的结果，还会直接影响其未来的工作机会（Yermack，2004）。在有着发展前景的公司里，独立董事会持有更少的董事席位（Booth & Deli，1996），一个董事可能同时兼任很多公司的独立董事，但是当其任职家数超过一定数量时，独立董事对会计信息质量的作用会大大降低。

4. 独立董事津贴与会计信息质量

作为经济激励方式之一，独立董事所获津贴是其努力工作的动力之一，在一定程度上能有效提高其工作积极性和主动性。由于我国的声誉市场还没有完全形成，独立董事的声誉机制还无法起到相应作用，所以津贴对于促进我国独立董事作用的发挥还有着非常重要的意义。我国证监会在《关于在上市公司建立独立董事制度的指导意见》中规定上市公司应当给予独立董事一定津贴，但具体方案由董事会事先制订，然后交给股东大会审批，并且要在公司年报中进行披露。除津贴外，独立董事不应该获得其他额外的或者未披露的利益。我国这种固定津贴的形式基本是对独立董事采用固定的年津贴制度，每次参加公司董事会则另外发放一定津贴，参加会议相关的合理费用实施报销机制。从上述角度看，独立董事津贴应与会计信息质量正相关。

但是由于一股独大的问题在我国上市公司中普遍存在，导致大股东拥有多数表决权并且董事会也经常由其进行控制，这意味着我国上市公司独立董事津贴的金额很可能是由公司大股东决定，所以如果给予独立董事过多的津贴，独立董事很可能出于保住职位或者其他某些方面的考虑，而失去其应有的独立性。齐骥霆（2013）研究发现，独立董事的薪酬与信息违规披露之间呈非线性关系，在一定的范围内薪酬可以起到激励作用，但如果高于此范围时负面效果作用可能更大。综上，独立董事津贴对于发挥独立董事监督与制约的职能有着非常重大的作用，但是又不能给予独立董事过高的津贴，否则会影响其独立性。

（五）市场化进程与会计信息质量的研究

有关市场化进程与会计信息质量的研究主要有两种不同的观点。第一，市场化进程和企业信息质量属于互相替代的关系。Claessens 等（2002）认为，资本市场对公司的定价一般在市场化进程较低的地区会更低，因为市场化进程低意味着投资者保护较弱。此时公司更希望通过建立信誉机制来弥补市场化进程的不足，从而有利于增强投资者对公司的信心，获得资金支持。要达到预期的效果，其中一个方法就是提供高质量的会计信息（La Porta et al.，2000）。第二，市场化进程和会计信息彼此促进。公司所在地区的市场化进程越高，社会更可能对会计信息质量提出更高的要求。例如，Bushman 和 Piotroski（2006）以最优契约理论为基础，发现最优契约要得以实施必须依靠高质量的会计信息，而且在市场化进程高的地区，契约的设计和执行效率也会更高。由此可以看出，较高的市场化进程导致高质量会计信息的巨大需求。La Porta 等（2000）也指出，一般情况下，市场化进程越高，存在较为完善的投资者保护机制的可能性越大，从而有利于外部机构投资者对企业经营管理实施更好的监督，也给管理层带去相应的压力，进一步促使其努力提高会计信息质量。

在我国，崔学刚（2004）指出，市场机制本身有利于促进公司会计信息质量的提高。当市场处于有效时，管理层实施机会主义行为会面临较高的风险，所以为了降低这种风险和损失，管理层会更愿意提供高质量的会计信息，也就是说在市场化进程越高的地区，企业更愿意提供高质量的会计信息。以中国 A 股上市公司数据为研究样本，欧阳爱平和周宁（2013）实证分析了中国各地区的市场化进程与会计信息价值相关性之间的关系，结果显示市场化程度与会计信息价值相关性之间是显著的正相关关系，并且最终控制人的性质会对市场化程度与会计信息价值相关性之间的关系产生显著的影响。陈小林和林昕（2010）采用深圳证券交易所 2001～2003 年的上市公司为研究样本，对市场化进程、大股东侵占与信息透明度的关系进行了相关研究，研究发现市场化进程越高，公司财务造假的可能性越低，信息质量越高。相反，也有学者认为会计信息质量与市场化进程是相互替代的关系，如陈胜蓝和魏明海（2006）以 2001～2004 年我国上市公司为样本，以会计盈余作为衡量会计信息质量的替代指标进行研究，结果表明，上市公司更可能提供较高质量的会计信息，据此弥补由于较弱的投资者保护所带来的负面效应。

（六）文献述评与本章研究目标

1. 文献述评

通过对国内外关于董事会、独立董事及市场化进程与会计信息质量的相关研究进行回顾与总结，我们发现：①董事会规模越大越不利于会计质量的提高，但董事会会议次数越多的公司，其会计信息质量一般越高；

②独立董事的比例、具有财务背景独立董事数量的增加对信息质量的改善具有显著的促进作用，而兼职数量会分散独立董事的时间和精力，与信息质量之间呈负相关关系；③市场化进程越高的地区对会计信息质量也会提出更高的要求，从而信息质量相对也越高。另外，也有学者得出了不同的结论。总体上，现有多数研究从董事会规模、董事会会议召开的次数、独立董事的比例、独立董事财务背景、独立董事兼职数量等方面对会计信息质量进行研究分析，但并未取得一致性结论。对于独立董事在公司重大事项发表的意见与会计信息质量、不同市场化进程对独立董事与会计信息质量关系的影响，这些方面的研究文献相对较缺乏。

2. 本章研究目标

本章从独立董事行为特征中选取独立董事对公司重大事项发表的意见、兼职数量及独立董事津贴三个方面，分析独立董事与会计信息质量（以深圳证券交易所公布的上市公司信息披露考核评级为替代变量）的关系。另外，考虑到我国是新兴市场国家，各地区市场发展的程度不一样，所以进一步探讨市场化进程高与低的地区，独立董事的上述三个特征对会计信息质量的影响是否会存在差异。最后根据研究结果，为更好地发挥独立董事职能和提高会计信息质量提出可行性建议。

三、研究假设与设计

（一）研究假设

1. 独立董事异议对会计信息质量的影响

从理论上分析，独立董事独立于上市公司，本身与上市公司之间不存在会影响其做决策的利益冲突，所以独立董事制度在独立性方面很好地弥补了监事会制度的缺陷，也能更好地发挥监督职能。独立董事必须具备独立性、客观性、公正性，其中独立性主要包括财产独立、人格独立、业务独立、运作独立。独立性是独立董事的特有性质，唯独具有足够的独立性，方可确保独立董事以独立的监管者身份从客观公正的立场去监督董事会和管理者，并做出独立的分析和评价，从而有利于改善会计信息质量。在董事会会议的召开过程中，独立董事对公司的重大业务事项提出异议就是其独立性的重要体现。齐骥霆（2013）把独立董事是否提出异议作为其是否独立的一种表现，认为独立董事提出异议表明其在认真履行监督义务。独立董事是否提出异议和信息披露违规之间是显著的正相关关系。在实践中，独立董事一般情况下不会对公司业务事项提出异议，但如果提出了异议，那么很可能表示公司会计信息出现了重大问题，所以独立董事会站出来提出自己的客观意见。另外，独立董事出于自身考虑，在准备提出异议时，一般会以保留意见或者弃权等形式来表达，极少情况会直接提出异议。因此，如果独立董事在董事会中没有投赞成票，那么可以认为其对公司的业务事项存在异议，公司会计信息质量也普遍偏低。为此，提出如下假设：

H2－1：独立董事对公司重大业务事项提出了异议，那么表明公司会计信息质量较差。

2. 独立董事兼职数量对会计信息质量的影响

独立董事兼职数量是指除本公司职务外，独立董事担任的其他所有职务的数量。国内外的研究及具体实践表明，独立董事兼任的数量不宜过多。为确保独立董事能够充分发挥其职责，不提倡独立董事兼任较多的其他公司职位。在我国，独立董事制度建立的时间较晚，独立董事经验相对更少，专业知识上也较缺乏，上市公司独立董事担任的形式基本上都是兼职，知名的教授学者更受公司欢迎，同时兼任更多职位。《上市公司独立董事履职指引》中明确载明独立董事必须保证有充足的时间和精力去完成其职责，在上市公司兼任独立董事的公司数量不可超过 5 家。因此，对于独立董事来说，其应该主动将兼职公司数量控制在 5 家内。当独立董事兼职公司数量为 1 ~5 家时，独立董事通过兼任所获得的专业知识与经验有利于提高会计信息质量，即兼职数量与会计信息质量正相关。为此，提出如下假设：

H2 -2a：独立董事兼职数量越多，会计信息质量越高。

毕竟每个人的时间和精力都有限，如果独立董事兼职公司的数量超过 5 家，其一定的时间和精力将会被分散，对公司的监督制约职能将得不到有效实施，管理层更可能对会计信息进行操纵甚至虚构会计信息，从而独立董事兼职数量越多越不利于会计信息质量的改善。为此，提出如下假设：

H2 -2b：独立董事兼职数量越多，会计信息质量越低。

3. 独立董事津贴对会计信息质量的影响

关于独立董事津贴问题，理论与实务界一直都有两种观点。一种观点认为独立董事津贴与会计信息质量是正相关关系。因为津贴作为一种经济激励方式，独立董事得到的津贴越多，他们履行监督职责的动机越强，在一定程度上有利于抑制财务信息造假行为，从而会计信息质量也就越高。Jensen（1993）甚至主张要让外部董事持有一定股份，以加强其工作积极性，提高其监督管理动机，为维护股东利益付出自己的努力。另一种观点则认为，两者存在负相关关系。独立董事津贴是由董事会制定，随后提交给股东大会审议。如果给予独立董事过高的津贴，为了不丢掉这份收入，独立董事很可能无法在公司决策及监督管理过程中正常履行自己应有的职责，导致独立董事不具有独立性。王怀明和张惠（2008）实证研究了财务背景独立董事个人特征与信息披露质量的关系，发现独立董事的薪酬越高，信息披露质量越差，表明大股东与独立董事串通的可能性越大。在我国，独立董事津贴与会计信息质量存在何种关系还需要具体分析。我国上市公司独立董事津贴基本上还停留在固定津贴制上，与企业业绩没有直接关系，所以津贴影响其独立性的可能性不大。相反，由于独立董事制度起步晚，缺乏相关经验，可能存在经济激励不足的现象，独立董事津贴对独立董事履行职责、努力工作积极的激励作用还是占主要地位。为此，提出如下假设：

H2－3：独立董事津贴较高的公司，其会计信息质量越高。

4. 市场化进程对独立董事与会计信息质量关系的影响

由于受国家宏观政策、地理境况、历史背景等影响，中国各地区的市场化进程相差甚远。在我国处于不同市场化程度地区的公司，由于面临的法律环境存在差别，从而虚假信息被发现的可能性及惩罚措施也会不一样。张程睿和蹇静（2008）认为与中部和西部地区相比，东部和沿海地区的市场竞争环境会更加严峻，市场对企业的要求特别是对企业信息质量要求更加严格。在有效的市场中法律环境更加完善，法律执行率也更高，企业管理层虚构会计信息而获得报酬的风险也更高，因此公布高质量会计信息的可能性也就越大。

市场化进程对独立董事特征与会计信息质量关系的影响，本书从以下方面进行分析。第一，市场化进程越高的地区独立董事追求或维护高声誉的动机越强。高管声誉是指作为行为主体的企业高管，公司利益相关者对其日常特定行为与能力所存在的看法与印象。在市场化进程越高的地区，独立董事为了使自己获得良好的社会声誉会更加努力地履行监管职责，从而有利于加强对企业信息质量的监督（唐跃军等，2008）。在市场化进程越高的地区，声誉的信号传递作用越强，独立董事出于自身的考虑，更可能发表自己客观的意见，对公司存在问题的事项提出异议，而被独立董事提出异议的公司其会计信息质量通常偏低。为此，提出如下假设：

H2－4：市场化进程越高的地区，公司重大业务事项被独立董事提出异议的概率越大，会计信息质量越低。

第二，在市场化进程相对低的地区，由于信息交流渠道有限，要想获得有效及时的信息会相对更困难。独立董事通过兼任其他公司董事，可以从其他兼任的公司中获得更多有用的知识和经验，从而有利于促进有效信息的收集和公司间专业知识的转移（Rosenstein & Wyatt，1994），并进一步提高自己的职业素养和能力，促进公司信息质量的提高。换而言之，市场化进程低的地区，兼职数量越多的独立董事对提高企业会计信息质量的作用将会更加有利。为此，提出如下假设：

H2－5：市场化进程越低的地区，兼任数量越多的独立董事，对提高会计信息质量的帮助越大。

第三，在市场化进程较高的地区，声誉机制的作用会更加明显，不论公司还是独立董事都会更加注重其社会声誉。保持稳定关系的前提就是彼此信任（Xin & Pearce，1996），为了增加投资者等利益相关者的信任，公司会高薪聘请能力强、声誉好的独立董事，使自己拥有良好的社会声誉。同理，独立董事得到较高津贴，为了维持其与高津贴相对应的社会声誉，他们也会更加认真地履行职责，推动公司会计信息质量的提高。总之，在市场化进程高的地区，独立董事不仅为了高津贴而且更为了维护其社会声誉而尽职尽责，这有利于会计信息质量的提高。为此，提出如下假设：

H2－6：市场化进程越高的地区，独立董事津贴越高，会计信息质量越高。

（二）样本选取与数据来源

1. 样本选取

本章选择深圳证券交易所主板上市公司2009～2013年的数据作为研究对象，根据本章研究目的对相关样本进行筛选：①数据不全且通过网络无法补充完整的上市公司被剔除在外；②剔除了ST、*ST、SST、S*ST类的上市公司，因为该类公司财务数据存在问题；③金融类上市公司实行的财务制度与其他公司不一样，流动资产和流动负债都大量的存在，予以剔除；④中小板上市公司规模及其他指标要求和主板要求不同，对此数据进行了删除。最终得到了2257个样本。

2. 数据来源

本章数据主要从深圳证券交易所和国泰安数据库取得。其中会计信息质量的替代变量信息披露考核评级是从深圳证券交易所的诚信档案中提取。独立董事意见、兼职数量、津贴及董事会规模等数据来自国泰安的公司治理结构数据库。公司规模、财务杠杆及公司业绩数据则从中国上市公司财务报表数据库取得，在此基础上进行相应的手工整理。市场化进程指数取自樊纲、王小鲁和朱恒鹏（2011）编制的市场化指数。此市场化进程数据被许多研究所使用，如欧阳爱平和周宁（2013）利用该指数研究市场化程度与会计信息价值相关性的影响。最后，使用 SPSS 19.0 软件对数据进行统计分析。

（三）模型设定与变量定义

1. 模型设定

由于被解释变量会计信息质量是以二值变量 0 和 1 表示，因此建立二元 Logistic 回归模型对假设进行分析。根据前文提出的研究假设，设计出三个回归方程。由于后三个假设中，市场化进程是调节变量，因此我们按市场化进程数据进行分组回归来检验，即 H2－4 到 H2－6 分别依据 H2－1 到 H2－3 建立的回归方程进行分组回归分析。

根据 H2－1 建设模型（2－1）如下：

$$Logistic(Disc) = \alpha_0 + \alpha_1 Obj + \alpha_2 Lnsize + \alpha_3 Lev + \alpha_4 First + \alpha_5 Roe + \alpha_6 Lns + \alpha_7 \sum Year + \alpha_8 \sum Industry + \varepsilon \qquad (2-1)$$

根据 H2－2 建设模型（2－2）如下：

$$Logistic(Disc) = \beta_0 + \beta_1 Pdj + \beta_2 Lnsize + \beta_3 Lev + \beta_4 First + \beta_5 Roe + \beta_6 Lns + \beta_7 \sum Year + \beta_8 \sum Industry + \varepsilon \qquad (2-2)$$

根据 H2－3 建设模型（2－3）如下：

$$Logistic(Disc) = \delta_0 + \delta_1 Lnpay + \delta_2 Lnsize + \delta_3 Lev + \delta_4 First + \delta_5 Roe + \delta_6 Lns + \delta_7 \sum Year + \delta_8 \sum Industry + \varepsilon \qquad (2-3)$$

2. 变量定义

研究变量在此主要有三部分：被解释变量（会计信息质量）、解释变量（独立董事意见、独立董事兼职数量、独立董事津贴）和其他相关的控制变量。回归模型中的变量定义如表 2－1 所示。

（1）被解释变量——会计信息质量（*Disc*）。对于会计信息质量的定义，学术界还没有一致的看法，但绝大多数都是从盈余管理、财务舞弊、深圳证券交易所的信息披露考核评级、注册会计师出具的审计意见等方面对上市公司会计信息质量进行评价。相比其他评价方法，深圳证券交易所是我国权威机构，对会计信息质量出具的信息披露考核评级的可操作性、综合性最强。因此，本章以深圳证券交易所发布的信息披露考核评级作为被解释变量的衡量方法，将信息考核评级分为两类，考核评级优秀或者良好则为1，否则为0。

表 2-1　市场化进程、独立董事与会计信息质量关系检验之变量定义

变量类型	变量	符号	变量说明
被解释变量	会计信息质量	*Disc*	当年深交所对上市公司信息披露评级结果为良好或优秀取1，否则取0
解释变量	独立董事意见	*Obj*	同意为0，否则为1
	独立董事兼职数量	*Pdj*	除本公司职务外，担任其他职务的数量
	独立董事津贴	*Lnpay*	独立董事从上市公司领取津贴的自然对数
调节变量	市场化进程	*Mid*	上市公司所在地市场化程度，值越大表示市场化程度越高。此处以8分为界将市场化进程分为高组与低组，数据取自樊纲等（2011）市场化指数
控制变量	公司规模	*Lnsize*	公司年末总资产的对数
	财务杠杆	*Lev*	负债总额/资产总额
	股权结构	*First*	第一大股东所持有股份/总股份
	公司业绩	*Roe*	净利润/净资产
	董事会规模	*Lns*	董事会人数的对数
	年度	*Year*	本年度为1，其他年度为0
	行业	*Industry*	本行业为1，其他行业为0

（2）解释变量。依据研究假设，选取三个变量来对独立董事进行定量描述，分别是独立董事对公司重大业务事项发表的意见（*Obj*）、独立董事兼职数量（*Pdj*）和独立董事每年领取的津贴（*Lnpay*）。

（3）控制变量。根据已有研究，选取以下6个变量作为控制变量，以控制其他因素对会计信息质量可能产生的影响。

1）公司规模（*Lnsize*）。一般来说，公司规模越大，社会及当地政府对公司会更加重视与关注，使公司更加注意自身的形象，以维护在社会公众中良好形象，因此，大规模公司相对存在较少会计信息披露违规行为，会计信息质量相对更好些。

2）财务杠杆（*Lev*）。资产负债率是公司偿债能力的体现。银行业对公司债务契约存在较多的限制，当公司面临债务契约条款限制或违约到来时，公司进行盈余管理的动机就会越强，以避免发生违约行为。此外，公司财务杠杆比率越大，偿债压力越大。当公司接近资不抵债时，上市公司发生财务危机的概率就越大。此时公司很可能进行违规操作，如披露虚假财务信息以消除公司在市场中的消极信息。因此，公司资产负债率越高，其会计信息质量可能越低。

3）股权结构（*First*）。上市公司股权结构是决定公司治理水平高低的基础因素，股权结构很大程度影响其内部控制。一般情况下，公司股权结构集中度高会导致内部人控制相对严重。第一大股东持股比例对公司内部控制状况和上市公司会计信息质量存在较大影响。

4）公司业绩（*Roe*）。绩差上市公司虚构利润是其会计信息造假的主要目的。尤其是 ST、*ST 公司，为了保住自己“壳”资源，往往会虚增利润使利润注水，其会计信息质量较低。而业绩好的公司，通常不需要进行虚增利润，其报表的可靠性更强，会计信息质量更高些。

5）董事会规模（*Lns*）。研究发现，董事会规模与会计信息质量负相关，如 Liption 和 Lorsch（1992）、Jensen（1993）等认为，董事会规模越大，沟通决策越困难。不过也存在不同意见。

6）年度变量（*Year*）和行业变量（*Industry*）。为排除不同年度和不同行业可能存在的系统性差异，将年度变量（*Year*）和行业变量（*Industry*）也列为控制变量。

四、市场化进程、独立董事与会计信息质量的实证分析

（一）独立董事与会计信息质量的实证分析

1. 描述性统计分析

表 2-2 提供了独立董事对公司重大业务事项发表的意见（*Obj*）、独立董事兼职数量（*Pdj*）、独立董事每年领取的津贴（*Lnpay*）及会计信息质量考核评级（*Disc*）等变量的描述性统计结果。从结果中可以看出，会计信息质量（*Disc*）均值为 0.7900，表明会计信息考核评级中优秀或者良好所占比例较大，会计信息质量整体较高。独立董事对公司重大业务事项发表的意见（*Obj*）的均值为 0.0100，表明独立董事中会提出异议的数量及可能性极少。

表 2-2　市场化进程、独立董事与会计信息质量关系检验之描述性统计

变量符号	样本数量（家）	极小值	极大值	均值	标准差
Disc	2257	0.0000	1.0000	0.7900	0.4040
Obj	2257	0.0000	1.0000	0.0100	0.0790
Pdj	2257	0.0000	16.5000	2.7899	2.2898
Lnpay	2257	7.9193	15.0194	10.8136	0.5306
Lnsize	2257	5.6788	11.6805	9.4928	0.6523
Lev	2257	0.0070	58.0822	0.6773	1.9014
Roe	2257	-72.1459	7.5410	0.0033	1.8640
First	2257	3.6200	89.4100	34.0014	15.9595
Lns	2257	1.3862	2.8903	2.1736	0.2135

独立董事兼职数量（*Pdj*）的均值为2.7899，表明我国独立董事总体上的兼职数量还是符合相关规定的。兼职数量的标准差为2.2898，说明其分散性程度最高；极小值为0.00，说明有些独立董事只在本公司担任职位，而没有担任其他职务；极大值为16.5，说明有的独立董事非常忙碌。独立董事津贴（*Lnpay*）极小值为7.9193，极大值为15.0194，均值为10.8136，整体相差不大。

2. 相关性分析

表2-3是各变量之间的Pearson相关性分析结果。从表2-3中可以看出，独立董事对公司重大业务事项发表的意见（*Obj*）与会计信息质量的相关系数为-0.085，在1%的水平上显著，表明独立董事对公司业务事项提出了异议的公司，其会计信息质量越低，结果与H2-1一致。独立董事兼职数量（*Pdj*）与会计信息质量在1%的水平上显著正相关，相关系数为0.056，结果与H2-2a相同。独立董事兼职数量的均值小于3，表明兼职数量整体上没有超过3家，所以通过兼职获得的知识与经验有利于提高公司会计信息质量。独立董事津贴（*Lnpay*）与会计信息质量在1%的显著性水平上呈显著正相关，系数为0.142，说明津贴对独立董事履行职责的激励作用占主要地位，结果与H2-3一致。

另外，通过变量之间的相关系数可以对自变量之间是否存在多重共线性问题进行考察和判断，如果相关系数超过0.8，那么就存在共线性的问题。从表2-3的相关性分析结果中可以看出，自变量之间不存在多重共线性的问题，可以进行Logistic回归分析。

表2-3　独立董事与会计信息质量关系检验之变量相关性分析

		Disc	*Obj*	*Pdj*	*Lnpay*	*Lnsize*	*Lev*	*Roe*	*First*	*Lns*
Disc	相关性	1								
	显著性									
Obj	相关性	-0.085**	1							
	显著性	0.000								

续表

		Disc	*Obj*	*Pdj*	*Lnpay*	*Lnsize*	*Lev*	*Roe*	*First*	*Lns*
Pdj	相关性	0.056 **	-0.018	1						
	显著性	0.008	0.404							
Lnpay	相关性	0.142 **	-0.040	0.124 **	1					
	显著性	0.000	0.058	0.000						
Lnsize	相关性	0.253 **	-0.057 **	0.090 **	0.355 **	1				
	显著性	0.000	0.007	0.000	0.000					
Lev	相关性	-0.065 **	0.005	-0.036	-0.036	-0.203 **	1			
	显著性	0.002	0.811	0.089	0.088	0.000				
Roe	相关性	0.007	-0.001	-0.012	0.028	0.033	-0.004	1		
	显著性	0.754	0.961	0.580	0.186	0.122	0.831			
First	相关性	0.144 **	-0.036	0.039	0.064 **	0.272 **	-0.017	0.001	1	
	显著性	0.000	0.084	0.066	0.003	0.000	0.412	0.961		
Lns	相关性	0.137 **	-0.028	0.028	0.191 **	0.324 **	-0.025	-0.002	0.024	1
	显著性	0.000	0.181	0.188	0.000	0.000	0.228	0.933	0.250	

注：*、**分别表示在置信度（双侧）为5%、1%的水平上显著相关。

3. Logistic 回归分析

依据所建立的回归模型，对独立董事意见、独立董事兼职数量及独立董事津贴与会计信息质量之间的关系进行实证分析。由于本章因变量是深圳证券交易所对会计信息的披露考核评级，优秀或良好为 1，否则为 0，属于定性变量，因此本章采取二元 Logistic 回归模型进行回归分析。表 2-4 中列出了 Logistic 回归分析结果，其中 *Nagelkerke* R^2 的值均处在 0.14 左右，说明拟合度可以接受。从表 2-4 中可以看出：

（1）独立董事对公司重大业务事项发表的意见（*Obj*）与会计信息质量在 1% 的显著性水平上显著负相关，回归系数为 -1.721。结果与 H2-1 相吻合，说明如果独立董事对公司业务提出了异议，那么公司会计信息质量一般也较低。这表明独立董事在公司治理中发挥了监督作用，所以应该进一步完善独立董事制度，使其监督控制职能得到更好的发挥。

表 2-4 Logistic 回归分析结果

变量	(1)		(2)		(3)		(4)	
	B	Wals	B	Wals	B	Wals	B	Wals
Obj	-1.721	7.110 ***					-1.694	6.779 ***
Pdj			0.046	3.252 *			0.041	2.429 *
Lnpay					0.238	4.280 **	0.209	3.259 **
Lnsize	0.896	73.930 ***	0.896	73.713 ***	0.855	59.827 ***	0.837	57.174 ***
Lev	-0.006	0.055	-0.004	0.030	-0.007	0.079	-0.007	0.068
Roe	-0.005	0.032	-0.004	0.024	-0.006	0.045	-0.005	0.036
First	0.014	12.278 ***	0.014	12.102 ***	0.014	12.613 ***	0.014	11.736 ***
Lns	0.810	8.191 ***	0.806	8.158 ***	0.734	6.567 ***	0.734	6.513 ***
Year	控制		控制		控制		控制	
Industry	控制		控制		控制		控制	
Cox & Snell R^2	0.090		0.089		0.089		0.093	
Nagelkerke R^2	0.142		0.139		0.139		0.146	

注：*、**、*** 分别表示在置信度（双侧）为 10%、5%、1% 的水平上显著相关。

（2）独立董事兼职数量（*Pdj*）与会计信息质量在 10% 的水平上呈显著正相关，回归系数为 0.046，实证结论与 H2-2a 相符。在研究样本中，绝大多数独立董事兼职的数量并不多，均值为 2.7899，还未达到我国规定任职数量的上限（5 家），所以其对独立董事履行职责的负面作用没有显现，反而通过担任其他公司职务，能使独立董事获得更多信息与知识，在一定程度上提高了独立董事的专业知识与经验，有利于改善公司会计信息质量。

（3）独立董事的津贴（*Lnpay*）与会计信息质量的回归系数为 0.238，两者在 5% 的显著性水平上显著正相关，实证结果与 H2-3 相同。结果说明，经济激励总体上有利于提高独立董事工作的积极性，使其勤勉地履行职责和义务，加强对公司的监督力度，从而会计信息质量也会得到一定的改善。

（4）将三个解释变量对会计信息质量一起进行回归分析，得到的结果与单个解释变量回归的结果相似。独立董事对公司重大业务事项发表的意见（*Obj*）与会计信息质量在1%的显著性水平上显著负相关，回归系数为-1.694。独立董事兼职数量（*Pdj*）与会计信息质量在10%的水平上呈显著的正相关关系，回归系数为0.041。独立董事的津贴（*Lnpay*）与会计信息质量的回归系数为0.209，并且两者在5%的水平上显著正相关。

另外，控制变量方面，回归结果（4）显示，公司规模（*Lnsize*）和会计信息质量在1%的水平上显著正相关，回归系数为0.837。我们还注意到，相关性分析表显示，独立董事津贴（*Lnpay*）和公司规模（*Lnsize*）在1%的水平上显著正相关。这说明规模较大的公司，一般也会支付较高的津贴给予独立董事，使独立董事对工作充满激情，增强认真履行职责的动机，公司的会计信息质量相对也会较高。一般来说，大规模公司对公司声誉的重视程度更高，所以会更倾向提供高质量的会计信息，在选择公司独立董事时会相对更加慎重，同时给予独立董事更多的津贴以激励其更好地履行工作。从独立董事角度讲，获得了更多津贴，独立董事会更加注重自己社会声誉，他们愿意花费更多时间和精力了解公司经营状况，这无疑有利于提高企业会计信息质量。

4. 稳健性检验

在此，本章对被解释变量会计信息质量的替代变量，即深圳证券交易所公布的信息披露考核评级使用另一种分类方法进行赋予不同的分值，考核评级为优秀的赋予4分，良好为3分，合格为2分，不合格为1分，以此来检验结果的稳健性。采用多元线性回归分析的方法进行回归，得出的结果如表2-5所示。从表2-5前三个回归结果中可以看出，独立董事对公司重大业务事项发表意见（*Obj*）的回归系数为-0.564，并在1%的水平上显著相关。独立董事兼职数量（*Pdj*）与会计信息质量为正相关，回归系数为0.008，并在10%水平上显著。独立董事津贴（*Lnpay*）与会计信息质量的回归系数为0.078，而且在1%水平上显著。

在第四个回归结果中，我们将三个解释变量同时纳入回归方程，回归结果与单个解释变量回归结果基本一致。独立董事对公司重大业务事项发表意见（*Obj*）的回归系数为-0.550，并在1%的水平上显著相关。独立董事的兼职数量（*Pdj*）回归系数为0.006，但结果不显著。独立董事津贴（*Lnpay*）的回归系数为0.073，而且在1%的水平上显著。总体上，线性回归分析的结果与上述Logistic回归的结果并无明显差异。基于此，可以认为回归结果是可靠的。

表2-5 独立董事与会计信息质量关系的线性回归分析结果

变量	(1)		(2)		(3)		(4)	
	B	*t*	*B*	*t*	*B*	*t*	*B*	*t*
Obj	-0.564	-3.681 ***					-0.550	-3.591 ***
Pdj			0.008	1.452 *			0.006	1.054
Lnpay					0.078	3.097 ***	0.073	2.893 ***
Lnsize	0.324	14.888 ***	0.325	14.853 ***	0.307	13.141 ***	0.303	12.963 ***
Lev	0.000	-0.074	0.000	-0.025	-0.001	-0.161	-0.001	-0.154
Roe	0.005	0.800	0.005	0.810	0.005	0.760	0.005	0.773
First	0.002	2.880 ***	0.002	2.922 ***	0.002	3.066 ***	0.002	2.977 ***
Lns	0.166	2.732 ***	0.168	2.759 ***	0.149	2.420 **	0.147	2.396 ***
Year	控制		控制		控制		控制	
Industry	控制		控制		控制		控制	
Adj. R^2	0.164		0.160		0.163		0.167	
F-statistic	20.309		19.712		19.811		18.892	
Prob	0.000		0.000		0.000		0.000	
Durbin-Watson	2.019		2.012		2.014		2.020	

注：*、**、***分别表示在置信度（双侧）为10%、5%、1%的水平上显著相关。

5. 研究结论

通过对独立董事意见、独立董事兼职数量及独立董事津贴与会计信息质量进行相关回归分析，可以发现：①独立董事异质性意见与会计信息质量显著负相关，表明在独立董事提出异议的公司，其会计信息质量可能相对更低。②独立董事兼职数量与会计信息质量之间显著正相关，表明独立董事通过兼任所获得的知识与经验有利于其履行监管职能，提高会计信息质量。③独立董事津贴与会计信息质量之间显著正相关，表明津贴的激励作用占主导地位。

（二）市场化进程对独立董事与会计信息质量关系的影响

根据樊纲等（2011）市场化指数，研究不同市场化进程下独立董事意见、兼职数量、津贴对会计信息质量的影响存在什么差异。本章将市场化指数以8为界，高于8的为市场化进程高的地区，否则为市场化进程低的地区。

1. 市场化进程、独立董事意见与会计信息质量

表2－6是将市场化进程分成两组后，独立董事意见与会计信息质量关系的二元Logistic回归分析结果。从中可以得出，独立董事意见（*Obj*）与会计信息质量在两组中都是负相关，但在市场化进程高的地区，回归系数为－2.989，且在5%的水平上显著。而在市场化进程低的地区，其回归系数为－1.015，结果不显著。结果说明，市场化进程越高，独立董事出于保护自己的需要更可能提出异议，并且在被提出异议的公司中，其会计信息质量越低，结果与H2－4相符。

表2－6　独立董事意见与会计信息质量的Logistic回归分析

变量	市场化进程高的地区		市场化进程低的地区	
	B	Wals	B	Wals
Obj	－2.989	5.436**	－1.015	1.471
Lnsize	0.877	37.091***	0.877	24.257***
Lev	0.032	1.023	－0.548	3.975**
Roe	0.081	1.486	－0.027	0.415
First	0.010	3.525**	0.018	6.482***
Lns	0.876	5.098**	0.859	2.938**
Year	控制		控制	
Industry	控制		控制	
Cox & Snell R^2	0.095		0.110	
Nagelkerke R^2	0.153		0.171	

注：*、**、***分别表示在置信度（双侧）为10%、5%、1%的水平上显著相关。

2. 市场化进程、独立董事兼职数量与会计信息质量

表2-7是不同市场化进程下独立董事兼职数量（*Pdj*）与会计信息质量关系的二元 Logistic 回归结果。从中可以看出，独立董事兼职数量（*Pdj*）与会计信息质量在市场化进程高的地区与低的地区都是正相关，但在市场化进程低的地区，两者的回归系数（*B*）为0.067，并在10%的水平上显著。而在市场化进程高的地区，其回归系数为0.017，结果不显著。结果说明，市场化进程高的地区，信息获取渠道多，所以通过兼任获得的知识与经验对会计信息质量的提高作用不大，而在市场化进程低的地区，独立董事通过兼职而获得的知识与经验更有利于改善会计信息质量，与H2-5的结论一致。

表2-7 独立董事兼职数量与会计信息质量的 Logistic 回归分析

变量	市场化进程高的地区		市场化进程低的地区	
	B	Wals	B	Wals
Pdj	0.017	0.240	0.067	2.349*
Lnsize	0.895	38.760***	0.872	24.003***
Lev	0.033	1.128	-0.544	3.837**
Roe	0.079	1.414	-0.023	0.343
First	0.010	3.208**	0.018	6.232***
Lns	0.819	4.511**	0.887	3.173**
Year	控制		控制	
Industry	控制		控制	
Cox & Snell R^2	0.090		0.111	
Nagelkerke R^2	0.145		0.172	

注：*、**、***分别表示在置信度（双侧）为10%、5%、1%的水平上显著相关。

3. 市场化进程、独立董事津贴与会计信息质量

表2-8是不同市场化进程下独立董事津贴（*Lnpay*）与会计信息质量关系的二元 *Logistic* 回归结果。从中可以看出，独立董事津贴（*Lnpay*）与会计信息质量之间的关系两组都是正相关，但在市场化进程高的地区，两

者的回归系数（*B*）为0.204，并在10%的水平上显著。而市场化进程低的地区，其回归系数为0.100，结果不显著。结果说明，市场化进程高的地区，独立董事津贴越高，表明独立董事社会声誉越高，在声誉机制的作用下独立董事更能较好地履行职责，有利于会计信息质量的提高。结果与H2－6一致。

表2－8　独立董事津贴与会计信息质量的Logistic回归分析

变量	市场化进程高的地区		市场化进程低的地区	
	B	*Wals*	*B*	*Wals*
Lnpay	0.204	1.642*	0.100	0.245
Lnsize	0.809	28.560***	0.895	22.419***
Lev	0.028	0.816	－0.582	4.216**
Roe	0.074	1.295	－0.029	0.439
First	0.010	3.175**	0.019	6.856***
Lns	0.810	4.298**	0.818	2.620**
Year	控制		控制	
Industry	控制		控制	
Cox & Snell R^2	0.088		0.113	
Nagelkerke R^2	0.142		0.175	

注：*、**、***分别表示在置信度（双侧）为10%、5%、1%的水平上显著相关。

4. 市场化进程、独立董事与会计信息质量

表2－9列示了不同市场化进程下独立董事意见（*Obj*）、独立董事兼职数量（*Pdj*）及独立董事津贴（*Lnpay*）与会计信息质量关系的二元Logistic回归分析的结果。独立董事意见（*Obj*）与会计信息质量之间的关系在两组中都是负相关，但在市场化进程高的地区，独立董事意见回归系数（*B*）为－3.311，在1%的水平上显著。而市场化进程低的地区，其回归系数为－1.007，结果也不显著。这表明市场化进程高的地区，独立董事提出异议的公司的信息质量越低。在市场化进程低的地区，独立董事兼职数量（*Pdj*）与会计信息质量在5%的显著性水平上正相关，两者的回归系

数（*B*）为0.075。但在市场化进程高的地区，其回归系数为0.006，并且不显著。这说明市场化进程低的地区，独立董事兼职数量对会计信息质量的改善作用更大。独立董事津贴（*Lnpay*）与会计信息质量之间的关系两组都是正相关，在市场化进程高的地区，两者回归系数（*B*）为0.188（sig为0.102），不是很显著。而市场化进程低的地区，其回归系数为0.033（sig为0.436），也不显著。比较结果大致表明，与市场化进程低的地区相比，市场化进程高的地区，公司独立董事津贴与公司会计信息质量更正相关。

表2-9 独立董事与会计信息质量关系的 Logistic 回归分析

变量	市场化进程高的地区		市场化进程低的地区	
	B	Wals	B	Wals
Obj	-3.311	5.536***	-1.007	1.407
Pdj	0.006	0.027	0.075	2.733**
Lnpay	0.188	1.357	0.033	0.026
Lnsize	0.783	26.236***	0.903	22.743***
Lev	0.027	0.744	-0.536	3.682**
Roe	0.076	1.330	-0.024	0.360
First	0.010	3.434**	0.018	6.108***
Lns	0.875	4.943**	0.779	2.351*
Year	控制		控制	
Industry	控制		控制	
Cox & Snell R^2	0.094		0.117	
Nagelkerke R^2	0.152		0.182	

注：*、**、***分别表示在置信度（双侧）为10%、5%、1%的水平上显著相关。

5. 稳健性检验

为了进一步检验研究结论的稳健性，此处同样使用赋值法对深圳证券交易所的信息披露考核评级进行赋予不同的分值，优秀为4分，良好为3分，合格为2分，不合格为1分，以此赋值为会计信息质量的代理变量进行回归分析，表 2 – 10 提供了回归结果。从中可以看出，独立董事意见（*Obj*）与会计信息质量的关系在两组中都是负相关，但在市场化进程高的地区，两者的回归系数（*B*）为 –0. 852，且在 1% 的水平上显著。而市场化进程低的地区，其回归系数为 –0. 229，结果也不显著。

表 2 – 10　市场化进程、独立董事与会计信息质量关系的稳健性检验结果

变量	市场化进程高的地区		市场化进程低的地区	
	B	*t*	*B*	*t*
Obj	–0. 852	–3. 305 ***	–0. 229	–1. 153
Pdj	0. 001	0. 187	0. 012	1. 403 *
Lnpay	0. 068	1. 965 **	0. 041	0. 957
Lnsize	0. 322	10. 208 ***	0. 273	7. 132 ***
Lev	0. 008	1. 032	–0. 036	–2. 025 **
Roe	0. 038	2. 260 **	–5. 929	–0. 009
First	0. 001	1. 057	0. 004	2. 584 ***
Lns	0. 058	0. 725	0. 262	2. 462 ***
Year	控制		控制	
Industry	控制		控制	
Adj. R^2	0. 182		0. 157	
F – statistic	11. 870		7. 606	
Prob	0. 000		0. 000	
Durbin – Watson	2. 018		2. 159	

注：*、**、*** 分别表示在置信度（双侧）为 10%、5%、1% 的水平上显著相关。

独立董事兼职数量（*Pdj*）与会计信息质量之间的关系在两组中都是正相关，但在市场化进程低的地区，两者的回归系数（*B*）为 0. 012，并在 10% 的水平上显著。而市场化进程高的地区，其回归系数为 0. 001，且不显著。独立董事津贴（*Lnpay*）与会计信息质量之间的关系在两组中都是正相关，但在市场化进程高的地区，两者的回归系数（*B*）为 0. 068，并在 5% 的水平上显著。而市场化进程低的地区，其回归系数为 0. 041 且不显著。上述多元线性回归分析的结果，与 Logistic 回归结果无明显差异，实证研究结果是可靠的。

6. 研究结论

通过分析不同市场化进程下，独立董事意见（*Obj*）、独立董事兼职数量（*Pdj*）及独立董事津贴（*Lnpay*）与会计信息质量的关系，本章发现：①市场化进程越高，独立董事更可能对公司重大事项提出异议，公司会计信息质量会越差。因为市场化进程越高，独立董事更注重自身声誉，能更有效地发挥其监督职能，提高会计信息质量。②在市场化进程低的地区，独立董事兼职数量与会计信息质量显著正相关，并且其影响大于市场化进程高的地区，独立董事通过兼职所获得的知识与经验更能有效转化为其履行监督职能的保障。③在市场化进程高的地区，独立董事津贴与会计信息质量的关系显著为正，而在市场化进程相对低的地区，独立董事津贴与会计信息质量正相关关系不显著，说明市场化进程越高，独立董事津贴对提高会计信息质量提升作用越大。

五、研究总结与建议

（一）总结

会计信息在资本市场中占有非常重要的地位。本章以独立董事为研究对象，采用文献检索法及实证研究法检验独立董事对公司重大业务事项提出的意见、独立董事兼职数量及独立董事津贴三个特征对会计信息质量的影响。另外，考虑到我国各地区市场化进程不平衡，进一步研究在不同市场化进程下独立董事上述三个方面特征与会计信息质量的关系是否存在差异。

实证研究发现：独立董事对公司提出异议，会计信息质量越差。公司治理改革中，要不断激励独立董事认真负责地履行其监督职能，使其否决权的作用得到最大发挥，进一步提高我国上市公司会计信息质量；独立董事兼职数量与会计信息质量显著正相关，独立董事通过担任其他公司职务能获得更多的知识与经验，更有利于发挥其监督职能；独立董事津贴与会计信息质量显著正相关。

进一步区分不同市场化进程后，研究发现：在市场化进程高的地区，独立董事更可能对公司重大业务事项提出异议，表明企业信息质量越低；独立董事在市场化进程高的地区获得的津贴更多，更有动机对会计信息质量实施监督职能，会计信息质量可能越高。在市场化进程低的地区，独立董事通过兼任其他公司职务可以获得很多及时有效的信息及经验，有利于提高会计信息质量。

（二）政策建议

1. 鼓励独立董事提出异议

独立董事很少会提出异议，而提出异议的上市公司的会计信息质量差的可能性更大，并且在市场化进程高的地区，独立董事提出异议对企业的信息质量影响更大。结果表明，为了维护自身的声誉，独立董事会更加独立、尽职地工作。因此必须提高独立董事的工作积极性，鼓励独立董事对公司业务提出自己客观的意见。对于独立董事提出异议的上市公司，监管部门要加强对其监督力度。

2. 引导独立董事树立正确的兼职观念

独立董事兼任适当的职位有利于公司会计信息质量的改善。尤其在市场化进程较低的地区，独立董事通过兼任其他公司职位可以获得更多的知识与经验，使得独立董事的监督作用得到更好发挥，从而提高会计信息质量。因此，一方面，可规范独立董事兼职行为，树立独立董事适当兼职意识；另一方面，由于每个人时间和精力都是非常有限的，如果兼职数量过多，反而不利于发挥独立董事的监管职能。例如，王怀明和张惠（2008）

研究就发现在独立董事兼任数量很多的情况下，公司的会计信息质量反而降低。因此要引导独立董事将其兼职数量控制在一定范围内。

3. 完善独立董事激励制度

独立董事津贴与会计信息质量正相关，并且在不同的市场化进程下津贴都有利于提高会计信息质量，表明独立董事津贴能在一定程度上调动独立董事的积极性，加强对上市公司监督，所以应该不断完善独立董事津贴制度。独立董事津贴应控制在合理范围内。如果津贴过低，无法激发独立董事的工作积极性，难以激励独立董事尽职地为上市公司工作。如果津贴过高，将损害独立董事的独立性，不利于独立董事职能的正常发挥。上市公司可以引入其他激励形式，如声誉机制、股票期权等，此过程中应该寻找独立董事的努力程度与其津贴效用最大化的均衡点。

4. 以能力为标准用市场化机制聘用独立董事

发现市场化进程对独立董事与会计信息质量会产生一定的影响，在市场化进程高的地区，声誉机制的作用能得到有效发挥，独立董事更可能提出自己客观的意见，有利于相关监管部门对公司实施重点考察。在市场化进程较高的地区，信息不对称的情况能得到有效缓解，有利于完善我国公司治理结构。因此，在我国市场化进程发展不平衡的环境下，须加强市场化建设进程，以能力为标准用市场化机制聘用独立董事，真正发挥我国独立董事制度的优越性。

第三章

董事会独立性、高管薪酬差距与公司绩效

一、引言

（一）研究背景与意义

1. 研究背景

近年来，收入差距扩大引起了学术界和政府部门的广泛关注。随着城市化进程的持续，未来 10 年总体收入差距仍将保持较高水平。在收入差距扩大过程中，企业内部职工之间的薪酬差距扩大明显，其中一个显著特点是企业高管报酬快速增长（Bebchuk & Fried，2003）。企业高级管理层薪金的快速增加使高管与企业普通员工之间的薪酬差异呈现出扩大趋势。例如，1970 年，美国公司首席执行官（CEO）的平均现金薪酬约是生产工人现金薪酬数额的 28 倍，但是到 2005 年，此倍数已经上升到 115 倍（Murphy & Zábojník，2007）。刘春和孙亮（2010）的研究数据表现，我国上市公司中高管与员工之间的薪酬差距亦呈现逐年扩大的趋势。薪酬差距

不仅体现在高管与员工之间，也体现在高管与高管之间，如我国不同企业之间高管薪酬差距较大，甚至高于企业间员工的工资差距。

在收入差距日益扩大的背景下，大量学者关注薪酬差距对企业业绩的影响。在微观企业中，薪酬差距能否有助于提升公司业绩？锦标赛理论认为，薪酬差距能够对代理人产生激励作用，减少代理人偷懒程度，激发高管和员工努力工作，有助于提升公司业绩（Lazear & Rosen，1981）。林浚清等（2003）的研究表明，高管内部薪酬差距与未来公司业绩正相关，薪酬差距增加可改进公司业绩。Kale 等（2009）发现，锦标赛式的薪酬激励与公司业绩存在显著正相关关系，刘春与孙亮（2010）发现，在国有企业内部，当高级管理层和员工之间的薪酬差距较大时，企业业绩也较好，二者呈现显著的正相关关系。上述研究支持锦标赛理论，不过潘敏和刘希曦（2016）认为，过大的薪酬差距可能会导致薪酬激励效果不佳。因此，薪酬差距对公司业绩是存在激励作用还是抑制作用，还值得进一步探讨。

独立董事在公司薪酬政策制定中具有重要影响。在上市公司中，主要由独立董事构成的公司薪酬委员会负责制定公司高层管理者的薪酬激励机制。有研究发现，上市公司董事会的独立性越强，公司高管薪酬的粘性越弱（方军雄，2009），表明独立性较强的董事会可提升高管激励机制的有效性。袁春生和唐松莲（2015）发现，民营上市公司引入外部董事虽然弱化了高管薪酬的粘性，但是，高层管理人员薪酬的业绩敏感性却没有得到改进，结果表明，引入的外部董事在制订公司高管薪酬激励方案时很可能与公司高管合谋，并没有较好地履行监督职能。考虑到当薪酬差距较小时，扩大薪酬差距可激励管理层和员工努力工作从而提升企业业绩，但此激励效果随着薪酬差距扩大而减小（潘敏和刘希曦，2016），在我国收入差距日益扩大、社会公众反映强烈的情况下，独立董事制定高层管理者以及普通员工报酬激励机制时，他们是基于社会公平性角度考虑而倾向于降低企业内部的薪酬差距？还是更可能基于锦标赛理论而适当扩大企业内部薪酬差距？独立董事对企业内部薪酬差距的态度如何影响企业业绩？

基于上述考虑，本章关注薪酬差距对企业业绩的影响、董事会独立性对公司内部薪酬差距的影响、董事会独立性对公司内部薪酬差距与企业业绩的关系产生何种影响？研究结果显示，高层管理者之间较大的薪酬差距以及高层管理者与员工之间较大的薪酬差距都与公司业绩存在着显著的正相关关系。与此同时，董事会独立性越高，企业高管间和高管员工间薪酬差距越小，董事会独立性会降低公司内部薪酬差距带来的激励效果。这些结果意味着，较大的企业内部的薪酬差距可促使高管与员工努力工作，从而提升公司业绩，结果符合锦标赛理论，但独立董事更关注社会公平而致力于缩小企业内部薪酬差距，符合社会公平理论。

2. 研究意义

（1）科学意义。国外学者对高管薪酬契约和企业绩效之间的关系持有不同的立场，由此形成两种基本的观点。锦标赛理论认为加大薪酬差距可以改善高管态度、创造绩效（Lazear & Rosen，1981），而行为理论则强调合作创造绩效，认为团队内很容易在各方面进行比较，较大的薪酬差距使团队合作产生间隙，影响团队间彼此的合作效率。本章主要从两个方面即高管间薪酬差距和高管员工间薪酬差距对公司绩效将会产生什么影响进行研究，并且根据企业所有权性质阐述薪酬差距分别对国有企业和非国有企业绩效敏感性影响的差异。

国内外学者从单方面研究高管薪酬差距对公司绩效产生的影响进行了大量研究。国内研究主要侧重独立董事的独立性能否有效提升公司绩效。鲜有文献研究独立董事对薪酬激励效果的影响方式。董事会独立性会约束薪酬差距还是促进薪酬差距？董事会独立性通过薪酬差距最终对公司业绩产生何种影响？这些问题都有待解答。本章主要研究董事会独立性是否会影响薪酬差距与公司业绩之间的关系，独立董事能否提升薪酬契约的激励作用对我们探讨独立董事存在价值有所帮助。

（2）实践意义。本章通过对高管内部薪酬差距和高管员工间薪酬差距与公司绩效关系的研究，来探讨高管薪酬差距是否会提升薪酬激励效果。高薪酬对应高回报，企业对高管投入越多，相应也希望能获得更好的公司业绩。对于员工来讲，他们在薪酬差距的刺激下也有想要通过提高自身的能力晋升为高管从而获得更高薪酬的目标。与此同时，在不同的所有权性质企业中，董事会独立性对薪酬差距的影响可能存在差异。这些方面的研究可以在企业制定薪酬激励政策时起到一定的引导作用。

（二）本章研究内容

本章将从以下六大部分进行分析：

第一部分，引言。主要探讨研究背景及意义，研究内容和研究价值。

第二部分，文献综述。包括对国内外薪酬差距与企业绩效相关关系的理论回顾、董事会独立性与薪酬差距相关关系理论回顾，最后提出研究目标。

第三部分，理论分析与研究假设。提出内部薪酬差距与企业业绩的关系假设，内部薪酬差距越大，企业经营业绩越好。基于独立董事角色提出两个相反的研究假设：董事会独立性越强，企业内部的薪酬差距越大，独立性较强的董事会更能够提高公司内部薪酬差距在公司业绩方面的激励作用；独立董事对薪酬差距社会公平性的关注导致董事会独立性较强的公司内部薪酬差距较小，而且董事会独立性越强，公司内部薪酬差距提升公司业绩的效果越弱。

第四部分，实证研究设计。根据研究假设选择研究样本与数据来源，设计出相应的模型，并对被解释变量、主要解释变量及控制变量进行定义界定。

第五部分，实证分析结果。首先，对薪酬差距和董事会独立性以及公司绩效进行描述性统计和相关性分析；其次，对薪酬差距、董事会独立性和公司绩效三者进行回归分析；最后，分别用其他替代性变量对以上分析进行稳健性检验。

第六部分，总结与讨论。总结研究结论，提出相关建议。

（三）研究价值

本章的研究价值在于：①既有相关研究文献通常认为锦标赛理论与社

会公平理论是非此即彼的对立关系，但是我们的研究结果则表明，并不能单纯利用锦标赛理论或社会公平理论来解释现实的企业内部薪酬差距状况及其原因，这源于公司高管、员工、独立董事等不同利益主体对薪酬差距可能持不同态度。②许多实证研究表明，独立董事的设立并不能提升公司业绩，结果令人困惑。我们的研究发现，扩大薪酬差距有较好的激励效果，但独立董事更追求社会公平而缩小薪酬差距，从而削弱了薪酬差距的激励效果，此研究结果为独立董事不能有效提升公司业绩的疑惑提供了一种合理且可信的解释。③研究结论还意味着，考虑到薪酬差距产生的激励作用可提升企业业绩，那么试图通过缩小企业职工薪酬差距来缩小居民收入差距并不是一种明智的措施，此方面更应探讨居民收入差距扩大的其他主要成因，通过第二次分配来缩小居民收入差距。

二、文献综述

（一）薪酬差距与企业业绩关系的文献回顾

高管间薪酬差距和高管员工间薪酬差距对企业绩效的影响长期以来都是备受争议的话题。现代企业两权分离，导致委托人和代理人存在利益冲突，委托人由于无法了解代理人是否通过努力工作来提高公司业绩。故委托人需要通过与代理人签订激励契约来激励代理人，降低代理成本以提高公司价值。Cowherd 和 Levine（1992）认为，高管能力的差异很难衡量，因此需要通过高管业绩差距来推断高管能力，计量业绩比观察雇员能力更容易。激励契约中往往是将薪酬与业绩挂钩起来，给予优秀业绩雇员以高薪酬。较大的薪酬差距能够激励员工努力工作，具有较好的激励效果。通常，高管能力越强，生产率差距越大，薪酬差距也越大。

但是，即使雇员都熟知造成薪酬差距的主要原因是业绩差异，雇员也会对较大的薪酬差距颇有微词。薪酬差距的大小之所以备受关注，是因为它会影响雇员做出的选择，产生不同的经济后果。雇员可以因为薪酬差距的激励作用而加倍努力工作，提升企业的业绩，也有可能由于薪酬差距导致员工之间产生间隙，影响团队合作，降低企业整体效率。因此，关于薪酬差距对企业绩效的影响方向长期以来一直存在着两种争议观点，即锦标赛理论和行为理论。锦标赛理论认为，较大的薪酬差距能够激励生产效率较高的员工，也能够刺激其他员工的生产积极性，从而达到提高公司整体经营绩效的目标。而行为理论认为，薪酬差距的增大会造成雇员之间的不公平感增强，从而影响团队协作，降低生产效率。

许多国内外研究薪酬差距对公司绩效影响的文献支持行为理论。雇员会在企业之间及企业内部对工资差距进行比较，以此确定之后相应所需付出努力的程度，雇员依此做出的判断会影响企业绩效。公司成员之间的暗中较劲，缺乏合作共赢的意识有可能降低公司整体工作效率。在管理层薪酬契约与公司绩效挂钩且公司控制环境比较薄弱的情形下，管理层会为了追求更高薪酬水平而利用非正当手段提升公司绩效，甚至为达到自身利益而形成共谋不顾公司整体效益。Siegel 和 Hambrick（1991）提到，较小的薪酬差距能产生较好地激励效果。特别是在共谋较严重的行业中，股票回报率会随着薪酬差距的减小而增大。他们认为，薪酬差距的缩小有助于提升团队凝聚力，降低雇员之间的不公平感，从而提高企业绩效。张正堂和李欣（2007）采用绝对薪酬差距和相对薪酬差距两个指标来衡量高管团队的薪酬差距，对锦标赛理论和行为理论分别进行研究，结果发现，两种薪酬差距与绩效之间呈负向关系，结果支持了行为理论假设。

然而也有许多研究表明，高管薪酬差距的增加会提高企业业绩，从而支持锦标赛理论。Lazear 和 Rosen（1981）提出，在监控力度不足的情况下，较大的薪酬差距可以相应减少监控成本，使代理成本降低，委托人和代理人的利益一致，因此加大薪酬差距可以提高公司绩效。Rosen 等（1982）研究都支持锦标赛理论。

林浚清等（2003）研究我国上市公司高管间薪酬差距与企业绩效之间的关系时，发现我国上市公司高管之间的薪酬差距与公司未来绩效之间正相关。陈震（2006）将上市公司区分为高成长性公司和低成长性公司两组样本，研究发现高成长性公司高管之间薪酬差距与公司绩效显著正相关，低成长性公司高管薪酬差距和公司收益指标也是显著正相关的。刘春和孙亮（2010）在研究国有企业高管薪酬差距与企业绩效之间的关系时发现，企业绩效与薪酬差距显著正相关，结果同样支持锦标赛理论。卢锐（2007）研究还发现，高管之间薪酬差距有着显著的薪酬激励效果，但高管与全体员工的薪酬差距对公司业绩无明显影响。

（二）董事会独立性与薪酬差距关系的文献回顾

公司高管薪酬激励契约是公司治理中的热门话题，中外学者围绕薪酬契约如何实现激励效应最大化的问题进行研究。理论上，股东大会决定董事会人数和结构，董事会决定高管的薪酬契约，制定出能最优化激励效果的薪酬激励政策。董事会由独立董事和非独立董事构成，独立董事比例代表了董事会的独立性，董事会独立性会随着独立董事比例的增加而增加。董事会独立性与董事会治理机制息息相关。但是已有文献对董事会构成和CEO薪酬差距的作用持有相互矛盾的两种观点。

一种观点认为，独立董事相对于内部董事，更不容易受到内部人控制。当CEO想要通过不正当手段获取额外利益时，独立董事能够发挥其监督职能，在一定程度上制约“控制人”的自利行为。企业CEO如果利用管理层权力提高自己薪酬，高管团队内部薪酬差距和高管员工间薪酬差距将增加，而独立董事能够约束管理层的自利行为，使高管间薪酬差距和高管员工间薪酬差距更公平化。此方面，林浚清等（2003）认为内部董事由于比较容易受到“控制人”的支配，内部董事比例越高时，高管团队薪酬差距越大。

不过，一些专家学者认为，独立董事作为监督部门，其在监督力度上并未达到预期效果。Fama和Jensen（1983）强调，独立董事的行为动机包括为自己建立一个监督专家的形象和尽量配合管理层工作的声誉。配合管理层工作的声誉动机将使独立董事的监督效率降低。另外，独立董事通常都在多家公司任职，不太可能对每家公司经营状况深入了解。相较于内部董事，独立董事对公司经营状况的了解上处于信息劣势，不能客观地来评估管理层能力和其薪酬契约。董事会的使命感在CEO权利的干扰下，可能会逐渐弱化。董事会成员的任免受到CEO的极大影响，这使董事会整体上被CEO控制（于东智和王化成，2003）。同样，由于独立董事任免受到管理层的影响，其独立性也受到影响。因此，独立董事可能对公司薪酬差距没有影响。Bhagat和Black（1999）认为独立董事通常由CEO所提名的咨询专家，结果可能导致独立董事并不能对高管薪酬差距起到一定的监督作用。喻猛国（2001）认为独立董事作为一个理性人，在权衡利弊后很可能跟高管共谋，这会导致高管员工间薪酬差距随着独立董事比例的增加而增大。李增泉（2000）认为，薪酬契约有可能掌握在管理层手中，而不受外界力量的影响，这导致董事会独立性可能对高管员工间薪酬差距没有影响。邵平等（2008）发现，董事会独立性对薪酬激励机制的影响并不显著，期望通过提高独立董事比例起到对薪酬契约实行的监督作用，最终结果可能会不尽如人意。

（三）董事会独立性与公司绩效关系的文献回顾

独立董事能否有效发挥监督作用而提升公司业绩？在此方面，一些专家学者认为，独立董事为了向股东传递其较高价值信号，必定会充分运用其专业能力和监督职能。Dechow等（1996）、Beasley（1996）、Persons（2006）等实证研究也表明，董事会中内部董事占多数的公司更可能发生财务舞弊，独立董事参与公司经营决策可以减小高管财务舞弊机会，随着独立董事数量的增加，公司财务舞弊的概率下降，企业可以通过引入独立董事的外部监督，减少财务舞弊。杨清香（2007）研究发现，独立董事在发现财务舞弊和遏制高管权利的能力上要高于内部董事。魏明海等（2007）通过研究A股数据发现董事会独立性越大，盈余在一段时间内能保持稳健发展。

独立董事监督效率的发挥有助于提升公司业绩。Rosenstein 和 Wyatt（1990）研究表明，独立董事比例越高时，股东财富被窃的可能降低，董事会独立性可以显著提升企业价值。Cotter 等（1997）的研究证明，当独立董事比例提高时，公司股票价值也获得了显著提升。王跃堂等（2006）认为公司绩效在全面推广独立董事会制度后得到了显著提升，董事结构中有更多的独立董事能促进公司绩效提高，并且独立董事声誉与公司绩效正相关。

当然，还有一些学者专家持相反态度。他们认为独立董事不能参与企业经营决策，独立董事由于不了解企业经营生产，而且他们的专业知识可能与企业管理实践脱轨，不一定完全适应企业发展所需，将导致独立董事不能较好地提升公司业绩。Yermack（1996）发现，董事会中独立董事比例提高，企业价值降低。高明华和马守莉（2002）用每股收益和净资产收益率来表示企业绩效，研究发现，董事会独立性和公司绩效之间的关系不显著，独立董事比例的波动对公司业绩没有明显影响。胡勤勤和沈艺峰（2002）的研究也表明，上市公司经营业绩与独立外部董事之间不存在显著的相关关系。

（四）文献述评与本章研究目标

通过对国内外相关文献的总结归纳，我们发现多数研究集中在分析薪酬差距产生的原因、薪酬差距对企业绩效的影响以及独立董事声誉、背景等对企业绩效的影响。此方面观点并不完全一致。

（1）对于薪酬差距的激励效果，主要分为两个观点。锦标赛理论认为，薪酬差距可以激励员工创造更多的业绩；相反，行为理论则认为，薪酬差距过大不利于员工之间的合作共赢。虽然有大量文献对高管薪酬差距对公司绩效的敏感性进行了研究，但是通常只关注高管间薪酬差距，而忽略了高管员工间薪酬差距。

（2）一些文献认为，独立董事的专业技能和监督职能能减少管理层窃取股东财富的自利行为。独立董事的引入可以形成有效的外部监督机制，独立董事可以用其丰富的商业经验和专业知识为企业战略制定提供帮助。当然也有文献持相反观点，这些文献认为，由于独立董事待遇低，缺乏激励甚至碍于情面难以坚持立场，导致独立董事并不能增加企业绩效。

综上，现有文献并没有深入研究董事会独立性对薪酬差距经济后果的影响，故本章进一步研究董事会独立性与两种高管薪酬差距之间的关系、董事会独立性对高管薪酬差距和公司业绩关系的影响。

三、理论分析与研究假设

（一）锦标赛、薪酬差距与公司业绩

长期以来，薪酬差距对企业业绩的影响是个备受关注的话题。在两权分离的现代大型企业中，信息不对称的存在导致委托人无法完全观察到代理人的行为，委托人与代理人之间存在较为严重的代理问题（Jensen & Meckling，1976），缓和代理问题的公司治理机制之一是为代理人提供基于业绩的报酬。然而，由于对代理人监督较困难，且各代理人的贡献也较难精确测定，可能导致基于业绩的报酬机制激励效果不佳。据此，Lazear 和 Rosen（1981）提出了锦标赛理论，根据代理人产出的排序而非产出本身来确定薪酬。锦标赛理论认为，按业绩排序为代理人提供差距比较大的报酬激励方案，能够很有效地刺激代理人努力工作、减少代理人的偷懒行为，从而有助于提升企业业绩，较大薪酬差距的激励效果较好。其主要理由是：首先，实施锦标赛式薪酬制度，为竞争过程中排序较前的代理人提供较高薪酬，可解决代理人贡献难以测定的问题，节约监督成本。从技术上看，以边际产出的排序来计量代理人贡献比以边际产出本身为计量指标

更容易实施（林浚清等，2003）。其次，在监控力度不足的情况下，较大的薪酬差距可促使代理人为获得较高的报酬而自动地努力工作，从而委托人可以减少对代理人的监督活动，减少委托人对代理人的监控成本，降低委托代理成本（Lazear & Rosen，1981）。再次，差距较大的薪酬激励方案可促使代理人之间为获得较高薪酬而自动相互竞争，努力工作，因此代理人之间较大的薪酬差距更能起到激励效果。最后，可排除前期业绩对当期激励的负面影响。前期锦标赛中的赢者如果后期不努力工作，在锦标赛中排序将降低，从而不能获得较高当期薪酬，此压力将促使赢者需要持续不断地努力工作。

总之，锦标赛理论认为，以业绩的排序为基准，对排序较前的竞争者给予较高的薪酬奖励，此种激励机制更容易实施、更能刺激职工持续努力工作、更能减少监督成本。锦标赛式的激励方案可使委托人和代理人利益趋于一致，能够帮助公司实现利润最大化的目的。目前，锦标赛理论得到了许多实证研究结果的支持。例如，Lazear 和 Rosen（1981）等的研究结果都表明，较高的薪酬差距可以提升公司业绩。在我国，林浚清等（2003）对公司高管内部报酬差距激励效果的研究发现，高管内部的薪酬差距越大与公司未来业绩越好，二者之间呈正相关。陈震（2012）的研究发现，在成长性较高的公司中，高管之间的内部薪酬差距越大，公司业绩也越好，此规律在成长性较低公司中同样存在。刘春和孙亮（2010）以国有上市公司为样本，对高管内部薪酬差距是否能够提升公司业绩进行了研究，研究同样发现，高管内部的薪酬差距较大，企业业绩也较好，此研究结果同样支持锦标赛理论的观点。据此，提出如下假设：

H3 - 1：内部薪酬差距越大，企业经营业绩越好，二者呈正相关关系。

（二）董事会独立性对薪酬差距与公司业绩之间关系的影响

1. 锦标赛、董事会独立性与薪酬差距的激励作用

在我国，两权分离和信息不对称的存在导致上市公司股东与公司管理者之间存在着较为严重的委托代理冲突（Jensen & Meckling，1976）。与此

同时，公司大股东与外部小股东之间也存在着利益冲突（Claessens et al.，2000）。证券市场监管当局将独立董事制度作为一项公司治理制度引入上市公司，其目的在于增加董事会的独立性，监督公司大股东与高管的经营行为，减少股东与管理层之间以及大股东和小股东之间的代理成本，提升公司业绩（Fama & Jensen，1983）。美国 SOX 法案甚至规定，为增强董事会独立性，公司审计委员会必须完全由独立董事组成，其中至少一人应是财务专家。我国从 2001 年开始实施独立董事制度。一些研究表明，独立董事在发现财务舞弊和遏制高管权利的能力上要高于内部董事（杨清香，2007），董事会独立性越强，公司盈余更稳健（魏明海等，2007），股东财富更不容易被盗窃（Rosenstein & Wyatt，1990），股票价格越高，公司市场业绩越好。

具体到董事会的独立性、公司内部薪酬差距与企业业绩三者之间的关系，可以从设立独立董事制度的目的进行分析。设立独立董事的意图在于帮助股东特别是外部股东监督企业管理层的行为，预计独立董事通常会从股东利益最大化角度考虑，帮助公司制定合适的薪酬制度以提升公司业绩。其一，董事会独立性越强，独立董事越独立于公司高管，不容易受高管制约，可以较好地监督公司高管的经营管理行为，更倾向于以股东利益最大化为目标制定公司高管的薪酬契约。其二，大部分独立董事来自高校、其他企业等单位，具备较为丰富的经济管理专业知识或实业经营经验，可以更专业地评判公司经营业绩，具有制定合理高管薪酬的知识或经验。一些研究表明，在美国公司中，首席执行官（CEO）的薪酬溢价通常比较适中，较高的 CEO 报酬主要来自因机构投资者及独立董事的严格监督导致的公司业绩提升的报酬。董事会的独立性越高，特别是外部独立董事在董事会中所占比例的增加，更能够起到降低高管薪酬粘性的作用（方军雄，2009）。考虑到较大的薪酬差距可提升公司业绩，以及独立董事在公司治理中的正向作用，可以认为，独立性较强的董事会更能够基于股东利益最大化角度考虑，帮助企业制订差距较大的高管薪酬方案，以激励高管或员工努力工作，创造更佳的企业业绩。据此，提出如下假设：

H3 -2a：董事会独立性越强，企业内部的薪酬差距越大；同时，独立性较强的董事会更能够提高公司内部薪酬差距在公司业绩方面的激励作用。

2. 社会公平、董事会独立性与薪酬差距的激励作用

对于薪酬公平性的理解，通常认为与业绩相当的薪酬是较合适的，工作业绩较好则薪酬相应较高。不过，由于管理者具备较大权力，高管对自身薪酬具备较强的影响力（Bebchuk & Fried，2003），高管甚至可以通过盈余管理或利润操纵来提升自身薪酬，导致现实中薪酬并非完全按业绩计酬，容易出现企业内部薪酬差距过大、显失公平的现象。例如，当公司高管升任为 CEO 时，其薪酬很可能增加数倍，但其能力和工作业绩并不可能在短时期内突然增加（Lazear & Rosen，1981）。因此，现实中较大的薪酬差距引起了社会公众的质疑，也影响了低收入员工的工作积极性。

在薪酬差距日益扩大的现实情况下，基于社会公平角度考虑，公司独立董事对较大的公司内部薪酬差距更可能持有反对观点，尽管内部薪酬差距的扩大会对公司业绩存在较好的激励效果。其一，通常，独立董事在企业领取的是金额远低于其他高管薪酬的固定津贴，企业内部薪酬差距过大，将会使独立董事自己都会感到薪酬差距显失公平。其二，独立董事领取的津贴与企业业绩的高低并无较高的相关关系，其津贴的业绩敏感度几乎为零。其三，独立董事会考虑其社会声誉。企业高管薪酬过高导致内部薪酬差距过高，将会引发社会公众甚至舆论的谴责。例如，2007 年中国平安董事长兼 CEO 领取的 6616 万元高额年薪引发了社会公众的强烈反应。过高的高管薪酬也导致近年来我国相关政府部门出台文件以规范国有企业高管薪酬。在我国居民收入差距较大的情况下，过高的高管薪酬和过大的薪酬差距不仅会使企业容易受到舆论的谴责，也会使社会公众认为独立董事没有良好地履行其监督职责，独立董事的社会声誉会因此受到损失。由此，相对于企业高管，独立董事更可能持“不患寡而患不均”的社会公平思想，力图缩小企业内部薪酬差距，减少薪酬差距过大引起的不公平感，而不太在意薪酬差距是否存在较好的激励效果。据此，提出如下假设：

H3-2b：独立董事对薪酬差距社会公平性的关注，导致董事会独立性较强的公司，其内部薪酬差距较小；董事会独立性越强，公司内部薪酬差距提升公司业绩的效果越弱。

四、实证研究设计

（一）研究样本与数据

以2009~2014年在上海和深圳两个证券交易所上市的A股公司作为原始样本[①]，并按如下程序筛选样本：①考虑到金融行业公司的业务类型、资产与资本结构与其他行业公司存在较大的差异，剔除金融行业公司；②考虑到ST公司的业务经营及财务数据存在异常，将ST公司样本删除；③为避免不同上市地制度性差异产生的潜在影响，将股票在境内外同时上市交易的公司样本剔除；④将资产负债率超过100%以及需使用数据缺失的样本剔除。经过上述程序，获得的公司年度样本数量为7417个。实证研究过程中需要使用的相关变量数据主要来源于CSMAR数据库。为避免各变量极端值对回归结果的影响，我们对连续变量的数据按上下各1%样本进行Winsorize处理。

---

① 采用2009~2014年我国沪深A股上市公司作为样本，主要考虑以下两个原因：一是2009年9月16日人力资源与社会保障部等六部委联合发布《关于进一步规范中央企业负责人薪酬管理的指导意见》，对所有行业中央企业高管发出“限薪令”。2014年8月中共中央政治局通过了《中央管理企业负责人薪酬制度改革方案》，大力整治中央企业和一些高收入垄断性行业高管的不合理高收入，减少内部收入差距，此限薪令从2015年1月1日起施行。二是2015年第四季度《教育部办公厅关于开展党政领导干部在企业兼职情况专项检查的通知》下发，2015年11月中旬开始涌现出高校独董辞职潮。

（二）模型设定

本书参考汪平等（2014）、刘春和孙亮（2010）、林俊清等（2003）的文献，采用模型（3-1）检验内部薪酬差距与公司业绩的关系，利用模型（3-2）检验董事会的独立性与内部薪酬差距的关系，采用模型（3-3）研究董事会独立性如何影响薪酬差距与公司业绩之间的关系。按 H3-1，预计回归系数 α_1 和 δ_1 应显著为正。按 H3-2a，预计 β_1 和 δ_2 也显著为正。而按 H3-2b，预计 β_1 和 δ_2 则应显著为负。

$$Roa = \alpha_0 + \alpha_1 Lncap + \alpha_2 Cf + \alpha_3 Soe + \alpha_4 Growth + \alpha_5 First + \alpha_6 Lev + \alpha_7 Index + \alpha_8 Year + \alpha_9 Industry + \varepsilon \tag{3-1}$$

$$Lncap = \beta_0 + \beta_1 Indep + \beta_2 first + \beta_3 Soe + \beta_4 Lnmsize + \beta_5 Growth + \beta_6 Risk + \beta_7 Index + \beta_8 Year + \beta_9 Industry + \varepsilon \tag{3-2}$$

$$Roa = \delta_0 + \delta_1 Lncap + \delta_2 Lncap \times Indep + \delta_3 Cf + \delta_4 Soe + \delta_5 Growth + \delta_6 First + \delta_7 Lev + \delta_8 Index + \delta_9 Year + \delta_{10} Industry + \varepsilon \tag{3-3}$$

（三）变量定义

回归模型中各变量的定义如表 3-1 所示。

（1）被解释变量。采用资产利润率作为企业业绩（*Roa*）的代理变量。我国上市公司市场价值容易受到证券市场和政策的影响，波动较大，用资产利润率（*Roa*）衡量企业业绩比股市业绩指标更合适。另外，考虑到每股收益（*Eps*）是常用的盈利能力指标，用此指标替代 *Roa* 进行稳健性检验。

（2）解释变量。解释变量包括高管内部薪酬差距（*Lncap*1）、高管与员工之间的薪酬差距（*Lncap*2）以及董事会的独立性（*Indep*）。另外，按照模型（3-2）的设定，*Lncap*1 与 *Lncap*2 也是被解释变量。对于高管内部薪酬差距和高管员工之间间薪酬差距的计量，参考汪平等（2014）、刘春和孙亮（2010）等文献的方法。通常，独立董事声誉越高，其独立性越强，因此，在稳健性检验的过程中，采用 Bushman 和 Piotroski（2006）的方法，用独立董事声誉（Reput）替换独立董事比例。

表 3-1 董事会独立性、高管薪酬差距与公司绩效关系的变量设计

变量	符号	计量方法
企业业绩	*Roa*	资产利润率，计算公式为“净利润 ÷ 平均总资产”，其中平均总资产为“（总资产期末余额 + 总资产期初余额） ÷ 2”
薪酬差距 *Lncap*	*Lncap*1	高管内部薪酬差距，为（前三名高管的平均报酬 ÷ 其他高管的平均报酬）的自然对数
	*Lncap*2	高管与员工之间的薪酬差距，为（前三名高管的平均报酬 ÷ 公司员工的平均工资），其中员工平均工资的计算公式为“（支付给职工以及为职工所支付的现金 - 公司高管薪酬的总额） ÷ （员工数量 - 高管数量）”
董事会独立性	*Indep*	独立董事比例，即独立董事人数/董事会成员人数
现金流量净额	*Cf*	年度经营活动现金流量净额除以年末总资产
实际控制人性质	*Soe*	当企业实际控制人为非国有企业时取 1，为国有企业时取 0
公司成长性	*Growth*	公司当年与上年销售收入之差除以上年销售收入
股权集中度	*First*	公司第一大股东持股比例
财务杠杆	*Lev*	用资产负债率表示，为负债总额与资产总额的比值
市场化进程	*Index*	取自王小鲁等（2016）的市场化指数
高管规模	*Lnmsize*	高管总人数的自然对数
环境不确定性	*Risk*	前三个会计年度基本每股收益的标准差
每股收益	*Eps*	净利润除以股份数量
独立董事声誉	*Reput*	即独立董事的平均任职公司家数
年度	*Year*	即年度虚拟变量
行业	*Industry*	按证监会制定的行业分类标准，将上市公司划分为不同行业并设置虚拟变量，其中制造业按首两位代码分类，其他行业按首字母分类

（3）控制变量。参考刘春和孙亮（2010）、林俊清等（2003）、汪平等（2014）等的研究成果，将以下控制变量纳入模型：①现金流量净额（*Cf*）。企业现金流量净额越高，意味着企业收现能力越强，企业的偿债能

力和盈利能力也越高。②实际控制人性质（*Soe*）。非国有企业与国有企业在资源获取、代理成本等方面存在差异，并导致企业业绩存在差异。③公司成长性（*Growth*）。采用销售收入增长率反映公司成长性，成长性较好的企业的业绩一般增长较快。④股权集中度（*First*）。股权较集中的企业，公司股东与高管之间的代理问题相对较小。⑤财务杠杆（*Lev*）。财务杠杆的高低会对企业业绩产生影响，同时也会影响企业的偿债能力，财务杠杆越低的企业其偿债能力越好。⑥市场化进程（*Index*）。处于市场化程度高地区的企业，其业绩好于市场化程度低地区的企业。⑦高管规模（*Lnmsize*）。当高管规模较大时，高管间相互制衡较强，高管内部薪酬差距可能会减小，高管员工间薪酬差距可能会因高管间合谋而被拉大。⑧环境不确定性（*Risk*）。环境的不确定性程度会对企业薪酬契约的制定产生较大影响，通常，高管内部薪酬差距会随着环境的巨大变化而产生较大波动性。另外，加入年度虚拟变量（*Year*）和行业虚拟变量（*Industry*），以控制可能存在的年度固定效应和行业固定效应。

五、实证分析结果

（一）描述性统计

表3-2中列示了变量的描述性统计数据。从中可以看出，公司业绩（*Roa*）的均值为5.17%，标准差为6.1%，表明样本公司之间资产报酬率差异较大。高管内部薪酬差距（*Lncap*1）的均值为1.2887，高管与员工之间薪酬差距（*Lncap*2）的平均值为2.01，高管内部薪酬差距（*Lncap*1）小于高管员工间的薪酬差距（*Lncap*2）。独立董事比例（*Indep*）均值为37.02%，大于1/3，总体看样本公司独立董事比例符合证监会的要求。独

立董事比例标准差为5.40%，说明各个观测值之间差异不明显。公司现金流量净额（*Cf*）、销售增长率（*Growth*）、环境不确定性（*Risk*）等变量的标准差与均值的比值都大小1，表明样本公司之间这些变量的差异比较大。

表3－2　各变量的描述性统计

变量符号	样本量（家）	最小值	最大值	均值	标准差
Roa	7417	－0.8401	0.7897	0.0517	0.0610
*Lncap*1	7417	0.1754	5.4778	1.2887	0.4455
*Lncap*2	7417	0.0003	9.7698	2.0065	1.2710
Indep	7417	0.3333	0.7143	0.3702	0.0540
Cf	7417	－0.5853	0.5227	0.0389	0.0769
Soe	7417	0.0000	1.0000	0.6600	0.4740
Growth	7417	－0.9946	0.9981	0.0982	0.3091
First	7417	0.0220	0.8523	0.3471	0.1450
Index	7417	0.3800	11.8000	9.3777	1.9774
Lev	7417	0.0000	0.9934	0.4029	0.2230
Lnmsize	7417	0.0000	3.8067	1.8325	0.3504
Risk	4094	0.0000	6.2148	0.1895	0.2479
Reput	7417	1.0000	3.0000	2.1996	0.2705

表3－3提供了2009～2014年高管间的薪酬差距（*Lncap*1）和独立董事比例（*Indep*）两个表量平均值。表3－3的数据显示，高管间的薪酬差距（*Lncap*1）呈现出逐年减小的趋势①，但是，独立董事比例（*Indep*）则基本呈现出逐年增加趋势，这两个变量的变化规律相反，可能意味着独立董事会基于社会公平考虑而倾向于缩小公司内部的薪酬差距，即董事会独立性与高管内部薪酬差距的关系更可能符合H3－2b。

① 2009年开始国家对国有企业高管薪酬实行限薪，高管内部薪酬差距逐年缩小意味着限薪令发挥了限制高管薪酬的作用。

表 3-3　2009~2014 年高管内部薪酬差距与独立董事比例

年度	样本量（家）	Lncap1	Indep
2009	601	1.3967	0.3621
2010	1013	1.3608	0.3669
2011	1269	1.3224	0.3693
2012	1497	1.2709	0.3702
2013	1492	1.2434	0.3735
2014	1545	1.2326	0.3728

（二）主要变量的相关系数

表 3-4 列出了各主要变量之间的 Pearson 相关系数。其数据显示，高管内部薪酬差距（*Lncap*1）与资产利润率（*Roa*）之间的 Pearson 相关系数为 0.053，统计显著性水平为 1%，结果说明高管内部薪酬差距越大，则公司的业绩越佳。高管员工之间的薪酬差距（*Lncap*2）与资产利润率之间的 *Pearson* 相关系数亦显著为正，显著性水平为 1%，说明高管员工间的薪酬差距较大时，公司的绩效相对较好。上述两个结果与 H3-1 的预测相符，说明薪酬差距与公司业绩之间的关系更符合锦标赛理论。独立董事比例（*Indep*）与高管内部薪酬差距（*Lncap*1）的相关系数显著为负，说明在董事会独立性较高的公司中，高管内部薪酬差距相对较小，独立董事会基于社会公平而缩小薪酬差距，结果与 H3-2b 一致。高管员工间薪酬差距（*Lncap*2）与独立董事比例之间相关系数不显著，说明独立董事对高管员工间薪酬差距几乎没有太大的影响。此外，我们注意到，独立董事比例（*Indep*）与公司业绩（*Roa*）并不显著相关，结果表明董事会独立性程度对公司业绩没有显著的直接影响，这与高明华和马守莉（2002）、胡勤勤和沈艺峰（2002）等研究结论一致①。

① 引入独立董事是否能够改善公司业绩一直是公司治理领域的热点研究话题，然而已有研究并未得到一致结论。考虑到本章的相关性分析未发现独立董事比例与公司业绩之间存在直接的显著关系，因此在回归模型（3-3）中并没有单独将独立董事作为自变量纳入回归方程。

表 3－4 主要变量 Pearson 相关系数

变量符号	*Roa*	*Lncap1*	*Lncap2*	*Indep*	*Lev*	*Cf*	*Soe*	*Growth*	*First*
Roa	1								
Lncap1	0.053***	1							
Lncap2	0.002***	0.061***	1						
Indep	－0.006	－0.088***	0.012	1					
Lev	－0.377***	－0.007	0.289**	－0.028**	1				
Cf	0.312***	－0.055***	0.075**	－0.028**	－0.116***	1			
Soe	0.147***	0.003	0.119**	0.045***	－0.380***	－0.057***	1		
Growth	0.125***	－0.028**	0.05**	0.064**	0.130***	0.054***	－0.017	1	
First	0.080***	0.045***	－0.008	0.087***	0.046***	0.043***	0.196***	－0.022	1

注：***、**、*表示显著性水平为1%、5%、10%（双侧）。

（三）回归分析

1. 高管内部薪酬差距与公司业绩关系的回归结果

利用模型（3－1）对薪酬差距与公司业绩关系进行回归的结果如表 3－5 所示。其中第（1）个回归结果是采用高管内部薪酬差距为薪酬差距代理变量进行回归的结果，第（2）个回归结果是采用高管员工间薪酬差距为薪酬差距代理变量进行回归的结果。回归结果（1）显示，高管内部薪酬差距（*Lncap*1）的回归系数显著为正（0.004，显著性水平 1%），说明高管内部薪酬差距较大时，公司的业绩也较好。较大的高管内部薪酬差距可以激励高管更加努力的工作，从而有助于提升公司业绩，此结果与 H3－1 相吻合，支持锦标赛理论。

表 3－5 薪酬差距与公司业绩关系的回归结果

变量符号	（1）Roa		（2）Roa	
	系数	Sig	系数	Sig
Constant	0.038***	0.000	0.037***	0.000
*Lncap*1	0.004***	0.008		

续表

变量符号	(1) Roa		(2) Roa	
	系数	Sig	系数	Sig
Lncap2			0.006 ***	0.000
Cf	0.222 ***	0.000	0.213 ***	0.000
Soe	0.005 ***	0.000	0.006 ***	0.000
Growth	0.030 ***	0.000	0.029 ***	0.000
First	0.037 ***	0.000	0.040 ***	0.000
Lev	-0.100 ***	0.000	-0.110 ***	0.000
Index	0.001 ***	0.005	0.001 ***	0.001
Year	控制		控制	
Industry	控制		控制	
Adj. R^2	0.272		0.285	
样本数	7417		7417	

注：***、**、*表示显著性水平为1%、5%、10%（双侧）。

2. 董事会独立性与高管内部薪酬差距关系的回归结果

表3-6列示了利用模型（3-2）对独立董事比例和企业内部薪酬差距之间关系进行回归分析的结果。回归结果（1）的因变量为高管内部薪酬差距（*Lncap*1），回归结果（2）的因变量为高管员工间薪酬差距（*Lncap*2）。回归结果（1）显示，独立董事比例（*Indep*）的回归系数为-0.437，在1%水平上显著。此结果说明，独立董事比例越大，高管内部薪酬差距越小。这一结果说明，独立董事在高管薪酬差距决策中的态度是更多考虑社会公平。表3-5的结果表明，扩大高管内部薪酬差距有助于提高公司的业绩。表3-6的回归结果表明，独立董事比例和高管内部薪酬差距显著负相关。综合这两个结果可以认为，尽管较大的薪酬差距会提升公司业绩，但独立董事并没有过多考虑薪酬差距的激励效果，而更多是从社会公平角度出发，期望公司薪酬差距不至于过大，结果与H3-2b相符，而与H3-2a不一致。

表 3－6　董事会独立性与薪酬差距的回归结果

变量符号	（1）Lncap1		（2）Lncap2		（3）非国有企业		（4）国有企业	
	回归系数	Sig	回归系数	Sig	回归系数	Sig	回归系数	Sig
Constant	2.034***	0.000	0.899***	0.001	2.151***	0.000	-0.298	0.418
Indep	-0.437***	0.000	-0.120	0.744	-1.039*	0.081	0.384	0.408
First	0.262***	0.000	-0.091	0.514	0.617**	0.011	0.348**	0.038
Soe	0.009	0.518	0.204***	0.000				
Lnmsize	-0.460***	0.000	0.300***	0.000	0.200**	0.018	0.449***	0.000
Growth	-0.019	0.492	0.364***	0.000	0.279**	0.030	0.438***	0.000
Risk	0.017***	0.000	0.162**	0.045	0.216*	0.087	0.151	0.144
Index	0.020***	0.000	-0.003	0.647	-0.072***	0.000	0.042***	0.001
Year	控制		控制		控制		控制	
Industry	控制		控制		控制		控制	
Adj. R^2	0.160		0.172		0.188		0.167	
样本数	4094		4094		1718		2325	

注：***、**、*表示显著性水平为1%、5%、10%（双侧）。

3. 董事会独立性对高管薪酬差距与公司业绩关系的影响

表3－7中第（1）列示了董事会独立性、高管内部薪酬差距与公司业绩关系的回归系数及显著水平。从回归结果看，高管内部薪酬差距（*Lncap*1）的回归系数为显著为正（0.009），结果说明高管内部薪酬差距较大可以起到提升公司业绩的激励作用，结果与表3－5一致，符合锦标赛理论的预计，H3－1再次得到验证。董事会独立性与高管内部薪酬差距交互项（*Lncap*1 × *Indep*）的回归系数为－0.015，在10%水平上显著，说明独立董事比例较高时，高管内部薪酬差距和公司业绩的正相关关系会减弱，即董事会独立性较高时，高管内部薪酬差距对公司业绩的激励效果相对较差，结果与H3－2b相符合。

结合前文的结果，高管内部薪酬差距与公司业绩显著正相关，而董事会独立性与高管内部薪酬差距为显著负相关关系，与此同时，独立董事比例和高管内部薪酬差距交互项也与公司业绩呈显著负相关关系。这些结果

表 3-7 董事会独立性对薪酬差距与公司业绩关系的影响

变量	(1)		(2)	
	回归系数	Sig	回归系数	Sig
Constant	0.038***	0.000	0.037***	0.000
*Lncap*1	0.009***	0.009		
*Lncap*1 × *Indep*	-0.015*	0.096		
*Lncap*2			0.009***	0.000
*Lncap*2 × *Indep*			-0.009**	0.050
Cf	0.222***	0.000	0.213***	0.000
Soe	0.005***	0.000	0.006***	0.000
Growth	0.030***	0.000	0.029***	0.000
First	0.078***	0.000	0.040***	0.000
Lev	-0.101***	0.000	-0.110***	0.000
Index	0.001***	0.005	0.001***	0.002
Year	控制		控制	
Industry	控制		控制	
Adj. R^2	0.273		0.285	
样本量	7417		7417	

注：***、**、*表示显著性水平为1%、5%、10%（双侧）。

意味着，尽管较大的薪酬差距会提升公司业绩，但当董事会独立性较高时，高管内部薪酬差距相对较低，较低的薪酬差距降低了其对公司业绩的激励效果。因此可以认为，独立董事更倾向于缩小高管内部薪酬差距，而不在意薪酬差距的激励效果。引入独立董事旨在加强对企业高管的监督，降低代理成本，提升企业业绩。从回归结果看，较高的独立董事比例会缩小高管内部薪酬差距，不利于公司业绩的提升，这可能是目前许多研究发现独立董事不能提升公司业绩的原因之一。

（四）稳健性检验

1. 以高管与员工之间的薪酬差距代替高管内部薪酬差距进行回归

（1）高管与员工之间的薪酬差距与公司业绩。采用模型（3-1），以高管员工间薪酬差距为解释变量进行回归分析，结果见表3－5中第（2）个回归结果。结果（2）中，高管员工间薪酬差距（*Lncap*2）的回归系数为0.006，在1%水平上显著，结果表明，高管员工间薪酬差距越大，公司业绩越好，较大的高管员工间薪酬差距能够更好地激励员工努力工作。此结果再一次验证了H3－1，支持锦标赛理论。

（2）董事会独立性与高管员工间薪酬差距。利用模型（3－2），以高管员工间薪酬差距为因变量进行回归，结果见表3－6中第（2）个回归结果。结果显示，独立董事比例（*Indep*）的回归系数不显著为负。进一步将样本分为国有企业与非国有企业进行回归，见第（3）、第（4）个结果。结果发现，在非国有企业中，董事会独立性与高管员工间薪酬差距显著负相关。结果也基本表明，董事会独立性较高的民营企业的高管员工间的薪酬差距（*Lncap*2）相对较小，结果符合H3－2b。

（3）董事会独立性、高管员工间薪酬差距与公司业绩。表3－7中第（2）个回归结果显示，高管员工间薪酬差距（*Lncap*2）的回归系数为0.009，显著性水平为1%，表明较大的高管员工间薪酬差距可以起到较好的激励效果，回归结果支持H3－1，说明锦标赛理论能够较好地解释薪酬差距与公司业绩之间的关系。交互项（*Lncap*2 × *Indep*）的回归系数为－0.009，在5%水平上显著。上述结果总体说明，尽管较大的薪酬差距可提升公司业绩，但独立性较强的董事会倾向于减少薪酬差距，这削弱了薪酬差距的激励效果，在薪酬契约制定上，独立董事更倾向于考虑社会公平而选择平均主义。

2. *以每股收益代替资产利润率*

表3－8列示了以每股收益（*Eps*）代替资产利润率（*Roa*）作为被解释变量的回归结果。其中的四个结果显示，高管内部的薪酬差距（*Lncap*1）和高管与员工之间薪酬差距（*Lncap*2）的回归系数全部显著为正，说明较大的薪酬差距能提高公司业绩，结果与表3－6和H3－1一致，支持锦标赛理论。回归结果（3）显示，高管内部薪酬差距与独立董事比例交互项（*Lncap*1 × *Indep*）的回归系数显著为负，回归结果（4）中交互

项（*Lncap*2 × *Indep*）的回归系数亦显著为负，结果说明，尽管薪酬差距有助于提升公司业绩，但独立董事削弱了薪酬差距的激励效果，结果和H3 - 2b 一致，在薪酬制定时独立董事更倾向于考虑社会公平。

表 3 - 8 稳健性检验结果

变量	(1)		(2)		(3)		(4)	
	回归系数	Sig	回归系数	Sig	回归系数	Sig	回归系数	Sig
Constant	0. 123 *	0. 051	0. 072	0. 228	0. 123 *	0. 051	0. 071	0. 240
*Lncap*1	0. 017 *	0. 085			0. 079 **	0. 017		
*Lncap*1 × *Indep*					-0. 174 **	0. 040		
*Lncap*2			0. 075 ***	0. 000			0. 115 ***	0. 000
*Lncap*2 × *Indep*							-0. 107 **	0. 014
Cf	1. 545 ***	0. 000	1. 420 ***	0. 000	1. 542 ***	0. 000	1. 416 ***	0. 000
Soe	-0. 023	0. 111	-0. 018	0. 190	0. 022	0. 129	-0. 018	0. 205
Growth	0. 205 ***	0. 000	0. 202 ***	0. 000	0. 205 ***	0. 000	0. 202 ***	0. 000
First	0. 365 ***	0. 000	0. 390 ***	0. 000	0. 374 ***	0. 000	0. 398 ***	0. 000
Lev	-0. 443 ***	0. 000	-0. 558 ***	0. 000	-0. 446 ***	0. 000	-0. 560 ***	0. 000
Index	0. 001 ***	0. 005	0. 001 ***	0. 001	0. 111 ***	0. 001	0. 011 ***	0. 000
Year	控制		控制		控制		控制	
Industry	控制		控制		控制		控制	
Adj. R^2	0. 122		0. 148		0. 123		0. 149	
样本量	7417		7417		7417		7417	

注：***、**、*表示显著性水平为 1%、5%、10%（双侧）。

3. 其他稳健性检验

①通常，具有较高声誉的独立董事其在外担任独立董事的数量也越多，其独立性也相对较高（Rosenstein & Wyatt，1990）。为此，利用公司独立董事平均兼职数量代替独立董事比例进行回归分析，结果无实质性差

异。②考虑到薪酬差距与公司业绩可能存在的内生性问题，以滞后一期的薪酬差距为自变量纳入回归方程，回归结果也没有实质性差异。③表3-4显示，各变量之间相关系数绝对值最大值为0.380，说明回归方程中各自变量之间不存在多重共线性问题。④前文各回归结果显示，调整后的拟合优度最小值为0.122，表明各回归方程的拟合效果较好。

六、结论与讨论

（一）研究总结

近年来，中国居民的收入差距持续扩大，具体表现之一为企业内部高管与员工间的收入差距在逐渐扩大，表现之二是不同企业的高管之间收入差距也在扩大，而且此差距大于不同企业的员工之间收入差距。收入差距持续扩大引起了社会各界关注收入差距是否公平，而企业财务研究领域更关注高收入群体的高额薪酬是否来自企业优秀的经营业绩？此方面主要围绕锦标赛理论与社会公平理论，通过分析薪酬差距与公司业绩的关系展开研究，但并没有得到一致性结论（张正堂和李欣，2007）。在我国居民收入差距日益扩大的背景下，薪酬差距对公司业绩是存在激励作用还是抑制作用需要进一步研究。另外，考虑到独立董事在公司薪酬政策制定中具有重要影响，也需要观察独立董事在薪酬制定中持何观点。基于上述考虑，本章对薪酬差距与公司业绩之间的关系进行研究，并探讨独立董事在其中的作用。

以2009~2014年沪深两市A股上市公司为样本，研究董事会独立性、薪酬差距与业绩三者之间的关系。研究结果表明：第一，公司高管内部薪酬差距和高管员工之间的薪酬差距都与公司业绩呈显著的正相关关系；第二，董事会独立性与高管内部薪酬差距、高管员工间薪酬差距负相关；第三，较高的董事会独立性会削弱公司内部薪酬差距在提升公司业绩方面的激励作用。上述结果意味着，较大的企业内部薪酬差距能够提升公司业绩，即薪酬差距对公司业绩存在显著的激励作用，符合锦标赛理论。然而，公司独立董事更关注薪酬差距的社会公平问题，不太关注薪酬差距对企业业绩的激励作用。

本章的理论价值在于，考虑到薪酬制定过程中各参与主体的观点不同，在对企业薪酬差距的相关研究中不能认为锦标赛理论与社会公平理论是非此即彼的对立关系，单纯利用锦标赛理论或社会公平理论来解释现实中的企业内部薪酬差距状况及其原因会存在片面性。政策价值在于，一是虽然我国居民收入差距的持续扩大引发了社会的广泛批评，但现实中央企业内部薪酬差距确实能够提升公司业绩，以居民收入差距大为由而实施缩小企业内部薪酬差距的政策会降低企业业绩。在政策制定过程中还应进一步探讨引发居民收入差距和企业内部薪酬差距扩大的主要因素，判断居民收入差距过大是否主要源于企业内部薪酬差距过大还是其他原因？企业内部薪酬差距扩大是源于业绩薪酬还是源于管理者权力等因素？二是薪酬差距扩大会促使居民收入差距扩大，可能引发社会不公平问题。考虑到薪酬差距与企业业绩的正向关系，更应从收入二次分配方面制订政策以防止居民收入差距的进一步扩大。

（二）政策建议

根据上述研究结果，本章提出以下政策建议：

1. 合理利用薪酬激励机制提高企业绩效

本章研究结果支持锦标赛理论，因此主张加大高管薪酬差距以实现薪酬激励效果。加大薪酬差距可以是加大高管间薪酬差距，还可以是加大高管与一般员工之间的薪酬差距。如果是在非国有企业，高管薪酬差距的增加会带来更显著的激励效果。

2. 通过治理结构改革来辅助薪酬激励机制

由于独立董事比例增多导致高管薪酬差距减小，高管薪酬差距减小导致企业绩效变差，这一正一负相互消减的作用使独立董事虽然能在一定程度上降低管理层权利的滥用，实现薪酬公平主义，却未能对提高公司绩效做出贡献。这种现象在国有企业中更显著。我们也许可以适当降低国有股比例，大力推动国有企业进行混合所有制改革。

3. 提升独立董事监督职能的有效性和独立性

独立董事的监督作用本应使企业会计业绩更加透明化，与业绩挂钩的高管薪酬激励效果更显著。但是上述研究结果却未能达到预期效果，我们应反思独立董事的有效性和独立性是否能得到充分发挥。董事会是否会尊重独立董事的意见？这一问题并没有得到股东重视。一是要为独立董事履行职责提供工作条件。没有提供独立董事工作所需的合理环境，独立董事很难发挥其才能和职能为企业发展“保驾护航”。二是要适当提高独立董事津贴，减少担任独立董事的家数。较高的独立董事津贴以激励独立董事充分发挥其作用，减少担任独立董事的家数以保证独立董事有足够的时间履行其职责，对管理层形成真正的监督和制衡。

第四章

市场化进程、国有企业薪酬管制与高管薪酬业绩敏感性

一、引言

国有企业改革一直是我国经济体制改革的中心议题之一，作为国有企业改革重要的环节，国有企业高管薪酬改革对于完善我国国有企业公司治理、深化国有企业改革有着非常重要的作用。由于委托代理问题普遍存在于企业之中，使业绩型薪酬成为管理层薪酬的主要形式。随着市场化改革不断推进，我国大部分国有企业也采用业绩型薪酬。但是，由于国有企业承担着很多社会性目标，这些社会性目标大大削减了国有企业以经营业绩为基础的薪酬激励效果。高管天价薪酬事件的不断出现，使公众对高管薪酬的质疑愈来愈强，公众质疑的核心主要有两个：第一，高管薪酬与公司业绩是否相匹配；第二，高管与普通职工的薪酬差距问题。为了完善国有企业高管薪酬契约，国家出台了一系列政策措施来对国有企业高管不合理的超额薪酬进行薪酬管制。高管薪酬管制的效果如何？能否激励高管更努力地工作？是否会引起国有上市公司高管薪酬业绩敏感性发生变化？市场

化进程对我国国有企业高管薪酬业绩敏感性有何影响？对此，本章通过对2009～2014年沪深两市国有上市公司的数据进行实证分析，以期为上述问题寻找答案。

（一）选题背景及选题意义

1. 选题背景

自1978年改革开放以来，国有企业高管薪酬一直是政府部门和学者讨论的热点话题。在1993年国务院就探讨对国有企业高管薪酬进行管制。2002年国务院就出台文件规定，大中型国有企业高管薪酬不得超过普通职工薪酬的12倍①。2004年以后，为了强化对国有企业高管薪酬的管理，国务院又相继出台五个有关国有企业高管薪酬管制的文件。考虑到原有的政策并没有取得期待的效果。2009年9月16日，人力资源和社会保障部、国有资产管理委员会等六部门联合下发《关于进一步规范中央企业负责人薪酬管理的指导意见》。在文件中明确指出，将取消整齐划一的固定年薪制，逐渐建立与业绩相匹配的年薪制，提高绩效工资的比例，同时为了长久激励高管，鼓励企业适当增加股权和期权在工资中的比重。

为什么要对国有企业高管进行薪酬管制？其理由有许多。其一，许多国有企业的业绩并非是由于高管的经营能力而取得的，因此，国有企业高管拿着外企、民营企业一样的高额薪酬引起了民众的非议。其二，我国大部分国有企业负责人既领取高额薪酬，又拥有一定的行政级别，担任国有企业高管被认为是一种福利待遇甚至被认为是一种重用。这些做法完全与国有企业薪酬制度改革良好的初衷相背离，因此需要大力整顿。其三，在国有企业中存在薪酬结构不合理、薪酬监管体制不健全等问题。一些国有企业高管薪酬并不与业绩相关，一些国有企业高管的薪酬待遇甚至在企业出现巨额亏损时不降反升。这些做法不仅违背国有企业的定位甚至直接加

① 网易财经．国企高管与职工薪酬差不超12倍，您赞同吗？［EB/OL］．http：//money.163.com/09/0219/09/52GOOOKI00253040.html.

剧了社会分配不公，给国有企业形象带来严重的负面影响。这些原因导致国有企业高管薪酬被社会大众质疑。在这种情况下，2014 年中共中央政治局颁布了《中央管理企业负责人薪酬制度改革方案》，并于 2015 年 1 月 1 日正式执行。国有企业薪酬管制的效果如何，对企业业绩产生怎样的影响？这是政策制定的基础，因此需要对国有企业薪酬管制与公司高管薪酬业绩敏感性进行研究。

自从 1978 年中国实行市场化改革以来，我国逐步建立了社会主义市场经济体制。在收入分配上坚持按劳分配、效率优先、兼顾公平的政策。改革开放 40 多年以来，我国经济得到了长足的发展。但是由于各个地区本身资源、地理位置、发展方式以及政府政策的不同，各地区发展很不均衡，市场化进程差异较大。东部沿海地区经济较发达，但在广大中西部地区还相对落后，东部沿海、中部、西部之间差异明显。虽然国家也出台一系列措施对中西部加以扶持，也取得了很好的效果，但东中西部差距客观存在。这可能会导致不同地区企业高管薪酬业绩敏感性存在差异，因此，在对高管薪酬与企业业绩之间的相关关系进行研究时应该充分考虑市场化进程这一重要因素。

2. 研究意义

（1）科学意义。学术界关于高管薪酬和企业业绩之间的关系存在争议，没有形成一致性结论，有些研究结论甚至截然相反。其原因之一可能是这些研究没有考虑企业所处的外部环境这一因素。在我国，由于地域广阔，各个地方发展不平衡，市场化进程差异较大，导致不同地区的企业在经营管理过程中所面临的外部环境不一样。当市场化进程发生变化时，为了引导管理者为实现股东价值最大化而努力工作，同时也为了减轻代理成本，企业可能会改变激励机制，这会导致不同时间不同地区对高管薪酬与公司业绩关系的研究结论有差异。因此在研究中应该考虑市场化进程对高管薪酬业绩敏感性的影响。

当前我国处于社会转型时期，贫富差距不断扩大。国有企业在探索和实施国有企业高管薪酬方案的同时，也不得不考虑防止国有企业高管薪酬与其他利益群体收入差距过大问题，以免引起社会公众不满。由于面临收入分配差距过大导致的社会压力，政府在设计国有企业高管薪酬制度时，往往偏好于公平。在此偏好的驱动下，政府存在着对国有企业高管薪酬进行管制的倾向。因此，在高管薪酬与企业业绩之间的关系这一研究领域，考虑薪酬管制也是一个有趣的研究话题。因此，我们考察市场化进程、国有企业薪酬管制对高管薪酬业绩敏感性的影响，理论上将会丰富高管薪酬领域的研究成果。

（2）实践意义。第一，通过研究市场化进程、薪酬管制与高管薪酬业绩敏感性之间的关系，可明确市场化进程对高管薪酬业绩性的影响，以及薪酬管制对高管薪酬业绩敏感性的影响，这有利于企业优化薪酬结构。第二，通过研究薪酬管制与高管薪酬业绩敏感性的关系，可发现薪酬管制对企业业绩的可能影响，从而对薪酬管制政策的经济后果进行评价，这将有助于国有企业相关主管部门完善国有企业高管薪酬激励政策，充分发挥薪酬的激励作用，促进国有企业健康发展。

（二）本章研究内容

本章立足于我国 A 股国有上市公司 2009 ~ 2014 年的样本数据，从市场化进程视角对薪酬管制与高管薪酬业绩敏感性的关系进行研究。主要内容包括：

第一部分，引言。主要介绍选题背景及选题意义、研究内容、论文的创新之处。

第二部分，文献综述。主要是对高管薪酬理论、薪酬管制、高管薪酬与业绩的关系、薪酬管制与高管薪酬业绩敏感性的关系、市场化进程与高管薪酬敏感性的关系等方面的文献进行介绍、归纳和梳理，并进一步提出本章研究目标。

第三部分，理论依据及研究假设。主要运用委托代理理论、最优契约理论、管理者权力理论进行理论分析。通过理论分析提出薪酬管制与高管薪酬业绩敏感性之间关系的假设、市场化进程能否改善薪酬管制与高管薪酬业绩敏感性关系的假设。

第四部分，实证分析。主要是进行样本选择，说明数据来源，并根据研究假设进行变量和研究模型设计。然后对研究样本进行描述统计性分析、相关性分析，运用回归方法对市场化进程和薪酬管制对高管薪酬业绩敏感性影响进行实证检验，最后进行稳健性检验。

第五部分，研究结论与政策建议。总结实证分析得出的主要研究结论，并根据研究结论提出政策建议。

（三）本章创新之处

（1）现有文献关于高管薪酬业绩敏感性的研究大多是从公司治理结构、股权集中度和代理理论等方面对其影响因素进行分析，从高管薪酬管制角度的相关研究较少。在薪酬管制方面，已有很多研究只是从薪酬管制与在职消费、高管腐败等的关系进行研究。本章考察薪酬管制对高管薪酬业绩敏感性的影响，可丰富高管薪酬的相关研究文献。

（2）本章以市场化进程为切入点，探究市场化进程对薪酬管制与高管薪酬业绩敏感性之间关系产生的影响，可为合理评估政府薪酬管制、市场化改革等政策引发的治理效果提供新视角。

（3）考察到国有企业高管限薪政策主要是由中央有关文件制定，地方国有企业参照执行，这可能导致限薪政策对国有企业高管薪酬敏感性的影响在中央国有企业与地方国有企业之间存在差异。因此，文章还将样本分为中央国有企业和地方国有企业，探讨薪酬管制对不同国有企业高管薪酬业绩敏感性的影响，这既借鉴了既有文献又在既有文献基础上形成了一定创新。

二、文献综述

（一）高管薪酬理论回顾

委托代理理论认为，股东与管理层目标函数不一致，且股东在委托代理关系中处于信息劣势，企业管理层并不总是以股东利益最大化而行事。如何降低股东管理层之间的代理成本成为公司治理研究的焦点。对此，委托代理理论认为，对公司高管进行股权激励，可使代理人利益与公司股东利益趋同，代理人会为了追求更高的薪酬激励而努力工作。委托代理理论的出现为研究高管薪酬提供了理论依据，有学者设计最优薪酬契约以激励代理人，并使委托人利益最大化。在最优契约理论看来，高管薪酬是一种有效激励手段。最优契约论的相关实证研究的核心是薪酬契约的有效性，即薪酬业绩敏感性。一方面，管理者为创造股东财富承担了风险，因而要求得到与风险溢价相对应的薪酬；另一方面，企业绩效反映了股东委托给管理者任务的完成程度，业绩越高，任务完成得越好，理应给予管理者越高的薪酬。如果管理者激励契约是有效的，那么管理者的薪酬波动应该与企业业绩正相关。

与最优契约理论观点不同，管理层权力理论认为，管理者会运用自己手中的权力来对薪酬计划施加影响，制定对自己有利的薪酬契约。管理层权力理论认为，现实中最优契约理论不但没能解决代理问题，反而可能成为代理问题的另一种表现形式。管理层权力越大，高管寻租能力越强，越有可能依靠手中的权力制定有利于自身的薪酬契约，从而获得超额薪酬。

（二）薪酬管制研究

相对众多高管薪酬文献而言，关于薪酬管制的文献较少。研究发现，我国企业经理人报酬与企业业绩敏感性比较低。对其原因的探讨，导致国内学者开始关注薪酬管制。在我国经理人市场中，尤其是国有企业经理人市场受到了比较严重的政府管制，而对国有企业高管薪酬进行管制的主要手段是将高管收入与企业普通职工薪酬水平相挂钩，即对高管薪酬进行管制。

国有企业薪酬管制随着国有资产的管理体制和行政干预应运而生（陈冬华等，2005），相关薪酬管制动因的研究主要围绕此方面展开。陈信元等（2009）分析了我国国有企业薪酬管制的影响因素，发现我国国有企业薪酬管制主要受地区社会性目标影响。为了实现地区的社会性目标，政府会对国有企业进行薪酬管制。陈冬华（2010）分析发现，我国国有企业薪酬管制主要受地区市场化进程和社会性目标的影响，为了实现地区经济目标，政府会放松管制。而政府出于社会性目标的实现又会对国有企业进行薪酬管制，这些社会性目标主要是解决社会公平问题、缩小财政赤字、降低地区失业率等。黄再胜和王玉（2009）强调薪酬管制内生于政府对社会公平问题的关注和转型期国有企业高管身份的模糊性，在经济转型期，政府主管部门的公平偏好是薪酬管制的内在根源，国有企业高管身份模糊性所带来的保留收入的不确定性为政府主管部门实施薪酬管制提供了现实条件。与上述文献不同，权小峰等（2011）认为，由收入差距过大、国有企业高管获得的与业绩不对称的高额薪酬等原因所引起的社会关注也是国有企业薪酬管制的主要动因之一。在外部“愤怒成本”的约束下，管理层利用其权力影响自身薪酬更倾向于采取“伪装”的策略。如果高管利用其权力直接获得高额薪酬引起社会大众普遍质疑，政府更可能出于公平目的而对国有企业高管薪酬进行管制。

一些研究讨论了薪酬管制的影响，其中一个细分领域是研究薪酬管制对高管薪酬业务敏感性的影响。在此方面，Bryan 等（2005）通过对电力行业进行研究后发现，当政府放松对电力行业的管制、强化市场竞争后，CEO 薪酬中股权激励薪酬显著增加，这与委托代理理论的预测一致，说明政府放松管制后，对 CEO 的激励强度增加。John（2006）分行业对薪酬管制进行了研究，发现对银行业来说，加强对管理层薪酬的外部监管可以提高高管薪酬业绩敏感性。此外，Gu 和 Wang 等（2010）发现，与民营企业相比，政府控制较强的国有企业高管薪酬业绩敏感性较低，而政府控制较弱的国有企业薪酬业绩敏感性较高，可见政府控制强弱程度不同，国有企业的高管薪酬业绩敏感性会有差异。Hu 和 Monem（2011）的研究发现，在国有控制企业中 CEO 薪酬相对职工平均工资的倍数越低，企业会计业绩（总资产收益率）和公司价值（托宾 q）越低。薪酬管制束缚了国有企业绩放型薪酬制度的激励效率，严重扭曲了国有企业高管薪酬激励机制（黄再胜和王玉，2009）。

薪酬管制除会降低高管薪酬业绩敏感性，还可能诱发高管在职消费和腐败问题。陈冬华等（2005）研究发现，在国有企业中更容易诱发薪酬管制，由此产生的薪酬管制又会诱发国有企业高管的在职消费，在职消费内生于国有企业面临的薪酬管制。辛清泉等（2013）发现，国有企业薪酬与民营企业市场化的薪酬机制相比，国有企业薪酬管制导致投资过度，高管在职消费升高。陈信元和陈冬华等（2009）发现，在国有企业中，薪酬管制的存在会显著提高高管腐败的概率。黄再胜和王玉（2009）的研究表明，国有企业薪酬契约受到的政府干预，导致其激励效果无法同民营企业相比；薪酬管制会损害企业业绩，加剧在职消费。徐细雄和刘星（2013）研究了企业高管权力与其腐败行为之间的关系，研究结果发现，政府薪酬管制加剧了公司高管腐败程度。

（三）高管薪酬与业绩关系的研究

一直以来公众对高管薪酬的高度关注主要是集中于高管薪酬与公司业绩是否相匹配，衡量高管薪酬与业绩是否匹配的标准之一就是高管薪酬与公司业绩的敏感性。对此，Baker 和 Taussings（1925）较早进行了研究，他们预计，管理层薪酬应与企业业绩显著正相关，不过他们的研究发现，管理者薪酬与公司业绩之间的相关性很小。随后，Baker 等（1988）使用 1973～1983 年美国上市公司的数据进行了研究，发现 CEO 薪酬与股东财富有着不显著的正相关，CEO 薪酬机制并不能为管理者提供有效激励。

Jensen 和 Murphy（1990）以 CEO 薪酬（包括工资奖金、股票期权、内部持股及解雇威胁）为因变量，以股东财富变化为自变量测算了 CEO 薪酬与股东财富的敏感性。研究发现，股东财富每变化 1000 美元，CEO 薪酬中工资奖金、股票期权、内部持股及解雇威胁的变化分别为 0.3、0.15、2.5 和 0.3，总计为 3.25，结果意味着当股东财富增加 1000 美元，CEO 薪酬会增加 3.25 美元，此报酬业绩敏感性较低。Jensen 和 Murphy 的研究思想和方法为诸多文献所借鉴。

Hall 和 Liebman（1998）随后也对 CEO 薪酬与股东财富敏感性进行了测算。他们测算出来的 CEO 薪酬业绩敏感性为 5.29，即当股东财富每增加 1000 美元，CEO 薪酬大约增加 5.29 美元。显然，无论是 Jensen 和 Murphy（1990）还是 Hall 和 Liebman（1998），他们的研究都表明，CEO 薪酬与股东财富正相关，但是金额较低。对此，Jensen 和 Murphy（1990）认为，公众对公平性的要求和政府的政治干预可能是造成 CEO 薪酬与企业业绩敏感性较低的两大原因。

在 21 世纪初，国内学术界开始关注上市公司高管薪酬问题。最初的研究结果表明，高管薪酬与公司业绩不相关。例如，魏刚（2000）通过实证分析发现，高管薪酬与企业业绩没有显著的相关关系，高管股权激励也没有达到预期激励效果。李增泉（2000）的研究也发现，我国上市公司的高管薪酬与企业业绩不存在显著的正相关关系，而与公司规模、所处地区有着比较显著的相关性。不过，后来的大量研究发现，上市公司高管薪酬与业绩是较显著相关的。例如，辛清泉和谭伟强（2009）的研究发现，市场化改革增加了国有企业经理薪酬与企业业绩的敏感性，而且相对于会计业绩而言，市场业绩在薪酬契约中的权重有逐渐增加的迹象，不过行业保护降低了经理薪酬与企业业绩的敏感性，行业保护限制了市场力量的发挥。同时他们还发现，与国有企业改革的多任务理论预期相符，市场化进程没有对中央政府控制的企业高管薪酬业绩敏感性产生显著影响。

与会计业绩指标相对比，企业市场业绩指标可能更不容易受到管理层盈余管理，而会计业绩受到高管的影响更大，因此高管薪酬可能与企业会计盈余指标具有更强的相关性。为了证实这一点，吴育辉和吴世农（2010）在研究中把公司业绩分为了会计业绩与市场业绩，选用总资产净利率作为会计业绩指标，选用股票收益率和资产获现率作为市场业绩指标，对我国 2004 ~ 2008 年上市公司高管薪酬与企业业绩之间关系进行研究，发现高管薪酬与股票收益率和资产获现率没有显著的正相关关系，但与总资产净利率显著正相关。

总体来说，国外许多研究发现，高管报酬业绩敏感性呈持续降低态势。Jensen 和 Murphy（1990）观察到的 CEO 报酬业绩敏感性大约为 0.325%，即股东财富变化 1000 美元，CEO 财富相应的变化幅度为 3.25 美元。Yermack（2004）的研究发现，企业价值增加 1000 美元，董事个人财富才增加 11 美分。关于持续较低的高管报酬业绩敏感性之谜，目前仍缺乏有效的经济理论对此做出合理的解释。我国学术界研究高管薪酬较晚，早期研究发现高管薪酬与业绩不存在显著的正相关关系，但近期研究发现，随着我国社会主义市场经济体制的建立与完善，高管薪酬愈加与企业业绩正相关。

（四）市场化进程与高管薪酬的关系

自 1978 年我国实施以经济建设为中心的改革开放以来，经济市场化进程逐渐加大，企业经营活动也越来越以市场为导向。樊纲等（2011）发布的市场化指数表明，市场化进程高的地方，政府干预就越少，市场在资源配置中的作用更明显。此外部经济制度的改革对公司治理产生了深远的影响。企业经营目标随着所面临的市场化环境而调整，公司治理结构也将随之调整。政府对企业的管制随着市场化进程的提高而逐渐放松（刘凤委等，2007）。随着市场化进程的推进，地方政府显著减轻了控制上市公司的经济动机，但国有企业改革策略加强了地方政府控制大公司和管制性行业的政治动机。

对企业而言，市场经济制度下企业管理层的作用越来越大，经营者激励越来越重要，企业高管薪酬契约随之发生较大变化。高管薪酬契约的调整显著受到地区市场化改革进程和经济发展速度等制度环境的影响。辛清泉等（2009）通过理论分析和实证检验了市场化改革对国有企业经理薪酬契约的影响，研究发现，市场化进程增强了国有企业高管薪酬与企业业绩的敏感度。但同时他们还发现，相对于市场业绩而言，会计业绩在薪酬契约中的作用有逐渐减少的迹象。市场化改革推动了国有企业薪酬契约朝市场化演进，提升了薪酬业绩敏感性。随着市场化进程的加快，货币性薪酬契约的成本就会下降，使在职消费和高管腐败等隐性薪酬更多地被货币性薪酬等显性报酬所替代。对薪酬管制与高管薪酬业绩敏感性的关系而言，市场化进程高的地区，薪酬管制的作用会减弱，市场化进程对薪酬管制的政策效果产生调节作用。

（五）简要述评

通过对国内外关于高管薪酬、薪酬管制、高管薪酬业绩敏感性、市场化进程与高管薪酬的相关研究进行回顾，可以发现以下几点：

第一，关于高管薪酬和企业业绩之间的关系并没有统一认识，大多数研究没有考虑到企业所处外部环境这一关键因素。公司治理会对外部环境进行适应性调整，而市场化进程恰恰是企业所面临的极其重要的外部经济环境，此环境对公司治理的塑造起到至关重要的作用，对我国这种地域辽阔但地区经济发展不平衡的国家来说尤其如此。因此，研究高管薪酬和企业业绩的相关关系，必须把企业所在地的市场化进程水平考虑进去。

第二，很多学者从在职消费、高管腐败等方面研究薪酬管制，薪酬管制与高管薪酬业绩敏感性方面的研究相对较少，在研究薪酬管制与高管薪酬业绩敏感性时考虑到市场化进程这一因素的研究更少。

因此，本章在总结前人研究的基础上，借鉴相关研究成果，研究薪酬管制对高管薪酬业绩敏感性的影响，并进一步探讨不同市场化进程下薪酬管制对高管薪酬业绩敏感性的影响。

三、理论依据与研究假设

（一）理论依据

1. 委托代理理论

18 世纪中后期资本主义的快速发展带来了技术进步，生产力不断提高，社会分工也更加细化，公司制企业日益发展壮大，组织结构也更加完善，企业经营权和所有权逐渐分离，股东与高管间委托代理关系随之产生。Berle 和 Means（1932）最早在他们的著作《现代公司与私有产权》一书中注意到大型现代企业中出现的所有权与控制权相分离现象。通过对美国的大型公司研究发现，公司的控制权由所有者转移到经营者手中正成为一种趋势，经理人逐渐成为股东在公司的代理人，但是股东和经营者的利益并不完全一致。他们提到的公司股东与经营者在公司股权较为分散时的委托代理问题，被认为是委托代理理论研究的萌芽。

委托代理理论以理性经济人和交易双方存在信息不对称为前提。首先，交易双方都为理性经济人，都以追求自身利益最大化为目标。同时由于交易双方存在信息不对称，作为企业的经营者，代理人拥有比委托人更多的私人信息，具有信息优势。在委托代理关系中，交易双方都追求自身利益最大化，期望以最小的成本获取最大的收益。由于双方的利益并不完全一致，所以委托人与代理人的利益冲突不可避免的存在。代理人希望增加闲暇时间、增大在职消费、享受良好工作环境。但委托人却希望代理人能够兢兢业业地努力工作，为实现股东利益和企业价值最大化服务。

其次，委托人和代理人之间信息不对称是委托代理理论产生的另一必要条件。在委托人和代理人签订契约时，委托人对代理人的能力并不完全知晓，只能通过代理人知识背景、既有业绩、以往任职经历或者声誉进行判断。为了获得雇用合同，代理人会隐瞒自己的真实能力甚至为了获得高额回报而提供虚假信息，从而产生逆向选择问题。签约后，委托人把经营权交给代理人，委托人对代理人行为进行监督。但是，委托人无法及时发现代理人可能存在的在职消费、利益侵吞、寻租、工作懈怠等利己行为，容易产生道德风险问题，导致委托人的利益最终受到损害。

委托代理理论的实质是如何在信息不对称的条件下有效地激励代理人，减少代理成本。在委托代理理论下逐渐延伸出两个重要的理论流派，一是最优契约理论，二是管理层权力理论。

2. 最优契约理论

如何让代理人按照委托人的利益进行代理活动是委托代理理论需要解决的首要问题。在委托代理关系中，委托人和代理人两者会经常产生利益冲突，需要设计一个委托人和代理人双方都能够接受的契约，保证代理人在实现委托人利益时也能追求自身效用最大化。在委托代理理论的基础上，Grossman 和 Hart（1986）提出了最优契约理论。这一理论假定企业经营者愿意与企业所有者签订最优薪酬激励契约，此契约将企业管理层的薪酬与企业业绩联系起来，使管理层为获得较高薪酬而自动努力工作，企业所有者也从企业业绩提升中获益。

最优契约理论假定委托人不能观测到代理人的行动选择，只能观测到产出。而代理人总是会选择最大化自己效用水平的行动。委托人不可能使用强制合同来迫使代理人选择委托人希望的行动，而只能通过激励合同诱使代理人选择委托人希望的行动。委托人的问题是选择满足代理人参与约束和激励相容约束的激励合同以最大化自己的期望效用函数，满足这样要求的合约就称为最优契约。最优契约理论为企业根据经营业绩来制订薪酬方案提供了理论依据，股东与管理者的代理问题通过薪酬契约安排能够得到有效解决。

不过，在薪酬制定实务中，最优契约理论可能存在一定的局限。在最优契约理论看来，董事会是股东利益的忠实代表，在设计管理者薪酬时会以股东利益最大化为目标作为行为准则。董事会与管理者最终达成的薪酬契约等同于股东直接与管理者签订的契约。但在大型企业中，董事成员和股东的目标利益不可能完全一致，股东和董事之间本身就存在代理问题，这造成公司管理层的薪酬契约也不能完全解决企业所有者与经营者之间的代理问题。

3. 管理层权力理论

研究高管报酬与激励的主流理论是最优合同理论。在此理论下，公司高管报酬被看作为最小化存在于高管与股东之间代理成本的制度设计，董事会利用报酬计划以实现股东价值最大化之目的。但现实经济中高管报酬和业绩的关系与最优合同理论并不完全相符。

Bebchuk 等（2002）分析了达成最优报酬契约的三个重要机制：①董事会能够在控制范围内选择报酬契约安排以最大化股东价值；②经理人会受到来自市场的足够约束而选择能最大化股东价值的报酬契约；③股东可以利用公司法赋予的权力阻止不利于股东利益最大化的经理人报酬安排。但是现实中这三个机制都不足以保证符合股东利益最大化的报酬契约得到实施。第一，最优契约论认为董事会与股东的利益是一致的，董事会会以股东利益和企业价值最大化为目标原则。但实际上董事成员与股东利益并不是完全一致。董事会成员也会追求自身利益最大化。第二，最优契约论认为在很难达成契约时，市场的力量会帮助契约双方解决最优薪酬问题。但是如果产品和经理市场的力量不够强大或者并不有效时，就难以保证最优契约理论所预测结果的出现。第三，股东特别是股权分散企业的外部股东对公司经营情况并非十分清楚，因此并不能设计出最大化股东价值的管理层报酬契约。即使设计出最佳契约，但公司业绩指标的衡量、业绩指标完成情况的可证实性也存在难度。因此，Bebchuk 等（2002）发展出管理层权力理论用于解释现实企业中的高管报酬现象。

Bebchuk 等（2002）认为，由于董事会易受管理层的影响或控制且董事会对报酬合同实施情况的监督无效率，导致董事会通过的高管报酬计划经常偏离最优合同理论的设计。偏离产生的结果是，高管获得的报酬远远超过股东利益最大化的最优报酬水平，此差额即为高管获得的租金。更为重要的是，为了隐藏及方便攫取租金，管理层会动用其权力去使用无效率的报酬结构，弱化或扭曲激励机制的效果，并进一步减少股东价值。

管理者权力观点认为，公司高管对自身报酬有实质性的影响，高管的权力越大，他们影响自身报酬及攫取的租金的能力越强。管理层权力的大小依赖于有效接管障碍的存在、董事会结构、是否有大股东以及机构投资者的持股比例等因素。给定其他条件相同，管理者权力理论预计，管理者权力越大，管理者能攫取的租金越多。一般地，当管理者受到反接管条款保护、董事会较弱或无效率、管理层拥有的股权比例较大、没有机构投资者、没有外部大股东时，管理层拥有较多权力。对管理层权力影响因素的许多经验研究发现，这些因素对管理层报酬计划的影响与管理者权力理论预测相一致。

管理层权力理论与最优契约理论形成了鲜明对比。管理层权力理论认为，管理层会利用自身对公司实质控制权签订有利于自身的薪酬契约。管理层的权力越大，高管具有越强的寻租能力，越有可能依靠权力为自己牟取较高薪酬。管理层权力理论认为，当企业取得良好业绩时，高管通常会将业绩提升归功于自己，并利用权力使董事会通过对其有利的薪酬方案。而当企业业绩下降时，高管更多地会寻找借口，将业绩下降归因于成本上升、竞争加剧等外部因素，使其薪酬降低的幅度最小化。这将产生一种有趣的现象，即公司业绩下滑时管理层薪酬减少幅度小于业绩下滑的幅度，而业绩上升时管理层薪酬增加的幅度高于公司业绩上升的幅度。在管理层权力理论看来，管理层薪酬往往已经成为代理问题的另一表现形式。不过，管理层权力也承认，在对管理层薪酬的理论解释方面，管理层权力并不能完全替代最优契约理论，管理层权力理论只是最优契约理论的补充，在现实大型企业中管理者报酬契约的制定实际上是最优契约与管理者权力共同作用的结果。

（二）理论分析及研究假设

1. 薪酬管制与高管薪酬业绩敏感性

企业高管薪酬并不完全由市场决定，这在国有企业尤为明显。政府作为国有企业的所有者，可能会把一些社会性目标通过国有企业实现，地方政府也可能基于社会性目标而对国有企业薪酬进行干预或者管制。这些社会性目标主要包括减少财政赤字、稳定就业水平、维护社会治安，等等。自20世纪70年代末以来，我国逐步由计划经济向市场经济体制转型，建立了社会主义市场经济体制。在收入分配上坚持效率优先、兼顾公平的原则，实行以按劳分配为主体、多种分配方式并存的制度。这一制度有效地解放了我国生产力，为社会主义经济建设注入了无限活力。经过几十年的经济转型，经济上取得了巨大的成就，但是也出现了一些问题，其中之一是贫富差距扩大，居民基尼系数超过警戒线。

在国有企业中，高管与普通员工之间的薪酬差距扩大也引起了媒体和大众的抨击。持续扩大的国有企业内部薪酬差距是导致政府对国有企业高管薪酬进行管制的原因之一。2002年，国务院就直接限定大中型国有企业高管的年薪不得超过普通员工工资的12倍。2007年，中国平安高管天价年薪事件直接导致政府加强对国有企业高管年薪的管制。2009年9月16日，人力资源与社会保障部等六部委联合发布《关于进一步规范中央企业负责人薪酬管理的指导意见》，对所有行业中央国有企业高管发出“限薪令”。2014年8月29日，中共中央政治局审批通过《中央管理企业负责人薪酬制度改革方案》和《关于合理确定并严格规范中央企业负责人履职待遇、业务支出的意见》，对中央企业负责人薪酬分配进行改革，并要求中央各部门所属企业和地方国有企业负责人薪酬制度改革也要参照《中央管理企业负责人薪酬制度改革方案》的精神积极稳妥推进。

薪酬管制的实施，使高管薪酬与业绩脱钩，降低其薪酬业绩敏感性。原因在于，其一，薪酬管制限制了高管人员薪酬增长的空间，直接导致管理层薪酬与公司业绩脱钩。国有企业高管薪酬制度的激励效果不能同基于市场量体裁衣式的薪酬契约相比拟。当薪酬政策较多体现为政府行政干预和社会化目标时，基于企业业绩的薪酬激励制度相对难以实行。其二，高管薪酬管制刺激管理层更多追求非货币收益，进一步降低高管薪酬的业绩敏感性。薪酬管制导致国有企业管理层薪酬降低，理性的管理层可能会通过其他形式来追求自身效用最大化。陈信元等（2009）指出，当货币化薪酬受到政府管制时，管理层会更多追求在职消费等隐性福利，在职消费、资产侵占等非货币利益成为货币薪酬的替代性激励源泉。陈冬华等（2005）也发现，由于薪酬管制，国有企业经理人更加偏好在职消费。总之，薪酬管制可管住货币化薪酬，同时又使高管在职消费等非货币福利增加，致使高管薪酬与业绩更不敏感。基于此，提出如下假设：

H4－1：薪酬管制会扭曲国有企业高管薪酬业绩敏感性。

2. 市场化进程与高管薪酬业绩敏感性

虽然国内外学者对高管薪酬与企业业绩之间的关系进行了大量研究，但他们的研究却没有得到统一的结论。Murphy（1985）对股票收益与报酬结构之间的关系进行了研究，他通过对美国 73 家大型制造企业 1964～1981 年 500 位高管人员的报酬数据进行研究发现，现金报酬与股票收益之间、总报酬变化与股票收益之间存在正相关关系。但是，Baker 等（1988）使用了 1973～1983 年美国上市公司的数据进行了研究，他们的研究结果和 Jensen 和 Murphy（1990）与 Hall 和 Liebman（1998）的结果一致，即 CEO 薪酬与股东财富虽然存在正相关关系，但敏感性系数都较低。国内部分研究得出的结论类似。周兆生（2003）采用 EVA（经济增加值）和 Roe（净资产收益率）作为企业业绩变量对 2000 年沪深两市上市公司进行了分析，结果显示，高管薪酬与企业业绩正相关。但吴育辉等（2010）对高管薪酬与政府干预、企业绩效之间关系进行了研究，发现高管薪酬与资产获现率及股票收益率没有显著的正相关关系。

从上述研究中发现，关于高管薪酬和企业业绩之间的关系并没有取得共识。出现这样的结果很有可能是这些研究没有考虑市场化进程等外部环境因素，忽视了外部环境的作用。

经过40多年的市场化改革，我国经济发展取得举世瞩目的成绩。但由于我国各地市场化进程并非完全同步，东部沿海率先进行改革，中西部改革时间相对较晚，各地区市场化进程会有所差异。市场化程度较高的地区，经理人市场发展也较快，市场优胜劣汰的淘汰机制使经理人顾及长远利益而努力工作。在市场化程度较高的地区公司治理制度相对更加完善，股东对经理人的监督作用也更加有效，企业业绩存在的噪声较小，能更加真实地反映企业价值。但在市场化程度较低的地区，由于市场不发达，企业业绩可能存在较大的干扰。经理人市场也不发达，管理层离职的威胁相对难以发挥作用，经理人更可能为了自身利益对企业业绩进行盈余管理，企业业绩不能真实地反映经理人的努力程度。上述原因导致市场化程度较高地区的上市公司中，管理层薪酬更多与公司业绩挂钩，管理层薪酬业绩敏感性更强。基于此，提出如下假设：

H4－2：在市场化进程高的地区，上市公司高管薪酬业绩敏感性较高，而在市场化进程低的地区，上市公司高管薪酬业绩敏感性较低。

3. 市场化进程、薪酬管制与高管薪酬业绩敏感性

市场化程度较高的地区，市场力量比较强大，企业进行经营活动时更多以市场准则为导向，自主经营、自负盈亏。政府的作用只是宏观调控，对经济的干预程度较低。在这种情况下，企业为了激励经理人更加努力工作以提高企业竞争能力，更可能实行市场化的薪酬契约。刘凤委等（2007）认为，随着市场竞争程度的提高，高管薪酬与企业业绩的敏感度提高，但在政府干预较多的地方，高管薪酬与企业业绩的敏感性会由于政府干预而降低，说明政府干预会影响企业内部薪酬合约的安排。辛清泉等（2009）对市场化改革与国有企业经理薪酬契约的关系进行了实证检验，发现在市场化程度高的地区，国有企业高管薪酬对企业市场业绩的敏感度比市场化低的地区更强。

因此，本章推测，市场力量对国有企业高管薪酬激励机制的不断完善有推动作用。在市场化程度越高的地方，市场对资源配置起着支配作用，政府对资源配置作用可能相对较弱，政府对企业的管制相对较少，高管薪

酬业绩敏感性相对较高，国有企业高管薪酬激励机制也更加合理。基于此，提出如下假设：

H4－3：市场化进程会降低薪酬管制对高管薪酬业绩敏感性的扭曲作用。

四、实证分析

（一）样本及数据来源

通常只有国有企业才存在薪酬管制，所以本章选取的样本为深沪两市A股国有上市公司，样本期间为2009～2014年。数据来源于CSMAR国泰安数据库。根据研究需要，本章对初始样本进行了如下筛选：剔除金融类的上市公司；剔除ST和*ST的上市公司；剔除前三名高管薪酬、第一大股东持股比例、独立董事比例等数据不全的企业；剔除极端的数据。经过处理后，共得到4177个样本。在数据处理方面，主要是运用SPSS、Excel等统计软件进行处理与分析。

（二）变量设计

1. 被解释变量

高管薪酬（*Lnpay*）。从狭义角度而言，高管薪酬仅指可以用货币形式表示的工资；从广义角度而言，除工资外，还应包括其他各种非货币形式的利益，如员工福利、股权激励和在职消费等。我国上市公司高管薪酬通常包括货币化的现金薪酬、股票期权及在职消费等隐性薪酬。在职消费等隐性腐败无论是实行薪酬管制的国有企业还是没有实行薪酬管制的民营企业都普遍存在（陈冬华等，2005）。由于在职消费具有隐蔽性，一般很难获得准确的数据，所以本章不考虑在职消费等隐性激励。此外，我国上市公司高管的激励手段比较单一，激励制度不够完善，研究货币薪酬比较合理（姜付秀和黄继承，2011）。因此，将企业年报中披露的前三名高管人员的薪酬作为高管薪酬数据，使用前三名高级管理人员平均薪酬的自然对数对高管薪酬进行度量。

Lnpay = *Ln*（前三名高级管理人员的总薪酬/3）

2. 解释变量

（1）总资产收益率（*Roa*）。委托代理理论的最优契约理论提出，高管薪酬与公司业绩相关，公司业绩越好，高管薪酬就会越高，如此可以有效缓解代理人的道德风险。通过总资产收益率可以判断企业经营状况特别是经营业绩。在此，选取总资产收益率作为公司业绩的替代变量。

（2）薪酬管制（*Rpay*）。政府管制是政府为了追求经济和社会效益，实现社会性目标，维护社会公平正义，根据法律法规的授权对经济及其外部领域以及一些非经济领域采取的监管和干预行为。由于国有企业经营目标的多元化等原因，薪酬管制应运而生。我国国有企业薪酬管制是由政府行政决定对国有企业经理人薪酬进行管制，主要是设计出一系列的薪酬制度改革方案，以此来规范国有企业高管薪酬。本章参考了陈信元等（2009）的文献，把薪酬管制定义为高管薪酬与普通员工薪酬的差距，其计算公式为：

Rpay =（前三名高级管理人员的总薪酬/3）/[（为职工支付的现金流量 - 前三名高级管理人员的总薪酬）/（职工人数 - 3）]

该比值越大，说明薪酬管制的程度越弱。

（3）市场化进程（*Index*）。我国经济市场化是从计划经济向市场经济转型的改革过程，是一个动态的循序渐进过程（樊纲等，2011）。此观点较全面和系统化地反映了我国经济市场化的本质。与众多参考文献一致，本章采用樊纲等（2011）编制的市场化进程指数，用来衡量各地区的市场化进程（*Index*），即国有上市公司注册地的市场化进程指数。

3. 控制变量

本章的控制变量包括公司规模（*Lnsize*）、资产负债率（*Lev*）、独立董事比例（*Gov*）、专业委员会数量（*Committee*）、第一大股东持股比例（*Lshare*）、高管持股比例（*CEOshare*）、行业虚拟变量（*Industry*）和年度虚拟变量（*Year*）。

本章实证研究所需变量定义如表4-1所示。

表4-1 本章有关变量定义表

变量类型	变量名称	变量符号	变量定义
被解释变量	高管薪酬	*Lnpay*	企业总经理、董事、财务负责人等高级管理人员的薪酬。计算方法为上市公司前三名高管人员薪酬平均值的自然对数
解释变量	总资产收益率	*Roa*	企业业绩的代理变量，用来衡量公司的会计业绩，计算公式为：净利润/总资产
	薪酬管制	*Rpay*	高管薪酬与普通员工之间的薪酬差距。计算方法为前三名高级管理人员的平均薪酬与员工人均薪酬的比值
	市场化进程	*Index*	各个地区的经济市场化程度。直接使用了樊纲等（2001）编制的《中国市场化指数》中的市场化进程指数
控制变量	公司规模	*Lnsize*	上市公司当年总资产的自然对数
	资产负债率	*Lev*	债权人所提供的资本占全部资本的比例。计算公式为：负债/总资产
	独立董事比例	*Gov*	独立董事的独立性。计算公式为：独立董事人数/董事会人数
	专业委员会数量	*Committee*	战略与预算委员会、提名委员会、审计委员会、薪酬与考核委员会的设立个数
	高管持股比例	*CEOshare*	董事、监事等高级管理人员持股占企业股本的比例。计算公式为：高管持股数量/全部股数
	第一大股东持股比例	*Lshare*	第一大股东持股数量占全部股份的比例。计算公式为：第一大股东持股数量/全部股数

续表

变量类型	变量名称	变量符号	变量定义
控制变量	行业	*Industry*	行业虚拟变量，归属于某个行业时取值为1，否则为0
	年度	*Year*	年度虚拟变量，归属于某个年份时取值为1，否则为0

（1）公司规模（*Lnsize*）。公司规模代表了一个企业的经济实力。现有许多研究表明公司规模是高管薪酬的显著影响因素。魏刚等（2000）研究发现，高管薪酬与公司规模呈显著正相关。另外，代理理论认为，企业高管会通过构造规模更大的企业来提高自身薪酬、扩大自身控制权。公司规模越大，高管可以控制的资源越多，所涉及的经营事项也越复杂，导致高管自身报酬也相对较高。本章选取总资产的自然对数作为公司规模的代理变量。

（2）资产负债率（*Lev*）。已有研究发现，高管薪酬会受到企业资本结构的影响，主要表现在两个方面：一是公司财务杠杆越高，公司财务风险会更大，公司债权人会加大对公司运营状况的关注，公司也需要支付更高的利息，这会抑制高管薪酬的支付水平。二是较高的资产负债率对公司自由现金流量有一定影响，因此，高管可支配现金流就会大大降低，相应地会降低高管攫取公司利益的动机和可能性。一些实证研究的结果也基本支持资产负债率越高，经理人薪酬越低的结论（杜兴强等，2007）。

（3）独立董事比例（*Gov*）。独立董事比例越大，对高管的监督力度越大，独立董事更能够站在独立客观的立场对高管进行监督，高管薪酬和公司业绩更加敏感。建立现代企业制度是公司治理的要求，上市公司引进独立董事制度有助于牵制或约束管理层行为，加强对高管的监管，避免内部人控制，强化董事会的制衡机制，减少内部董事在公司经营决策中损害中小股东利益的利己行为，优化公司的薪酬制度。本章采用独立董事人数占董事会总人数的比例作为董事会独立性的代理变量。

（4）专业委员会数量（*Committee*）。专业委员会指战略、薪酬与考核、审计、提名等委员会。专业委员会的设立可以更加有效地对公司管理层薪酬契约的签订与执行进行监督。专业委员会的设立特别是薪酬委员会的设立对监督高管薪酬有着重要影响。通常，专业委员会设立的个数越多，企业董事会运作越有效，对高管的监督力度可能越大。张必武和石金涛（2005）研究发现，薪酬委员会的设立会影响高管薪酬水平，薪酬委员会和审计委员会的设立对高管起到监督作用。

（5）第一大股东持股比例（*Lshare*）。卢锐等（2008）发现，存在大股东的前提下，管理层以权谋私的可能性比较低。当公司股权比较分散，管理层就会牟取更大的权力，更多地侵占公司利益。在我国，国有企业是通过国资委或者地方国资委来行使股东权利，外部中小股东缺乏监督能力与动力，导致国有上市公司容易形成内部人控制。当第一大股东持股比例越大时，即国有资本比例越大时，其监督力度可能会更大一些。

（6）高管持股比例（*CEOshare*）。对于高管股权激励与高管货币薪酬之间的关系有两种不同的观点：一是股权激励本身可以将公司业绩与高管收益紧密联系在一起，是一种有效的激励方式，此激励方式与货币薪酬之间存在相互替代的关系。二是高管持股会扩大高管权力，导致高管更追求高额薪酬。高管持股使高管同时拥有所有者和管理者双重身份，此时高管更容易“俘获”董事会，与董事会讨价还价获得更高报酬。高管持有公司的股份越多表明高管拥有公司剩余索取权越多，高管权力也越大，那么高管有更大便利操纵公司制度和运营，对高管薪酬的影响较大。这导致高管持股比例越大，高管薪酬可能越高。

（三）研究模型

本章参考了陈信元等（2009）文献，设计了以下模型以检验假设：

$$Lnpay = \alpha_0 + \alpha_1 Roa + \alpha_2 Rpay + \alpha_3 Roa \times Rpay + \alpha_4 Lnsize + \alpha_5 Lev + \alpha_6 Gov + \alpha_7 Committee + \alpha_8 CEOshare + \alpha_9 Lshare + \alpha_{10} Industry + \alpha_{11} Year + \varepsilon \quad (4-1)$$

模型（4－1）主要关注系数 α_3、α_3 意在检验薪酬管制与高管薪酬业绩敏感性之间的关系。根据 H4－1，预计薪酬管制会扭曲高管薪酬业绩敏感性。因此，薪酬管制与高管薪酬业绩敏感性是负相关。由于 Rpay 越大，管制程度越小，基于此，预期 α_3 系数为正。

$$Lnpay = \beta_0 + \beta_1 Roa + \beta_2 Index + \beta_3 Roa \times Index + \beta_4 Lnsize + \beta_5 Lev + \beta_6 Gov + \beta_7 Committee + \beta_8 CEOshare + \beta_9 Lshare + \beta_{10} Industry + \beta_{11} Year + \varepsilon \quad (4-2)$$

模型（4－2）主要考察市场化进程对高管薪酬业绩敏感性的影响，应关注系数 β_3。预计市场化进程低的地方，高管薪酬业绩敏感性也较低；市场化进程越高的地方，高管薪酬业绩敏感性也越高。因此，预期 β_3 系数为正。

$$Lnpay = \gamma_0 + \gamma_1 Roa + \gamma_2 Index + \gamma_3 Rpay + \gamma_4 Roa \times Index + \gamma_5 Roa \times Rpay + \gamma_6 Roa \times Rpay \times Index + \gamma_7 Lnsize + \gamma_8 Lev + \gamma_9 Gov + \gamma_{10} Committee + \gamma_{11} CEOshare + \gamma_{12} Lshare + \gamma_{13} Industry + \gamma_{14} Year + \varepsilon \quad (4-3)$$

模型（4－3）用来检验市场化进程是否会改善薪酬管制对高管薪酬业绩敏感性的扭曲作用，应关注交互项 $Roa \times Rpay \times Index$ 的回归系数 γ_6。由于薪酬管制与市场化进程呈现此消彼长的关系，即市场化进程越高，薪酬管制越低，高管薪酬业绩敏感性越高。市场化进程越低，薪酬管制越高，高管薪酬业绩敏感性越低，交乘项应该与高管薪酬成负相关关系。在本书中，由于 *Rpay* 越大，代表管制程度越高，所以预计 γ_6 系数为正。

（四）描述性统计

本章研究薪酬管制下的高管薪酬业绩敏感性，由于在国有企业中才存在薪酬管制，选取 2009～2014 年 6 年的国有上市公司数据为样本，经过剔除异常值和进行上下 1% 极端值处理后，共得到 4177 个有效样本。表 4－2 列示了总体样本中高管薪酬指标、企业会计业绩指标和其他控制变量的描述性统计结果。

如表 4－2 所示，不同的国有企业高管薪酬差距很大，高管薪酬自然对数最高为 16.921，对应的是 2014 年万科前三名高级管理人员的平均薪酬为7441666元①。而高管薪酬自然对数最低为10.518，对应的是2009年新华联高管薪酬，前三名高级管理人员的平均薪酬为12333.33元，高管之间的差距高达600多倍，说明我国国有企业中高管之间的薪酬相差很大。薪酬管制指标也相差较大，最大值为424.14，最小值为0，但均值为5.97，虽然均值较小，但最大值和最小值差距很大，说明我国大多数国有企业都面临着程度不一的薪酬管制②。会计业绩指标Roa波动幅度较大，说明我国国有企业经营状况也差异较大。

表4-2 变量的描述性统计结果

变量	N（家）	极小值	极大值	均值	标准差
Lnpay	4177	10.518	16.921	14.038	0.666
Rpay	4177	0	424.14	5.97	9.28
Roa	4177	-93.30	63.15	3.3405	12.051
Lev	4177	0.010	1.000	0.5255	0.1987
Lnsize	4177	15	29	22.38	1.395
Gov	4177	9.09%	71.428%	36.694%	5.629%
Committee	4177	0	4	3.83	0.479
CEOshare	4177	0	24.795%	2.99%	1.813%
Lshare	4177	4%	86%	40.804%	15.67%

资产负债率指标（*Lev*）的数据显示，我国国有企业的资产负债率状况存在很大差异。公司规模（*Lnsize*）相差较大，说明我国国有企业规模大小不一。我国国有上市公司独立董事比例（*Gov*）均值为36.694%，最大值71.428%，最小值9.09%，说明我国国有上市公司基本符合证监会对上市公司独立董事比例的要求。专业委员会的数量（*Committee*）均值为3.83，说明我国国有企业大多数都设立专业委员会，公司治理日趋完善。国有上市公司第一大股东持股比例（*Lshare*）相对较高，均值为40.804%。

① 根据国泰安的统计数据，万科的控股股东为中国华润集团，因此把万科归为国有企业。

② *Rpay*比值越小，说明管制程度越高。

高管持股（*CEOshare*）的均值是2.99%，最大值是24.795%，最小值是0，说明在我国国有上市公司中，高管持股比例比较低。

（五）相关性分析

表4－3提供了主要变量的Pearson相关性分析结果。在相关性分析中，主要关注市场化进程、薪酬管制、高管薪酬、公司业绩有关代理指标的相关关系。由表可知，薪酬管制（*Rpay*）、市场化进程（*Index*）、总资产收益率（*Roa*）均与高管薪酬（*Lnpay*）呈显著的正相关关系，显著性水平为1%。这说明企业业绩较好、薪酬管制较少、所处地区市场化程度较高的国有上市公司，其高管的薪酬相对较高。此结果与前文的理论分析一致。另外，市场化进程（*Index*）与薪酬管制（*Rpay*）显著正相关，表明市场化程度较高的地区，国有上市公司高管薪酬管制的程度也相对较低。

表4－3　Pearson相关性分析结果

		Lnpay	*Rpay*	*Index*	*Roa*
Lnpay	相关性系数	1			
	显著性				
Rpay	相关性系数	0.292**	1		
	显著性	0.000			
Index	相关性系数	0.292**	0.055**	1	
	显著性	0.000	0.000		
Roa	相关性系数	0.309**	0.049**	0.075**	1
	显著性	0.000	0.002	0.000	

注：*、**分别表示在置信度为5%、1%的水平上显著相关（双侧）。

（六）回归分析

1. 薪酬管制与高管薪酬业绩敏感性的回归分析

为了检验薪酬管制与高管薪酬业绩敏感性的关系，对模型（4－1）进行了回归分析，结果报告于表4－4中。在表4－4的全样本回归结果中，$Adj-R^2$ 为0.426，F 值为121.023，模型在1%的水平下显著，说明模型合理且拟合度良好。在分组样本的地方国有企业和央企回归结果中，$Adj-R^2$ 分别为0.536、0.494，F 值分别为112.407、71.180，且都在1%的水平下显著，说明分组样本中模型的拟合优度也良好，各变量对被解释变量的解释力度较强。

（1）全样本回归结果。由表4－4中各变量的回归系数可知，总资产收益率（*Roa*）的回归系数为0.096，在1%的水平下与高管薪酬显著正相关，说明总资产收益率越高，高管薪酬越高，即高管薪酬与企业业绩呈显著的正相关关系。薪酬管制（*Rpay*）在1%的水平下与高管薪酬显著正相关，说明薪酬管制越严重，高管薪酬越少①。薪酬管制和总资产收益率交互项（*Roa*×*Rpay*）的回归系数为0.153，并且在1%水平下显著，说明薪酬管制越少，高管薪酬业绩敏感性越高，薪酬管制与高管薪酬业绩敏感性呈负相关。这意味着薪酬管制会降低高管薪酬业绩敏感性，H4－1得以验证。

表4－4　薪酬管制与高管薪酬业绩敏感性的回归结果

变量	全样本		分组			
			地方国有企业		中央企业	
	回归系数	T值	回归系数	T值	回归系数	T值
常量	8.935***	55.846	8.584***	39.722	9.749***	40.011
Roa	0.096***	6.333	0.128***	6.729	0.081***	3.671
Rpay	0.245***	19.462	0.380***	23.325	0.215***	12.155
Roa×*Rpay*	0.153***	9.491	0.052**	2.541	0.218***	9.672
Lev	−0.091***	−7.313	−0.145***	−9.005	−0.105***	−5.333
Lnsize	0.388***	28.415	0.399***	24.444	0.408***	18.724

① Rpay的比值越大，表示薪酬管制程度越弱。Rpay的回归系数为正，这说明薪酬管制程度越弱，高管薪酬越高。反之相反。

续表

变量	全样本		分组			
			地方国有企业		中央企业	
	回归系数	T值	回归系数	T值	回归系数	T值
Gov	-0.022**	-1.987	-0.023	-1.689	-0.031	-1.849
Committee	-0.027**	-2.439	-0.030**	-2.210	-0.022	-1.372
CEOshare	0.059***	5.265	0.040***	2.955	0.070***	4.290
Lshare	-0.041***	-3.410	-0.028**	-1.950	-0.048***	-2.743
Year	控制		控制		控制	
Industry	控制		控制		控制	
$Adj-R^2$	0.426		0.536		0.494	
标准差	0.577		0.476		0.508	
F值	121.023***		112.407***		71.180***	

注：***、**、*分别表示在1%、5%、10%的置信度（双侧）水平上显著相关。

在控制变量方面，资产负债率（*Lev*）与高管薪酬显著负相关，显著性水平为1%，表明企业资产负债率越大，高管薪酬水平越低。公司规模（*Lnsize*）的回归系数为0.388，且在1%的水平下显著为正，说明高管薪酬与企业规模显著正相关，企业规模越大，高管薪酬越高。独立董事比例（*Gov*）与高管薪酬在5%的水平下显著负相关，说明上市公司独立董事在公司治理中发挥了一定的积极作用。专业委员会数量（*Committee*）与高管薪酬的回归系数为-0.027，显著性水平为5%，说明专业委员会的设立使公司治理机制日趋完善，加强了对高管的监督与制约，公司与高管的谈判能力得到了显著提高，减少了代理成本。高管持股（*CEOshare*）在1%水平下与高管薪酬显著正相关。第一大股东持股比例（*Lshare*）与高管薪酬呈显著负相关，表明控股股东持股比例越高，对企业的控制力越强，能够对管理层形成有效制约，降低了管理层寻租能力。

（2）分样本回归结果。为了对比薪酬管制对中央国有企业和地方国有企业高管薪酬业绩敏感性的影响，对国有上市公司进行了分组回归。以企业实际控制人作为分组标准。如果企业实际控制人为国资委或者国务院，归类为中央国有企业，如果企业实际控制人为地方国资委，归类为地方国有企业。表4－4中报告了分组样本的回归分析结果。在以地方国有企业为样本的回归结果中，总资产收益率与薪酬管制交乘项（$Roa \times Rpay$）的回归系数为0.052，且在5%水平下显著，说明薪酬管制会扭曲地方国有企业高管薪酬业绩敏感性。以中央企业为样本的回归结果中，总资产收益率与薪酬管制交乘项（$Roa \times Rpay$）的回归系数为0.218，且在1%水平下显著，说明薪酬管制也会扭曲中央企业高管的薪酬业绩敏感性。通过两组分组样本回归系数的对比可知，中央企业样本中总资产收益率与薪酬管制交乘项（$Roa \times Rpay$）回归系数显著大于地方国有企业的回归系数，且回归系数更显著。因此可以认为，薪酬管制对地方国有企业高管薪酬业绩敏感性的扭曲程度小于中央国有企业。

2. 市场化进程与高管薪酬业绩敏感性的回归分析

使用市场化进程总指数 *Index* 作为市场化进程的替代变量，对市场化进程与高管薪酬业绩敏感性的关系（H4－2）进行检验，结果报告于表4－5中。回归结果的 $Adj-R^2$ 为0.363，F 值为92.87，模型在1%的水平上显著说明各变量对被解释变量的解释力度较强，拟合度良好，模型设计较合理。

表4－5　市场化进程与高管薪酬业绩敏感性的回归结果

变量	全样本	
	回归系数	T值
常量	8.154***	47.435
Roa	0.072	1.414
Index	0.164***	13.130
Index × *Roa*	0.139***	2.712
Lev	－0.087***	－6.624
Lnsize	0.439***	30.907
Gov	－0.025**	－2.105
Committee	－0.036***	－3.037

续表

变量	全样本	
	回归系数	T值
CEOshare	0.047 ***	3.935
Lshare	-0.089 ***	-7.109
Industry	控制	
Year	控制	
$Adj-R^2$	0.363	
标准差	0.609	
F 值	92.87 ***	

注：***、**、*分别表示在1%、5%、10%的置信度（双侧）水平上显著相关。

从表4-5中的回归结果可以看出，总资产收益率与市场化进程交乘项（*Roa*×*Index*）的回归系数显著为正，这与假设预期一致，说明市场化进程高的地区，企业业绩与高管薪酬的敏感性相对较高，市场化进程提高了高管薪酬与企业业绩的敏感性，H4-2得到证实。

3. 市场化进程，薪酬管制与高管薪酬业绩敏感性的回归分析

为了检验市场化进程是否会改善薪酬管制对高管薪酬业绩敏感性的负面影响，对模型（4-3）进行了回归分析，结果报告于表4-6中。$Adj-R^2$ 为0.485，F值为116.252，模型在1%的水平上显著，说明各变量对被解释变量的解释力度较强，模型合理且拟合度良好。

从表4-6中的回归结果可以看出，总资产收益率（*Roa*）的回归系数显著为正，说明高管薪酬（*Lnpay*）与公司业绩显著正相关，企业高管薪酬与企业业绩联系较紧密。薪酬管制（*Rpay*）的回归系数显著为正，表明薪酬管制程度越低，高管薪酬也越高。从限制高管过高报酬角度看，限薪令达到了一定的效果。总资产收益率、市场化进程与薪酬管制（*Roa*×*Index*×*Rpay*）三者交乘项的回归系数显著为正，表明市场化进程较高时，薪酬管制越低，高管薪酬业绩敏感性越高，市场化进程可以改善薪酬管制对高管薪酬业绩敏感性的扭曲作用，H4-3得到验证。

表 4-6 市场化进程、薪酬管制与高管薪酬业绩敏感性的回归结果

变量	全样本	
	回归系数	T 值
常量	8.530***	53.287
Roa	0.357***	4.601
Rpay	0.188***	14.901
Index	0.197***	15.813
Roa × *Index*	0.337***	4.458
Rpay × *Roa*	0.059	0.667
Roa × *Index* × *Rpay*	0.293***	3.358
Lev	-0.120***	-8.723
Lnsize	0.420***	29.038
Gov	-0.012	-1.078
Committee	-0.008	-0.697
CEOshare	0.025**	2.182
Lshare	-0.060***	-4.855
Industry	控制	
Year	控制	
$Adj-R^2$	0.485	
标准差	0.479	
F 值	116.252***	

注：***、**、*分别表示在1%、5%、10%的置信度（双侧）水平上显著相关。

（七）稳健性检验

1. 薪酬管制与高管薪酬业绩敏感性关系的稳健性检验

对于 H4-1，使用每股收益（Eps）[①] 替代总资产收益率这一指标进行稳健性检验。表 4-7 是 H4-1 的稳健性检验结果。稳健性检验结果中 *Adj* -

① 每股收益 =（净利润 - 营业外收入 + 营业外支出）/实收资本本期期末值，数据来源于国泰安数据库。

R^2 为0.629，F 值为122.303，模型对被解释变量的解释能力较强。稳健性检验回归结果显示，每股收益（*Eps*）的回归系数为0.262，在1%水平下显著，说明高管薪酬与每股收益呈正相关。薪酬管制（*Rpay*）的回归系数为0.602，在1%水平下显著，说明薪酬管制程度越低，高管薪酬越高。薪酬管制与每股收益交乘项（*Eps*×*Rpay*）的回归系数为0.212，在1%水平下显著，此结果同样说明薪酬管制会扭曲高管薪酬业绩敏感性，H4－1再次得到验证，表明研究结果是稳健的。

表4－7　薪酬管制与高管薪酬业绩敏感性关系的稳健性检验

变量	全样本	
	回归系数	T值
常量	9.658***	44.518
Eps	0.262***	12.567
Rpay	0.602***	30.959
Eps×*Rpay*	0.212***	8.308
Lev	－0.196***	－11.770
Lnsize	0.346***	19.645
Gov	－0.029**	－2.104
Committee	－0.047***	－3.408
CEOshare	0.060***	4.207
Lshare	－0.008	－0.556
Industry	控制	
Year	控制	
$Adj-R^2$	0.629	
标准差	0.447	
*F*值	122.303***	

注：***、**、*分别表示在1%、5%、10%的置信度（双侧）水平上显著相关。

2. 市场化进程、薪酬管制与高管薪酬业绩敏感性关系的稳健性检验

对于市场化进程与高管薪酬业绩敏感性关系（H4－2），以及市场化

进程对薪酬管制与高管薪酬业绩敏感性关系的影响（H4－3），此处根据市场化进程数据将样本分组，利用分组样本回归来进行稳健性检验。我们对樊纲等（2011）的市场化进程指数进行分析，发现大多数东部沿海地区的市场化进程指数都大于8，而大多数中西部地区都小于7，故本章将市场化进程指数高于8（Index＞8.0）的地区定义为市场化进程高的地区，而市场化进程指数低于7（Index＜7.0）的地区定义为市场化程度低的地区。为降低中间值对结果的影响，将7.0≤Index≤8.0的样本剔除，同时为了避免极端值的影响，此处还将西藏的上市公司样本剔除，分组回归结果如表4－8所示。

表4－8 市场化进程、薪酬管制与高管薪酬业绩敏感性的稳健性检验

变量	Index＞8.0		Index＜7.0	
	回归系数	T值	回归系数	T值
常量	9.885***	52.304	9.300***	32.117
Rpay	0.233***	14.614	0.076***	21.844
Roa	0.071***	3.690	0.010***	8.986
Rpay×*Roa*	0.212***	10.696	0.001***	3.766
Lev	－0.120***	－6.964	－0.266***	－3.266
Lnsize	0.458***	25.196	0.173***	12.390
Gov	－0.067***	－4.535	0.004**	1.906
Committee	－0.012	－0.805	－0.014	－0.387
CEOshare	0.057***	3.907	0.146***	3.695
Lshare	－0.060***	－3.897	0.001	0.866
Industry	控制		控制	
Year	控制		控制	
$Adj-R^2$	0.471		0.661	
标准差	0.503		0.363	
*F*值	83.410		63.231	

注：***、**、*分别表示在1%、5%、10%的置信度（双侧）水平上显著相关。

从表4－8可知：第一，在市场化进程高组中，$Adj-R^2$ 为0.471，F 值为83.410，在市场化进程低组中，$Adj-R^2$ 为0.661，F 值为63.231，说明无论市场化进程高组还是市场化进程低组，各变量对被解释变量的解释能力都较强，稳健性检验的模型设计较合理。第二，在市场化进程高组和市场化进程低组，总资产收益率（*Roa*）的回归系数都显著为正，说明企业业绩与高管薪酬具有显著的正相关关系。但在市场化进程高组，总资产收益率的回归系数显著大于市场化进程低组，说明在市场化进程高的地区的国有上市公司，其高管薪酬业绩敏感性比市场化进程低的地区的国有上市公司高管薪酬业绩敏感性高，此结果正好验证了H4－2。第三，在两组样本中，薪酬管制与资产收益率交互项（$Rpay \times Roa$）的回归系数都显著为正，说明薪酬管制确实会降低国有上市公司高管的薪酬业绩敏感性，结果再次支持H4－1。另外，在市场化进程高组中，薪酬管制与资产收益率交互项（$Rpay \times Roa$）的回归系数显著大于市场化进程低组。说明在市场化进程高的地区，薪酬管制程度比较低，高管薪酬业绩敏感性高，而在市场化进程低的地区，薪酬管制程度比较高，高管薪酬业绩敏感性相对比较低，H4－3得到检验。

五、研究结论与建议

（一）本章主要结论

本章研究的是薪酬管制下国有企业高管的薪酬业绩敏感性，这一研究对现有国有企业高管薪酬激励研究领域形成了有益补充，对于进一步理解我国国有企业高管薪酬问题和薪酬管制政策的效果有一定帮助。通过本章的研究，得到了以下几点结论：

1. 薪酬管制会扭曲国有上市公司高管薪酬业绩敏感性

本章分别选用总资产收益率（*Roa*）和每股收益（*Eps*）指标来衡量企业业绩，采用国有上市公司作为研究样本来研究薪酬管制对国有上市公司高管薪酬与企业绩效之间关系的影响。研究结果表明，薪酬管制程度越小，国有上市公司高管薪酬与企业业绩更正相关，薪酬管制会降低国有上市公司高管薪酬的业绩敏感性。

2. 薪酬管制对中央企业高管薪酬业绩敏感性的扭曲程度大于对地方企业

通过将样本分为地方国有企业和中央企业进行分组回归发现，薪酬管制对中央企业的高管薪酬业绩敏感性的扭曲影响程度大于地方企业。中央企业不仅要实现自身经济效益，同时作为国民经济的支柱，还承担了较多的社会责任。与地方国有企业相比，中央企业的政策性负担更重，导致国家对中央企业高管薪酬管制的程度更强。例如，2014 年出台《中央管理企业负责人薪酬制度改革方案》主要针对中央企业，地方国有企业只是参照执行，这导致薪酬管制对中央企业的高管薪酬业绩敏感性的影响大于地方国有企业。

3. 市场化进程会改善薪酬管制对高管薪酬业绩敏感性的扭曲作用

市场化进程指数越高的地区，竞争市场比市场化进程指数低的地区更加规范，市场对资源配置起更多决定性作用，政府干预行为相对较少，薪酬管制程度更低，国有企业高管薪酬更多是基于公司业绩来确定。研究结果表明，市场化改革有助于缓解薪酬管制对高管薪酬业绩敏感性的扭曲作用。

（二）政策建议

本章将市场化进程、薪酬管制与高管薪酬业绩敏感性结合起来探讨了薪酬管制对高管薪酬业绩敏感性的影响，同时研究市场化进程这一因素对薪酬管制与高管薪酬业绩敏感性关系的影响。根据本章研究结果，提出以下几点建议：

1. 大力推进市场化改革，营造公平有序的环境

经济体制改革是全面深化改革的重点，国有企业改革又是深化改革的中心环节，深化国有企业改革，核心问题是处理好政府和市场的关系，让市场在资源配置中起决定性作用，同时在市场出现自身弱点和缺陷时，政府能快速有效地进行宏观调控。市场化改革一方面可以推动公司治理的动态调整，另一方面又可以减少政府对国有企业的行政干预和行业保护，为国有企业营造公平有序的竞争环境，这不仅有利于国有企业自身的发展壮大，也有利于民营企业的发展，促进非公有制经济的发展壮大。

2. 实行差异化的薪酬管制

市场化进程高的地区，高管薪酬业绩敏感性较高，市场化进程低的地区，高管薪酬业绩敏感性较低，薪酬管制扭曲高管薪酬业绩敏感性，市场化进程改善薪酬管制对高管薪酬业绩敏感性的影响。由于我国地域广阔，各地区经济发展程度差异很大，不同地区国有企业所面临的外部环境也不一样。政府部门在制定薪酬管制政策时应充分了解地区差异，制定差异化的薪酬管制政策，以此适应不同地区的发展需求。此外，我国国有企业薪酬管制中普遍采用的是将高管薪酬与普通员工薪酬挂钩的薪酬管制方式，对所有行业、所有高管都进行整齐划一的管制，这种方式有一定的弊端。应合理设计薪酬管制方式，针对不同国有企业的不同状况，选择多样的薪酬管制方式，如对最高薪酬限制、边际收入限制、差异化限制等。

3. 建立高管薪酬与公司业绩相挂钩的考核制度

市场化进程越高，薪酬管制程度就会越低，国有企业薪酬契约也更有效，高管薪酬与企业业绩更相关。委托代理理论认为，基于业绩的薪酬对高管可起到良好的激励作用。因此，在设计薪酬考核制度时可以考虑进一步强化业绩在高管薪酬中的决定性作用，完善绩效考核方法，建立业绩型薪酬制度。对国有上市公司的业绩考核，可以把市值指标与现金流回报率等结合起来，促进公司价值稳定增长，更好地实现国有资产保值增值。同时应区别对待垄断与竞争性行业高管、行政任免型高管与市场化聘用高管等，对竞争性行业和市场选聘的高管实行市场化的业绩薪酬，而垄断性行

业和行政任免型高管，企业业绩不应成为高管薪酬的主要决定因素。

4. 继续推进专业委员会的建立

国有企业改革的主要目标是建立现代企业制度，推进专业委员会的建设是一个良好途径。专业委员会设立个数越多，企业内部公司治理越完善，对高管的监督力度越大。专业委员会的建立有助于减少委托代理成本，缓解国有企业所有者缺位，为国有企业发展提供良好的内部环境。

第五章

独立董事津贴与高管薪酬契约
——合谋视角的研究

一、引言

独立董事制度是我国从西方国家引入的一项重要制度，功能之一是监督高管的经营管理行为，帮助缓解股东与高管之间的委托代理问题，保护股东权益不受侵害。功能之二是设计高管薪酬方案并对其任职情况做出评价，以激励高管勤勉尽责。所以，高管薪酬契约有效与否可以用以检验独立董事在公司治理上的效果。

高管天价薪酬事件以及高管薪酬和业绩不匹配的乱象频出，使独立董事制度的有效性受到质疑。李海舰和魏恒（2006）认为，我国现有的独立董事供给市场尚未发展成熟，独立董事的形式意义大于实际意义，普遍存在着关系董事的现实特点。在董事以及董事会实质性地掌控公司剩余控制权时，独立董事以及董事在本质上就是经理人，董事会即为管理当局，董事和股东以及董事会和股东都存在代理关系、代理问题，作为经理人的独立董事，其本身即是代理问题的一部分。

那么，在背离股东意愿的不合理薪酬现象中，独立董事究竟扮演何种角色？它发挥应有的作用了吗？哪些因素影响了它尽责履职？独立董事会不会与高管合谋呢？为了探明这些疑问，本章以独立董事所获得的实质收益即独立董事津贴为切入点，从合谋角度研究独立董事津贴和高管薪酬及薪酬业绩敏感性之间的关系，并探究促进和抑制独立董事和高管在薪酬契约上合谋的因素，以明确独立董事制度实行过程中遇到的阻碍，探讨独立董事制度未来的改进方向，以期帮助企业改善公司治理问题。

（一）研究背景与动机

1. 研究背景

（1）高管薪酬与业绩表现不匹配。近年来，上市公司高管天价年薪事件频出，引发一片哗然之声。其实，薪酬的高低倒不是关键问题，问题是薪酬是否与高管所创造的公司业绩相匹配，如果天价薪酬对应的是令股东振奋的公司业绩，那高管领取高额薪酬也无可厚非。然而，一些公司业绩却和高管天价薪酬有着鲜明的对比，这令公众大跌眼镜。

2008 年，花旗银行年度亏损额超过 200 亿美元，但对 21 名管理人员发放薪酬达 3.902 亿美元，人均 1860 万美元①，出现业绩负增长、高管薪酬正增长的倒挂现象。同年，深圳发展银行净利润减少 76%，中国平安的股价自 2007 年 10 月开始暴跌，到 2008 年 3 月市值减少近 2/3，但这两家公司的董事长却刷新高管最高年薪②。2008 年的金融危机使国内股市普遍受挫，证券业全面退守，国内最大券商国泰君安证券投资部的亏损额达 1.44 亿元，业务目标完成率为 -9%，但高管薪酬和福利却增长 57%，人均薪酬高达百万③。2010 年，三维丝、云南锗业的业绩表现不佳，同比下

① 花旗美银高管去年平均薪酬 1800 万美元［EB/OL］. http：//news. xinhuanet. com/finance/2009 - 10/27/content_ 12335740. htm.

② 平安马明哲年薪为何 6600 万［EB/OL］. http：//finance. qq. com/a/20080326/002425. htm.

③ 央视质问国泰君安：国不泰君何安［EB/OL］. http：//finance. sina. com. cn/g/20090206/00545823387. shtml.

滑，高管薪酬却上涨了102%、192%①。

上述事件并非个例，许多公司业绩的提升速度总体上低于高管薪酬的上涨速度。财政部会计司于2009年出版发行的《我国上市公司2008年执行企业会计准则情况分析报告》中指出，2008年度，我国非金融类上市公司的净利润下滑31.48%，然而高管薪酬涨幅达23.95%。另外，高管薪酬的大幅上涨更是进一步拉大了其与公司普通职工的收入差距。Murphy和Zábojník（2007）指出，美国公众公司CEO人均薪酬在1970年时仅为生产工人的28倍，但到2005年时，这个比例就增长到了115倍。我国的情况也不容乐观。根据国资委发布的公告，在2002年时，我国央企高管和职工的薪酬差距是9.85倍，到2010年时增长到13.39倍，2013年大致为12倍②。

（2）独立董事制度在我国现实运作中收效甚微。现如今，上市公司董事会中独立董事所占比例基本上都已达到政策标准，许多公司聘请的还是商业、学界、政界的一些知名人士担任独立董事。然而，中小投资者利益受到损害的事例每年都在源源不断地上演，却很少看到独立董事抗争管理当局的身影。与此形成鲜明对比的是，公司经营惨淡时，股东财富受损，高管在公司绩效不佳时却仍能获取高额薪酬。而独立董事对高管薪酬提出异质性意见的情况却寥寥可数，独立董事被大家戏谑为“花瓶董事”。

对于以上现象，公众不禁质疑，独立董事确实独立吗？它究竟是服务于广大股东呢，还是服务于管理当局呢？一些学者对此进行了相关研究，谢联胜（2003）表示，独立董事群体存在着典型的囚徒困境问题，卸责对于独立董事来说是一种占优的行动策略。赵志华等（2005）认为，独立董事在聘任和从董事会获取津贴的现行机制使其独立性难以受到保证。曹雁翎（2007）认为，在我国民营上市公司中，独立董事的董事角色被弱化，

① 2010上市公司高管年薪：最高薪均值为66.8万元/年［EB/OL］.http：//www.china.com.cn/economic/txt/2011-05/11/content_22538105.htm.

② 人民日报：央企高管，薪酬怎么管［EB/OL］.http：//www.sxgzw.gov.cn/content.jsp?Urltype=news.NewsContentUrl&wbnewsid=11279&wbtreeid=1008.

取而代之的是专家、参谋和公关的角色定位，民营公司聘请独立董事在许多情况下只是为了满足监管要求。石宗辉等（2014）认为，独立董事的引入并不能减少企业盈余管理，独立董事反而会因此谋求风险补偿，从而会加剧公司的盈余管理程度。由此来看，独立董事制度在实行中并未表现出预期的效果。

2. 研究动机

通过上述背景，我们可以看到，高管薪酬不合理，在公司业绩变得糟糕、股东财富缩水时，高管却拿着高薪，这无疑是背离股东意愿的不合理薪酬现象，偏离了高管薪酬契约机制设计的出发点，大家开始质疑起独立董事制度的有效性，并称代替股东监督高管的独立董事是“花瓶董事”。这是寄希望引入独立董事制度改善公司治理问题的政策制定者和广大公众不愿意看到的。此外，我国任人唯亲的董事会文化也似乎侵蚀着独立董事的独立性，影响董事会与高管之间的监管与被监管关系。那为什么在股东和高管之间引入独立董事监督还会出现这种薪酬乱象，在背离股东意愿的不合理高管薪酬现象中，独立董事究竟扮演何种角色？它发挥应有的作用了吗？哪些因素影响了独立董事的尽责履职？独立董事会不会与高管合谋呢？本章带着这样的疑问和思索，从独立董事与高管合谋角度分析独立董事津贴与高管薪酬的关系，企图为此探寻答案和背后的原因。

（二）研究意义与研究目标

1. 研究意义

（1）科学意义。独立董事制度作为一种改善公司治理问题的机制一直备受各方关注，学术界已围绕着独立董事制度有效与否做了许多探索，但至今未有一致意见。在高管薪酬确定时独立董事和高管是否存在合谋关系的问题上，各方存在着分歧。本章在现有独立董事比例和高管薪酬之间关系的研究角度外，以独立董事津贴为切入点展开论证，探寻独立董事在高管薪酬确定时是否与高管存在合谋关系，本章研究可为减少当前的分歧补充更有力的证据。

（2）实践意义。试图厘清独立董事在高管薪酬确定时是否和高管存在合谋关系，探明此问题有助于学术界和政府职能部门更好地把握高管薪酬激励政策制定和独立董事监管机制设计的重点。

2. 研究目标

（1）探讨在高管薪酬确定时独立董事是否和高管存在合谋关系。具体来说，本章对独立董事所获津贴和高管薪酬是否显著正相关、和高管薪酬业绩敏感性是否显著负相关进行研究。

（2）研究助长独立董事和高管合谋的因素。本章研究当大股东缺位、CEO 权威性大、董事长关联性强、独立董事怠职等强化管理者权力的因素存在时，独立董事和高管的合谋程度是否较高。具体来说，在国有性质、CEO 年龄较大、董事长来自股东单位、独立董事亲自出席董事会会议次数较少的上市公司中，独立董事津贴和高管薪酬的正相关关系以及和高管薪酬业绩敏感性的负相关关系是否更加显著。

（3）进一步分析抑制独立董事和高管合谋的因素。本章分析当股权制衡度较高、独立董事有海外背景、机构投资者监督力度大、地区市场化发育程度高等公司内部对高管制衡和监督力量更大或外部市场竞争更充分时，独立董事和高管的合谋程度是否较低。具体来说，在第二到第十大股东持股比例之和较大、拥有海外背景独立董事、机构投资者持股比例较大、所在地市场化发育程度较高的上市公司中，独立董事津贴和高管薪酬的正相关关系以及和高管薪酬业绩敏感性的负相关关系是否趋于缓和。

（三）研究内容

第一部分，引言。介绍研究背景与动机、研究意义与目的、研究内容与创新之处。

第二部分，文献综述。对国内外关于高管薪酬的理论解释、影响因素以及独立董事制度有效性等相关研究进行回顾与总结，在分析现有文献贡献的基础上发掘其中的空白点，进而提出研究目标。

第三部分，理论分析与研究假设。通过对比和总结现有文献的主要观点，分析和阐述独立董事和高管合谋的基础，提出独立董事津贴和高管薪酬显著正相关，和高管薪酬业绩敏感性显著负相关的假设。同时提出在大股东缺位、CEO 权威性大、董事长关联性强、独立董事怠职这些强化管理者权力的因素存在时，对上述关系有助长效果的假设，以及股权制衡大、独立董事有海外背景、机构投资者监督力度大、地区市场化发育程度高等公司内部对高管制衡和监督力量更大或外部市场竞争更充分时，对上述关系有抑制效果的假设。

第四部分，实证分析。根据研究假设对样本和数据进行选择，并设计好有关变量和研究模型。然后进行描述性统计分析、相关性分析及运用 OLS 回归方法对独立董事津贴和高管薪酬及薪酬业绩敏感性的关系进行多元回归分析，最后进行稳健性检验。

第五部分，研究结论与建议。根据实证检验结果，总结研究结论，据此结合我国实际情况提出相关政策建议。

（四）创新之处

第一，从独立董事津贴和高管薪酬及高管薪酬业绩敏感性的关系角度探讨独立董事与高管合谋的可能，为高管薪酬确定提供了新证据。在高管薪酬确定时独立董事和高管之间是否存在合谋关系，袁春生和唐松莲（2015）认为，民营上市公司外部董事比例和高管薪酬正相关，和高管薪酬业绩敏感性负相关，在高管薪酬制定中，外部董事更倾向于充当合谋者而不是监督者。这是从独立董事比例的提升和高管薪酬的变动有何关系来展开研究的。津贴作为独立董事的实质收益，应该更能有力地论证合谋说，但其与高管薪酬及薪酬业绩敏感性的关系却少有研究，故而本章以独立董事津贴为切入点，采用 2010～2014 年沪深股市上市公司数据，对独立董事津贴和高管薪酬及高管薪酬业绩敏感性的关系进行研究。

第二，从助长和抑制合谋因素的角度分析独立董事津贴和高管薪酬及高管薪酬业绩敏感性的关系，深化独立董事与高管合谋相关研究。在监督机制与高管薪酬的关系上，多数研究未涉猎或仅就某一方面探讨影响的因素，例如，朱滔（2015）在研究内部董事监督高管薪酬上，仅就大股东监督的调节作用进行分析。本章在研究独立董事和高管在薪酬上是否存在合谋的基础上，进一步从助长和抑制合谋的角度分别探究独立董事在高管薪酬制定上的影响因素，从而明确了独立董事制度在实际运行时遇到的阻碍，为独立董事制度的改革提供指引，拓展了相关研究的深度与广度。

二、文献综述

（一）高管薪酬的文献回顾

1. 高管薪酬的变化规律

近年来，高管天价薪酬事件此起彼伏，相关的数据统计也愈加丰富，总体来看，高管薪酬呈现出金额高且增长快、与业绩不对称、与职工收入差距扩大等特点。

（1）高管薪酬增长速度快。1980 年以来，美国公众公司管理当局的现金报酬、股票和期权均一路上涨，其中 CEO 薪酬涨幅最显著。Gabaix 和 Landier（2006）的研究显示，1980～2003 年，公众公司 CEO 年薪增长了 6 倍。2008 年金融危机中许多金融公司高管薪酬不降反升的现象引发了人们对公众公司特别是金融公司高管高薪的质疑。

从我国来看，高管年薪亦逐年上涨。江伟（2011）研究统计，高管薪酬均值自 2001 年的 31.51 万元增长至 2006 年的 74.09 万元，涨幅达 135%，其中国有企业高管年薪均值自 2001 年的 28.78 万元增长至 2006 年的 80.02 万元，涨幅达 178%，民营企业高管年薪均值自 2001 年的 43.40 万元增长至 2006 年的 60.92 万元，涨幅为 40%。

另外，我们统计了我国 A 股上市公司 2010～2015 年高管薪酬变化的情况。如表 5 - 1 所示，董事前三名薪酬自 2000 年的 15.00 万元增长至 2015 年的 186.73 万元，增长了 1145%，经理人前三名薪酬自 2000 年的 15.15 万元增长至 2015 年的 204.79 万元，增长了 1252%。

表 5 - 1　2000 ~ 2015 年我国 A 股上市公司高管薪酬

年份 高管薪酬	2000（万元）	2001（万元）	2002（万元）	2003（万元）	2004（万元）	2005（万元）	2006（万元）	2007（万元）	2008（万元）	2009（万元）	2010（万元）	2011（万元）	2012（万元）	2013（万元）	2014（万元）	2015（万元）	总增长率（%）
董事前三名薪酬	15.00	32.88	38.14	48.58	55.62	57.37	64.97	86.61	97.53	106.91	124.79	140.41	150.50	160.72	170.69	186.73	1145
经理人前三名薪酬	15.15	32.03	39.33	50.11	60.49	63.19	72.36	96.24	107.79	116.98	136.71	153.80	163.23	176.24	188.57	204.79	1252

（2）高管薪酬与业绩不对称。与高管薪酬的强劲上涨势头不同，公司业绩的提升速度总体上低于高管薪酬的上涨速度。财政部会计司于 2009 年出版发行的《我国上市公司 2008 年执行企业会计准则情况分析报告》中指出，2008 年，我国的非金融类上市公司净利润下滑 31.48%，然而高管薪酬涨幅达 23.95%。对于高管年薪与业绩的不对称现象，Gaver 等（1998）表示，在美国公众公司业绩提升时，CEO 得到了额外薪金，但公司业绩下滑对 CEO 年薪未带来相应影响。此后学者在该方向上的研究取得进展，发现高管薪酬存在粘性特征，高管薪酬和公司业绩表现出不对称性，薪酬在公司业绩提升时的上涨幅度大于在公司业绩下滑时的下降幅度（Jackson et al.，2008；方军雄，2009）。

（3）高管与职工的收入差距扩大。高管薪酬的急剧增长扩大了其与一般职工的收入差距，Murphy 和 Zábojník（2007）表示，美国公众公司 CEO 人均年薪在 1970 年仅为生产工人的 28 倍，但到 2005 年时，这个比例就增长到了 115 倍。我国的情况也不容乐观。张正堂（2008）表示，在我国大多数行业中，高管年薪相较于职工收入大体上要多出 10 倍。根据国资委发布的公告，2002 年，我国中央企业高管和职工的薪酬差距是 9. 85 倍，2010 年时增长至 13. 39 倍，2013 年大致是 12 倍[①]。在薪酬分布上，高管与职工呈两极化的发展趋势显示了高管薪酬制度存在效率问题和公平问题。

2. 高管薪酬的理论解释

（1）最优契约理论。高管激励研究的早期主流理论是最优契约理论，这一理论的始创者 Ross（1973）认为存在一种可以使委托人利益最大化的最佳薪酬契约。Jensen 和 Meckling（1976）表示有效的薪酬契约可以使管理当局基于股东的利益经营和决策。最优契约理论的逻辑在于，股东可以借助董事会制定激励性的薪酬契约，以激励性报酬来减轻公司管理当局的道德风险，敦促他们勤勉地工作，使高管基于股东的利益以最优方式来行动。最优契约理论的焦点是怎样制定既能有效约束高管，又能充分激励高管的薪酬契约（Holmstrom，1979），这一问题的解决重点是以公司业绩作为衡量薪酬的标准。在该理论中，薪酬委员会可以作为有效设计和监督高管薪酬方案，在高管薪酬和与业绩的匹配度上达到满足管理层参与约束与激励相容的事、能够最大化股东利益的状态。然而，美国公众公司在过去 30 余年里 CEO 薪酬的急速上涨，使大家重新思考最优契约理论的实效性。

（2）管理者权力理论。由于高管薪酬契约的执行没能有效地实现股东意志，Bebchuk 和 Fried（2002）的管理者权力理论开始逐渐被人们所关注。管理者权力理论认为高管对提升自身薪酬有足够的动力，并且具备足够的影响力，会扭曲薪酬制定的过程，而达到自身效用最大化的目的。并且，在董事以及董事会实质性掌控企业剩余控制权的情况下，独立董事以及董事实质上就是经理人，董事会即为管理当局，董事会与股东存在委托代理关系，以牺牲股东利益来实现自我控制，使高管薪酬契约并不能化解

① 央企高管，薪酬怎么管［EB/OL］. http：//www. sxgzw. gov. cn/content. jsp？Urltype = news. NewsContentUrl&wbnewsid = 11279&wbtreeid = 1008.

代理问题，而成为代理问题的一部分。因此，高管高额薪酬实际上是管理者权力的表现，权力越大，通过寻租影响自身薪酬的能力就越强（Bebchuk & Fried，2002，2003）。王清刚与胡亚君（2011）表示，在董事长与总经理两职合一、股权相对分散以及第一大股东持股比例较低的上市公司，管理当局的权力较大，存在更多的寻租机会，这为上市公司高管自定薪酬提供了可能性，导致异常高管薪酬现象的出现。陈震（2012）认为核心高管基于自利的心理因素会利用所拥有的管理者权力，扩大与非核心高管的薪酬差距。

（3）管理者才能理论。管理者才能理论认为，管理者才能对于公司是重要的投入要素，具有独特性和稀缺性，公司为了吸引和留住有才能的管理者，需要给予足以能匹配其稀缺才能并在管理者供给市场上具有相对竞争性的薪酬。Rosen（1992）表示，制定的高管薪酬契约要能足够吸引稀缺的管理才能。公司规模越大，管理难度越大，更需要富有才能的管理者，所以经营体系复杂并具备更多发展潜力的公司更加需要能力强的管理者。当管理者市场对经营才能具有竞争性的需求下，具有优秀经营才能的管理者就会成为稀缺资源，公司为了吸引拥有丰富管理经验的高管人员，就要提供丰厚的薪金补偿（Gabaix & Landier，2006）。为了获得具有稀缺性才能的人才，高管薪酬水平将出现攀比效应，使薪酬水平大幅提升（赵伟华，2015）。

3. 高管薪酬的主要影响因素

（1）企业绩效。最优契约理论指出，有效的薪酬契约可以使企业管理当局基于股东利益经营和决策。Jensen 和 Meckling（1976）认为，将公司绩效作为衡量高管薪酬的标准可以减轻委托代理成本，既能有效约束高管，又能充分激励高管，彼此的利益可以兼顾。对此，一些学者展开了实证研究。Murphy（1985）表示，经营者薪酬越高，公司业绩也越高。

（2）企业规模。Rosen（1982）构造的模型显示出经理人报酬会受到公司规模的影响，在规模大的公司中，高管人员实际控制的资源越多，能够寻求的租金也越多，故而会要求支付高额薪酬以代替寻租行为。对此，魏刚（2000）表示，高管薪酬与公司规模显著正相关，行业是否景气也会对二者的关系产生影响。张俊瑞等（2003）亦表示，高管年薪和企业规模能够稳定地维持显著正向关系。

（3）行业及地区。竞争性人力资源市场理论认为，在不同行业中，人力资源市场供给和需求情况不尽相同，劳动力价格随供给需求的变动而变动。当某一行业或地区对人才的需求旺盛，而高层次人才的供给又不足时，较大的需求缺口将带动劳动力价格上扬。对此，陈志广（2002）发现，沪市高管薪酬与所处行业及地区有关。谌新民与刘善敏（2003）也发现，管理团队的薪酬水平和行业平均值、地区平均值显著正相关。徐宏忠等（2012）的研究结果表明，高管在产品竞争激烈的行业中获取的报酬更高，另外，资产的专用性、公司的规模和财务风险均是会影响高管报酬的行业特征。

（4）高管才能。人力资本理论指出，高管的才能具备独特性以及稀缺性，这两个特点决定了高管获得更多的薪酬。对此，Murphy 和 Zabojnik（2007）表示，美国高管薪酬的增长反映了企业对高管才能需求的增多。Gabaix 和 Landier（2006）亦表示，运营复杂并具有更多发展机会的企业更加渴求富有才能的高管人员，拥有丰富经营才能的高管人员会获得更为丰厚的激励。Terviö（2008）也认为，经营管理才能与高管的薪资正向相关。李维安等（2010）表示，在民营企业中高管薪酬的高低受到市场对经营者才能需求的影响，需求越大越会高薪聘请富有才能的管理者，富有较高管理经营才能的管理者也更愿意到企业规模大、经营难度高、具有更多发展潜力的公司就职。

（5）管理者权力。管理者权力理论认为，高管有动机并且具备足够的影响力去影响自身薪酬的设计，这会扭曲薪酬制定过程，达到自身效用最大化的目的。对此，Borokhovich 等（1997）表示，管理当局可以凭借手中的权力左右薪酬委员会推出的反收购条款并获得更为丰厚的奖金和期权甚至“金色降落伞”。Grinstein 和 Hribar（2004）也发现，权力越大的管理层，越可能影响董事会的决策，使自己在完成并购交易后获得更多的资金。卢锐（2007）的研究将两职兼任、公司股权分散以及高管任期长等因素作为衡量高管权力的综合指标，结论是指标在很大程度上可以影响高管薪酬。李维安等（2010）发现在国有性质公司中，管理权力是影响高管薪酬的主要因素。任广乾（2016）认为，管理层权力与高管薪酬正相关，管理层权力对高管薪酬的影响普遍存在，且在国有上市公司中表现得更为显著。

（6）董事会治理。董事会在公司治理中的作用是公司治理机制运行的重点，公司治理效率受到董事会治理情况的重要影响。对此，张必武与石金涛（2005）表示，独立董事比例、薪酬委员会的成立与否以及两职兼任情形会显著影响高管薪酬。薪酬委员会成立与否、董事会规模都对高管薪酬有着显著正向影响；另外，董事会成员的持股比例与股权集中度以及两职分离均与高管薪酬负相关。

（二）独立董事的文献回顾

1. 独立董事的功能

20 世纪以来，现代股份制企业发展成为一种最基本并居主导地位的公司组织形式，所有权与控制权分离使公司不同主体间产生复杂的联系，其中，股东和管理者的委托代理关系受到广泛关注。70 年代，解决股东与管理者间委托代理问题的主流理论是最优契约理论，Jensen 和 Meckling（1976）认为有效的薪酬契约可以使管理当局基于股东利益经营及决策。然而，Grossman 和 Hart（1986）与 Hart 和 Moore（1990）却认为，由于信息的不完全性和有限理性，高昂的缔约成本使设计出完全契约的设想不现实，传统的公司治理结构依然存在着缺陷。在股权分散的情况下，公司控制权转移到了代理人手中，导致代理人寻租的频频发生。为弥补契约的不完全性和传统公司治理结构存在的缺陷，应当设计出一种监督机制，以在事前和事中有效地监督和防范代理人滥用控制权的行为。

美国是独立董事制度的诞生地。公司内部监管缺位以及股权高度分散使董事得以同时拥有经营决策权和监督权，股东对公司控制权被弱化，导致内部人控制问题愈演愈烈，道德风险问题层出不穷。在此背景下，独立董事制度被推上公司治理的舞台。独立董事虽然也是董事会成员，但在角色的定位上，独立董事在人格、财产、业务和行权等方面保持独立。因此，按照制度设计，独立董事会从企业价值出发，弥补治理结构的缺陷，为企业的发展出谋划策，并最终给所有股东带来利益。有鉴于此，我国也于21世纪初引进独立董事机制，并对独立董事在董事会的比重做出了硬性规定，这一举措通过政府部门法规形式强制执行以期缓解上市公司的治理问题。

独立董事的功能定位是帮助股东监督公司运作和董事会及经理人的经营行为，增强企业内部治理机制的监督效率，减轻内部人控制（Renneboog，1999），改善董事会同质性的经营思路，提供更加新颖的、符合外部市场未来竞争潮流的决策建议，获取更多的社会人脉资源，拓展公司的经营网络，增加公司价值和股东财富，促进对高管的激励，提升高管薪酬业绩敏感性（陈运森和谢德仁，2012）。

2. 独立董事制度的有效性

独立董事制度是为了弥补委托代理双方信息不对称、缓解委托代理问题和完善公司治理机制而引入的，针对独立董事在现实中所发挥的功能，学者有不同观点。

支持独立董事在公司治理中的功能的，如郭强和蒋东生（2003）表示，独立董事是在不完全契约实行中充当维护股东利益的监督人。Borokhovich（1996）认为独立董事比例的增加对CEO的罢免起到重要的影响。Peasnell等（2000）认为提高独立董事在董事会的比重，可以减轻企业盈余管理。Chen和Jaggi（2000）表示，独立董事比重高，公司在信息披露方面更加完备，并且这在非家族式企业中表现得更为明显。Renneboog（1999）认为提高独立董事在董事会中的比重，高管更换会变得更频繁，可提高高管薪酬对业绩的敏感性，独立董事能够提高治理效率。吴淑琨等（2001）认为提高独立董事的比重，企业业绩会提升。Ryan和Wiggins（2004）表示，独立董事具有充分的独立性和直接抗衡CEO的优势，独立董事比重增加，使监督制衡的力量增大，会增加董事会依据股东价值来制定高管薪酬的可能性。罗党论和唐清泉（2006）表示，增加独立董事所占比重，可以抑制关联交易及大股东占用公司资金的情况。王跃堂等（2008）表示，由于我国有企业长期存在一股独大的现实情况，监督制约的治理机制还没有发展成熟，董事会独立与否是决定财务信息质量的关键，独立性高的董事会能够起到制衡作用。陈运森和谢德仁（2012）指出，独立董事治理能够促进高管激励有效性，具体表现为提升高管薪酬业绩敏感性。

质疑独立董事功能的，如 Agrwaal 和 Knoeber（1996）认为增加独立董事所占比重，企业托宾 q 值会降低。Bhapat 和 Black（1999）也认为提高独立董事比例，公司的收益率会减少。江伟等（2013）认为民营企业中独立董事所占比重小，总经理薪酬业绩敏感性高。袁春生和唐松莲（2015）认为民营上市公司外部董事比例和高管薪酬正相关，和高管薪酬业绩敏感性负相关，在高管薪酬制定中，外部董事更倾向于充当合谋者而不是监督者。

（三）简要述评与研究机会

1. 简要述评

综上所述国内外关于高管薪酬存在多种理论解释，对于高管薪酬的影响因素莫衷一是，主要可以分为管理者才能论和管理者权力论两大流派。前者认为高管获得丰厚的报酬是因为其人力资本具有异质性和专用性，作为稀缺资源的人力资本在竞争的市场环境中得到的合理对价。后者认为是管理者在公司中所拥有的权力才使他们得到超额报酬，薪酬实则是管理者权力的体现。

对于独立董事的功能，既有学者肯定其在公司治理方面发挥的作用，也有学者质疑其并非是一种有效的公司治理机制。前者认为独立董事作为监督者能够加快公司治理效率，增加股东价值。后者则认为除非能够先解决独立董事与股东双方的委托代理问题，否则独立董事制度并不能达成改善公司治理的目的。

2. 研究机会

对高管薪酬确定时独立董事和高管之间是否存在合谋关系，Ryan 和 Wiggins（2004）、李维安等（2010）、江伟和刘丹（2013）、袁春生和唐松莲（2015）等从独立董事比例的提升和高管薪酬的变动有何关系来着手。津贴作为独立董事的实质性收益，从独立董事津贴角度进行研究应该更说明独立董事与高管间是否存在合谋。独立董事津贴与高管薪酬及薪酬业绩敏感性的关系少有文献涉及。因此，本章以独立董事所获得的实质性收益即独立董事津贴为切入点，从合谋角度研究独立董事津贴和高管薪酬及薪酬业绩敏感性之间的关系，探究促进和抑制独立董事和高管在薪酬契约中合谋的因素。此过程中主要采用文献研究法、规范研究法、实证研究法，对在高管薪酬确定时独立董事和高管之间是否存在合谋关系进行研究。

三、理论分析与研究假设

本章将对独立董事和高管合谋的关系进行理论分析，并结合研究目的提出相应的研究假设。

（一）代理问题与高管合谋

公司制企业的兴起使企业规模日益壮大，内部分工趋于细化，由于存在时间成本以及自身能力有限，为了使企业更好的运营，企业所有者聘请具有专业管理经验的管理人员来具体负责企业运营，导致企业经营权与所有权逐渐分离，委托代理关系由此形成，代理问题应运而生。

信息不对称是代理问题的主要成因。在企业运营过程中，代理人拥有得天独厚的优势，具有更多的私人信息，委托人则处于相对劣势的一方，虽然该情况下代理人也会履行基本义务提供给委托人一定的经营成果，但现实中，双方的利益并不完全相同，有时甚至对立。委托人期望代理人为实现公司价值最大化兢兢业业、努力工作，而代理人却更想增加在职消费和闲暇时间，享受更好的工作环境。委托人在信息不对称时很难及时发现代理人的寻租行为，容易引发道德风险问题。在所有权分散的现代企业里，股东监督显得更加力不从心，代理问题尤为突出。

在此基础上，为减少代理人的信息租金，Tilore（1986）拓展了经典委托代理理论，引入了第三方的监督人，提出了委托人—监督人—代理人三层代理结构，改良传统的委托代理结构。其中，委托人—代理人仍为公司业主（委托人）支付报酬用以激励高管人员（代理人）兢兢业业地努力工作；委托人—监督人则是公司业主（委托人）雇用监督人（独立董事、审计人员等）对高管人员进行监督调查并向自己汇报；监督人—代理人则是监督人（独立董事、审计人员等）为委托人收集、监督、汇报高管人员（代理人）的信息。委托人—监督人—代理人的三层委托代理结构在理论上可以形成一个信息通道，畅通委托人和代理人之间的信息。

然而，三方均为理性经济人，如果代理人向监督人施以好处或给予压力，使监督人不管代理人有无寻租行为，都向委托人汇报代理人工作兢兢业业这一“事实”，代理人就能获得高额报酬，而监督人也能与代理人一起分享垄断私人信息的成果，那么理论上的信息通道并不能畅通，监督人和代理人双方可以从中获利，由此便产生了合谋。

组织合谋理论的早期研究可以追溯到 Green 和 Laffont（1979）与 Laffont 和 Maskin（1980），后经 Tirole（1986）的研究，正式推开了组织合谋领域研究的大门。总体来说，组织合谋理论认为，合谋产生的条件有：①在一个等级组织中，存在地位平等的或处于上下层级的代理人；②其中有的代理人掌握着评价和决策其他代理人绩效等事项的一定权力，可以为其他代理人带来额外的效用；③在履行和原始委托人的代理契约外，代理人各方有机会私下形成可以互相提高对方效用的子契约；④原始委托人和代理人之间存在着信息不对称，原始委托人可得到的关于代理人努力程度的信息不如其他代理人，很难观察到代理人之间私下达成的子契约或者观察的成本很大。上述条件基本满足时，合谋便有可能形成。

（二）独立董事津贴和高管薪酬契约：合谋视角

对应于 Tirole（1986）委托人—监督人—代理人三层代理结构，股东为委托人，高管人员为代理人，股东支付报酬激励高管人员努力工作，独立董事作为监督人被聘请来对高管监督及评价，制定高管薪酬。在形式上独立董事与公司之间不存在利益关系，具备高度的独立性，可以很好地发挥监督人的作用，做出合理的薪酬考评激励高管人员勤勉尽责。但是，独立董事之于股东同样有着委托代理关系和道德风险。按照经济人假说的理论推论，人的行为受到经济诱因支配，所有人都是利己主义的经济人。独立董事也不例外，在给定的约束条件下，也会追求自身利益最大化，独立董事作为经济人在监督高管时会权衡自己的成本与收益，当独立董事履职的成本大于收益时，他们可能会不作为甚至与监督的对象合谋以获取现实的好处，损害股东利益。

就组织合谋理论来说，独立董事和高管正好符合这些合谋条件。公司即是一个等级组织，独立董事和高管即是处于监督和被监督状态的两方代理人，其中，独立董事掌握着评价高管履职情况并制定相应薪酬的权力。同样地，高管也掌握着影响独立董事提名和津贴的一定权力，双方均可以为另一方带来额外的收益。独立董事参与公司治理的过程中有机会与高管达成合谋的子契约，并且股东与独立董事以及与高管之间均存在着信息不对称，独立董事比股东更加了解高管的履职情况，有是否将实际情况通报给股东的选择权。股东由于监督成本大等原因，难以观察到二者是否私下达成互利共谋的子契约。独立董事和高管有着合谋的条件。

再者，在独立董事的提名问题上，独立董事要靠董事会的提名才能进入董事会，而董事会往往被管理层控制，管理层对独立董事的提名具有重要影响。另外，津贴是独立董事所获得的实质收益，是左右其独立性的关键，然而，独立董事津贴也发放自董事会。如此一来，独立董事在任职及收益上均依赖于管理层。从管理当局的角度看，出于对自身利益的考虑，会更希望引入那些“关系董事”来弱化对自己的监管，而非对股东忠诚的独立董事（罗进辉，2014）。另外，我国的传统文化中历来便看重人情关系，董事会中的任人唯亲现象十分普遍（郑志刚和孙娟娟，2012）。以上的实质关联难免会对独立董事形成束缚，独立性难以保证，可能形成独立董事与内部人之间在薪酬制定上的利益合作关系，为实现相互得利而增加彼此的报酬。独立董事和高管有着合谋的动机。

独立董事与高管之间确有合谋的条件及动机，因此，独立董事对高管薪酬做出的考评可能并不合理。高管为了获取更多的报酬会将业绩的增加作为自己的功劳，此时股东获益也在增加，提薪请求易于获得股东大会的准许（方军雄，2009），高管借此获得超额报酬，独立董事取得更为丰厚的回报，高管与独立董事两相受益。但高管也会为了摆脱业绩表现不佳的责任将经营成本加重或市场竞争激烈作为理由来为自己辩解（方军雄，2009），加上高管与独立董事“一荣俱荣，一损俱损”的关系，独立董事难免会站在高管的立场上替其圆场，减少高管因业绩不佳所致的薪酬波动，仍会给高管设定较高的薪酬。如此，高管薪酬实质上是背离公司业绩的，独立董事津贴越高，高管薪酬业绩敏感性反而越低。根据以上分析，提出如下假设：

H5－1：独立董事津贴和高管薪酬呈正相关关系，和高管薪酬业绩敏感性呈负相关关系。

（三）独立董事津贴和高管薪酬契约：助长合谋的因素

1. 大股东缺位

企业产权性质的差异是我国资本市场上不容忽视的因素，在我国推进市场化经济的过程中，国有企业改制虽已大幅推行，仍然是公司主体的主要成分和中坚力量。然而，与非国有性质的公司相比，国有性质公司中大股东缺位问题较严峻。大股东缺位的现实问题使国有企业实际控制者为相关国有资产管理机构，国有企业中具体的领导则再由国资委指派担任或政府直接任免。一方面，国资委的行政放权赋予了国有企业高管人员更自由的自主经营权利和发挥自主经营才能更充足的空间；另一方面，又缺乏对国有企业领导权利的监督制衡机制，便构成了我国转型期背景下国有企业双重委托机制中特殊的大股东缺位和内部人控制并存的现象。

在国有企业大股东缺位的大背景下，独立董事更有机会与高管合谋。大股东缺位让国有企业的高管人员能够行使更多自由裁量权，给高管的寻租创造了机会。相较于民营企业，国有企业管理层更具有追求私人利益的倾向（吴成颂等，2015）。大股东缺位同样也动摇独立董事的监督观念，影响其行为。在国有企业中，独立董事一般是由政府主管部门和董事会及董事长来选聘，而聘请独立董事的一方将是独立董事日后所监督的对象。在一个大股东缺位的公司中，独立董事更愿意选择忠诚地服务于看得见却摸不着的缺位大股东，还是选择配合能够庇佑其职位和实际收益的管理当局，答案不言而喻。而在民营企业中则没有双重委托机制的牵绊，股东更实在地享有监督管理者的动力和能力，这使内部人控制现象得到缓解，约束了管理者利用职权与独立董事合谋以牟取私利的空间。根据以上分析，提出如下假设：

H5－2a：在国有性质的公司中，独立董事津贴和高管薪酬的正相关关系及与高管薪酬业绩敏感性的负相关关系更加显著。

2. CEO 权威性

Finkelstein（1992）指出，在一个等级组织中，组织权力是由层级的权威性所决定的。CEO 处于公司管理层级的顶端，其权威性的大小可以直接体现在公司内部的组织影响力和控制力。根据管理者权力理论，CEO 权力与自定薪酬的动机和能力正相关。对于实质上由权力横跨董事会和管理层的 CEO 任命的独立董事来说，CEO 的权威性自然也就成为以 CEO 为首的管理者影响力的象征。CEO 权威性越强，独立董事更容易与管理者形成利益共谋机制，薪酬水平也就越慷慨。

就 CEO 权威性来看，本章以 CEO 年龄作为衡量 CEO 权威性的指标。首先，我国的传统思想中自古以来便有尊崇长者、按资排辈的遗风，年长者相较于年轻者会更自然地拥有威望。其次，CEO 年龄对于公司的内部权力结构具有影响。年长的 CEO 可以强化以 CEO 为首的高管的组织影响力和控制力，削弱董事会以及独立董事在内部权力结构的地位。再次，权威需要有一个不断积累的过程，随着年限的增加，年龄较大的 CEO 相较于年龄较小者更容易拥有控制公司和董事会的权力，从而能够更轻易地干涉董事会对高管薪酬的制定（李四海等，2015）。年龄越大，经历董事会成员变更事件次数更多，提名独立董事的机会也更多。最后，年长的 CEO 还可能在常年与政府部门的接触洽谈过程中积累下政治资本，这种特殊的社会资本在一定程度上会削弱公司的治理机制，增强其在薪酬契约上的谈判筹码（李四海等，2015）。根据以上分析，提出如下假设：

H5 -2b：在 CEO 年龄较大的公司中，独立董事津贴和高管薪酬的正相关关系及与高管薪酬业绩敏感性的负相关关系更加显著。

3. 董事长关联性

从董事会层面来看，高管薪酬会受到权力格局的影响。当高管有较大控制权时，寻租空间就更大。权力的集聚使高管在自身薪酬上具有很高的发言权，在显性层面上能够为自己增加薪金，在隐性层面上也能够实行盈余管理来获得收益（王克敏和王志超，2007）。我国公司中董事长权力过大的现象也屡见不鲜。

如果董事长来自股东单位，由其主导和控制的事项难以受到其他股东的挑战和约束，董事长把股东对管理者的监管权将进一步下放至董事会，但董事会成员亦多是实实在在的管理层，董事长一面作为管理当局的代表，一面具备来自股东单位的身份，股东单位对公司董事会的信任度较高，更加放松了对管理层的监管，这将形成管理层在监管上自己做主的局面，拥有更大的控制权。管理者为自身牟取利益的动机进一步增强，也强化了其对独立董事的实质性控制，加固了与独立董事的合作基础，从而可以更容易地获得偏离正常业绩的报酬。根据以上分析，提出如下假设：

H5 -2c：在董事长来自股东单位的公司中，独立董事津贴和高管薪酬的正相关关系及与高管薪酬业绩敏感性的负相关关系更加显著。

4. 独立董事怠职

从独立董事的履职情况来看，其是否怠于参与董事会会议也可能会对其行为产生影响。我国独立董事制度在运行中尚缺乏一个成熟的职业市场，许多公司争相竞聘官员独董、高校独董为其拓展社会资源，打通人脉关节。我国的独立董事群体中有很多是社会名流以及专业学者，他们大部分的时间都在从事自己的职业活动，独立董事仅仅是作为副业（李海舰和魏恒，2006）。这些社会名流和专家学者还往往任职于多个单位。然而，人的时间和精力都是有限的，他们要做好本职工作，又有繁忙的社会活动，还要忙于兼任独董，能够分派到董事会会议上的时间和精力有限，本该亲自出席发挥独立监督作用的董事会会议因时间有限等因素而难以亲至，缺席董事会会议的现象屡见不鲜。

由于独立董事缺乏足够的时间和精力对公司高管的任职表现进行审查，客观上就容易成为上市公司董事会的“摆设”和“花瓶”（李海舰和魏恒，2006）。在此背景下，独立董事自己经常怠职，难以监督和质疑管理当局的行为，只能是在会议决议上草草签字，如此一来，便更容易沦为只拿钱不关心公司的“花瓶”董事，依附于给他们提供独立董事职位的公司高管而非服务于股东。根据以上分析，提出如下假设：

H5－2d：在独立董事出席董事会会议次数较少的公司中，独立董事津贴和高管薪酬的正相关关系及与高管薪酬业绩敏感性的负相关关系更加显著。

（四）独立董事津贴和高管薪酬契约：抑制合谋的因素

1. 股权制衡

在 Tilore（1986）委托人—监督人—代理人三层代理结构中，监督人能够充当股东与高管的中间人是因为在股权高度分散时由股东来监督高管要耗费大量时间成本，而且股东与监督人相比，其专业知识和能力相对不足（朱滔，2015）。在一股独大或股权高度分散的公司中，广大股东缺乏动力对管理层进行监管，监管人与代理人合谋更具条件。在此层面上看，股权制衡或许可以缓解独立董事和高管合谋的情形。股权制衡可以使用第二到第十大股东持股比例之和（即S指数）来衡量。

当S指数的数值较小时，一方面，可能是整体股权趋于分散，使股东监管成本高、动力小，促进对独立董事代理监督的依赖；另一方面，可能是第一大股东持股过于集中，使中小股东没有足够的发言权，这可能会愈发促使独立董事和高管的合谋倾向。就国有性质公司来说，所有者缺位问题始终存在，国有资产管理机构作为第一大股东缺乏紧密监督高管的内在动因（吴成颂等，2015），而中小股东因持股少也无力监督。从民营公司来看，家族式的管理模式使第一大股东往往即是公司董事长或CEO，其亲属也往往担任管理当局要职，企业管理者在此情形下本身即具备较大权力。如若股权比例又向之倾斜，则将进一步强化其借助公司大股东地位对独立董事进行施压，导致独立董事在高管薪酬的决定上不公允。

但当S指数较大时，第二到第十大股东在公司中的切身利益更大，他们更有动机去监督公司第一大股东及管理层，为减少高管对剩余权益收益的掠夺，更有动机直接参与高管薪酬契约设计。其他大股东的股权制衡和紧密监管将会削弱对董事会和独立董事的监督依赖，降低高管对自身薪酬的影响力，这有利于防止高管人员为谋求自身利益最大化而过度地参与董事会薪酬核定，从而有利于制定出与业绩相关度高的薪酬契约，保证契约机制的有效性，在一定程度上扼制独立董事和高管合谋的可能性。根据以上分析，提出如下假设：

H5－3a：在第二到第十大股东持股比例之和较大的公司中，独立董事津贴和高管薪酬的正相关关系及与高管薪酬业绩敏感性的负相关关系趋于缓和。

2. 独立董事海外背景

从独立董事特征层面来看，随着我国的经济全球化，对海外高层次人才的需求不断增加，各大公司纷纷聘任海外背景独立董事加入。海外背景的独立董事可以保持更好的独立性，不易与高管达成共谋，可以更好地行使监督功能。相比于一般的独立董事，海外背景的独立董事由于受到舆论更多的关注，使其有更强的动机维护自身的声誉，能够更好地监督和激励公司高管，因此也能帮助企业制定更有效的高管薪酬契约。根据以上分析，提出如下假设：

H5 - 3b：在拥有海外背景独立董事的公司中，独立董事津贴和高管薪酬的正相关关系及与高管薪酬业绩敏感性的负相关关系趋于缓和。

3. 机构投资者监督

自 1997 年起，国家一直在出台壮大机构投资者的政策，现如今机构投资者在股票市场中的持股规模已经比较庞大。吴晓晖和姜彦福（2006）认为，机构投资者可以增强董事会独立性，加快独立董事的监督效率。翁洪波和吴世农（2007）表示，机构投资者使上市公司的恶意派现现象得到控制。

在出于维护自身利益和监管政策大力支持的考虑下，机构投资者有实力也有积极性参与公司的治理，缓解高管的代理问题，提升股东价值。在参与方式上机构投资者可以和其他大股东一起约束高管人员的经营行为，对公司业绩做出贡献的高管人员进行续聘和奖励，积极使用表决权，积极关注董事会成员构成，要求建立更为有效的独立董事制度，并通过积极参与公司投资策略形成有效的制衡力量，提升公司价值，兼顾中小投资者利益。机构投资者还可以通过对董事会席位和股东决议积极运用投票权等方式干预管理者薪酬，发挥参与公司治理的效用（张敏和姜付秀，2010）。机构投资者对公司效益、高管收益及独立董事治理效率的持续关注可能会对内部人企图攫取公司剩余收益的行为产生抑制效果，使管理者拉拢独立董事以牟取私利的合谋环境得到一定程度的净化。根据以上分析，提出如下假设：

H5 - 3c：在机构投资者持股比例较大的公司中，独立董事津贴和高管薪酬的正相关关系及与高管薪酬业绩敏感性的负相关关系趋于缓和。

4. 地区市场化进程

从市场力量的层面来看，市场力量可以使公司治理结构自发地做出调整（伊志宏等，2011）。从1978年的市场化改革起，我国向着市场经济体制转型，虽已获得很大的成效，但不同地区的经济发展水平和制度环境有较大的差异，市场化进程差异明显（樊纲等，2011）。在市场化发育程度较低的区域，行政干预更多，市场信息不充分，管理者供给市场比较滞后。但在市场化发育程度较高的地区，上市公司信息披露充分，管理者供给市场更加成熟，外部市场竞争使高管运营管理才能受到更多的注重（陈冬华，2010）。

市场化进程能够降低独立董事与高管之间的合谋程度。相比于市场化发育程度较低的地区，市场化发育程度较高的地区具备更完善的法律环境，对投资者权益保护更为重视，使管理者拉拢独立董事进行寻租的行为得以减弱。而且，市场化进程的推进也同样推动了市场信息的有效传递和管理人员供给，在一定程度上减弱了信息不对称下管理者对股东的利益侵占，市场的竞争迫使着管理者需要付出更多努力来创造股东价值，管理者薪酬也更多地被要求与公司业绩相匹配，高管薪酬契约的激励效用增强。辛清泉和谭伟强（2009）认为，市场化发育程度的完善能够帮助减轻股东与高管之间的代理问题，从外部实现治理功效。在市场化发育程度较高的地区，良好的独立董事供给市场也对独立董事施加了压力，督促独立董事更加注重尽责履职所带来的声誉后效，关注自己在独立董事市场中未来的工作机会，声誉的关注将减少其违背职业道德与高管合谋的风险。这一市场力量带来的约束机制使高管薪酬更多地取决于高管带领公司在市场上所取得的业绩，而非管理者与独立董事的互利互惠。根据以上分析，提出如下假设：

H5－3d：在市场化发育程度较高的地区，独立董事津贴和高管薪酬的正相关关系及与高管薪酬业绩敏感性的负相关关系趋于缓和。

四、实证分析

（一）样本及数据来源

本章选取我国沪深 A 股上市公司 2010～2014 年 5 年的数据作为研究对象，数据来源于 CSMAR 国泰安数据库。同时，根据研究需要，对初始数据进行了如下的剔除：①ST 和 * ST 的上市公司。②金融业上市公司。这类企业属于特殊企业，容易受到政策监管。③控制变量缺失的数据样本。在数据处理方面，运用 Excel、SPSS 等统计软件，对连续性变量采用 Winsorize 首尾两端 1% 极值缩尾处理，以减少极端值对回归结果的影响。在经过筛选剔除和缩尾处理后，共得到了 9464 个样本。

需要说明的是，本章采用 2010～2014 年我国沪深 A 股上市公司作为样本，主要是考虑以下两个原因：一是国家出台了限制高管薪酬的文件。2014 年 8 月，中共中央政治局通过了《中央管理企业负责人薪酬制度改革方案》，大力整治中央国有企业和一些高收入垄断性行业高管的不合理高收入，减少内部收入差距，此限薪令从 2015 年 1 月 1 日起施行。限薪令实施后，媒体报道部分中央国有企业负责人年薪被腰斩。二是国家出台了规范党政机关领导在企业兼职的文件。2013 年 10 月，中组部下发《关于进一步规范党政领导干部在企业兼职（任职）问题的意见》（即中组部“18 号文”），严格限定党政领导干部在企业的任职资格和报酬。2015 年四季度《教育部办公厅关于开展党政领导干部在企业兼职情况专项检查的通知》下发，随之，2015 年 11 月中旬开始涌现出高校独董辞职潮。从 2015 年 11 月 27 日到 12 月底，共有 274 位独立董事离职，在此之前，高校独董约占沪深两市上市公司独立董事人数的三成[①]，是独立董事群体的重要组成部分。为减少数据受到的波动，故本章选取截至2014年的数据。

（二）变量设计

1. 被解释变量

高管薪酬（DirePay）。主要研究的是独立董事津贴和高管薪酬及薪酬业绩敏感性之间的关系，独立董事津贴和高管薪酬的关系可直接观察二者的回归系数，独立董事津贴和高管薪酬业绩敏感性的关系可以通过设置企业业绩和独立董事津贴的交互项得到。

薪酬是劳动者通过在所在组织提供劳务和创造价值获得的收益，既有货币形式的报酬，也有以非货币形式得到的满足。狭义上的薪酬即为货币形式的工资和奖金；而广义上的薪酬除工资还包括其他非货币性收益，如员工从所在组织中获得的各种福利、在职消费和股权收益等。我国上市公司的高管薪酬通常包括现金薪酬形式的显性薪酬和以股票期权及在职消费为代表的隐性薪酬，但考虑到我国上市公司使用股权激励并不普遍（魏刚，2000），加之难以依据公司所披露的数据判断管理人员现持有的股权是来自股权激励计划还是通过证券市场购买而得（方军雄，2009），在职消费由于具有隐蔽性，也难以获得准确的数据来衡量，故而只论及现金薪酬，不涉及股票、股票期权和在职消费等隐性薪酬。

计量高管薪酬，我国相关研究的普遍做法是采用“董事前三名薪酬总额”或者“高管前三名薪酬总额”的自然对数，例如，王克敏和王志超（2007）、辛清泉和谭伟强（2009）、方军雄（2009）等的研究。鉴于本章同时研究独立董事津贴和高管薪酬的关系，二者在人数上有显著差异，为减少由此带来的影响，对高管薪酬采取先求平均薪酬再取自然对数的稳健做法。另外，本章的主要研究对象之一是独立董事，独立董事的任命和津

---

① “高校独董”密集辞职体现执纪效应［EB/OL］. http：//news. sina. com. cn/o/2015 - 12 - 23/doc - ifxmttme6204350. shtml.

贴的发放均取决于董事会决议，其与董事会成员的合谋倾向可能更加明显。除此之外，董事在现实中也拥有公司的经营控制权，在英国、美国和中国，董事从事具体的经营管理工作，参与公司业务执行的情形都非常普遍，董事长往往也直接参与公司的日常经营决策，成为公司事实上的首席执行官，董事和董事长其实也是不折不扣的管理层。有鉴于上述分析，将高管薪酬定义为“公司当年前三董事平均薪酬的自然对数”（*DirePay*），并在稳健性检验中将“公司当年前三经理人平均薪酬的自然对数”（*ExecPay*）替换前述高管薪酬重新运行研究模型，以使本章的实证研究结果更具完整性和可靠性。

2. 解释变量

（1）公司业绩。现有研究对公司业绩的指标选取甚多，主要有总资产收益率（杨青和黄彤，2010）、净利润和剔除非经常性损益后的净利润（方军雄，2009）、资产营业利润率（辛清泉和谭伟强，2009）等。Firth 等（2002）表示，营业利润和营业收入相较于净利润或总资产而言，更难以被管理者操纵，选用营业利润率来衡量公司业绩更合适，因此参照 Firth 等（2002）的做法将营业利润率（ROS）作为公司业绩的计量指标。

（2）独立董事津贴。公司当年独立董事平均津贴的自然对数（*IndepPay*）。当下，我国独立董事薪资实行津贴制。鉴于本章同时研究独立董事津贴和高管薪酬的关系，二者在人数上有显著差异，为减少人员数量不一致的影响，对独立董事津贴采取先求平均薪酬再取自然对数的稳健做法，将独立董事津贴定义为“公司当年独立董事平均津贴的自然对数”。

（3）大股东缺位。用公司实际控制人性质（*Nature*）来衡量。为考察大股东缺位是否对独立董事津贴与高管薪酬及薪酬业绩敏感性的关系产生影响，将全部样本划分成大股东缺位组及未缺位组，如果公司当年实际控制人为国有性质，则为大股东缺位组，该变量取值为 1；否则为大股东未缺位组，该变量取值为 0。实际控制人性质通过查阅 CSMAR 国泰安数据库中实际控制人性质编码来获取。

（4）CEO 权威性。采用 CEO 年龄虚拟变量（*Age*）来衡量。为考察

CEO 权威性是否对独立董事津贴和高管薪酬及薪酬业绩敏感性的关系产生影响，以 CEO 年龄为指标，将全部样本划分成 CEO 权威性较高组及较低组，以 CEO 年龄大于平均值为 CEO 权威性较高组，该变量取值为 1；小于平均值为较低组，该变量取值为 0。

（5）董事长关联性。用董事长是否来自股东单位（*Relation*）来衡量。为考察公司董事长关联性是否对独立董事津贴与高管薪酬及薪酬业绩敏感性的关系产生影响，将全部样本划分成董事长关联性强组及弱组。如果公司当年董事长来自股东单位，则为董事长关联性强组，该变量取值为 1；否则为董事长关联性弱组，该变量取值为 0。

（6）独立董事怠职。采用独立董事亲自出席董事会会议次数的虚拟变量（*Meeting*）来衡量。为考察独立董事怠职是否对独立董事津贴和高管薪酬及薪酬业绩敏感性的关系产生影响，将全部样本划分成独立董事怠职组及非怠职组，以独立董事亲自出席董事会会议次数少于平均值为独立董事怠职组，该变量取值为 1；多于平均值为非怠职组，该变量取值为 0。

（7）股权制衡。采用第二到第十大股东持股比例之和的虚拟变量（*SharHold*）来衡量。为考察股权制衡是否对独立董事津贴和高管薪酬及薪酬业绩敏感性的关系产生影响，选用 S 指数（即第二到第十大股东持股比例之和）来代表股权制衡程度，将全部样本划分成股权制衡度较高组及较低组，以 S 指数大于平均值为股权制衡度较高组，该变量取值为 1；小于平均值为较低组，该变量取值为 0。

（8）独立董事海外背景。此指标具体为公司是否拥有海外背景的独立董事（*Oversea*）。为考察独立董事海外背景是否对独立董事津贴和高管薪酬及薪酬业绩敏感性的关系产生影响，将全部样本划分为含海外背景独董组及不含海外背景独董组，如果公司当年的独立董事中有海外背景者，则为含海外背景独董组，该变量取值为 1；否则为不含海外背景独董组，该变量取值为 0。

（9）机构投资者监督。采用机构投资者持股比例之和的虚拟变量（*InstHold*）来衡量机构投资者的监督力度。为考察机构投资者监督是否对独立董事津贴与高管薪酬及薪酬业绩敏感性的关系产生影响，将全部样本划分成机构投资者监督力度较大组及较小组，以机构投资者持股比例大于平均值为监督力度较大组，该变量取值为1，以小于平均值为较小组，该变量取值为0。

（10）地区市场化进程。此指标即公司所处地区市场化发育程度的虚拟变量（*Mar*）。为考察地区市场化发育程度是否对独立董事津贴和高管薪酬及薪酬业绩敏感性的关系产生影响，将全部样本划分成市场化发育程度较高组及较低组，以公司所处地区市场化进程高于平均值为较高组，该变量取值为1，以低于平均值为较低组，该变量取值为0。

鉴于在最新的市场化相对进程2011年报告中所公布的市场化指数只更新至2009年，本章通过参照樊纲等（2011）统计方法，以2005～2009年数据为基础，采用算术平均法计算2010年各地区市场化指数[①]，按以往经验来看各地区市场化进程跨年排名相对平稳，故以2010年的市场化指数代替以后4个年度的指数。

3. 控制变量

本章控制变量有公司规模（*Lnsize*）、资产负债率（*Level*）、成长性（*Growth*）、董事会规模（*Bsize*）、监事会规模（*Spvboard*）、年度控制变量（*Year*）、地区控制变量（*Area*）和行业控制变量（*Industry*）。

（1）公司规模。公司规模象征一个企业实力，研究表明公司规模和高管薪酬显著正相关（Murphy，1985；魏刚，2000；张俊瑞等，2003）。除此之外，国外的一些研究显示，公司规模过大可能反映的是高管意图扩展自己的控制范围，增强管理权限。扩大公司规模使高管可掌控的资源变得更多，公司面临的经营环境也更加复杂，高管有充分理由借此提高自身薪酬。为控制这一因素所带来的的影响，选取总资产作为公司规模的替代变

---

① 樊纲等（2011）表示，当所构造的指数采用较多的变量，涵盖的范围比较广泛时，对比主成分分析法得到的加权平均数和简单算术平均法计算的结果，二者非常接近。绝大多数的省份、自治区和直辖市的市场化排序没有发生改变，少数排序变化的也仅是一两位。这表示在数据常规变动时，这两种计算方法不会引起重大的差别。

量。为使数据平稳，对总资产取自然对数后纳入模型进行检验。

（2）资产负债率。现有研究表示，高管薪酬和公司资本结构有关。其一，随着财务杠杆的提高，公司所面临的财务风险也在增加，债权人会更加关注公司的经营状况，并要求更高的收益率，这会对高管薪酬产生一定的抑制作用。其二，较高的财务杠杆也会对公司可支配现金流造成一定的压力，相应降低高管攫取公司利益的可能性。鉴于此，把资产负债率作为控制变量纳入模型进行检验。

（3）成长性。成长性是公司业务规模不断发展的能力，体现了管理人员的管理才能，成长性越好的公司，给予高管的薪酬也会越高。参照已有文献的做法，把成长性作为控制变量纳入研究模型。将成长性定义为营业收入的年同比增长率。

（4）董事会规模。董事会监督是公司治理的重心，董事会长久以来被认为人数越多监督效果越好。然而，董事会成员过多可能导致在经营决策上出现更多摩擦，使成员之间缺乏有效的沟通，加重相应的监管成本（Lipton & Lorsch，1992）。为控制这一因素所带来的影响，将董事会人数取自然对数后纳入模型进行检验。

（5）监事会规模。监事会是对内发挥制衡作用的监督主体，通过公司经营业务和会计信息对管理当局进行监督，防止其损害股东利益。组织理论认为，监事会成员人数过少，受制于董事会的可能性更大，而监事会成员人数过多，则可能因沟通协调不畅而影响监督效果。为此，将监事会人数取自然对数后纳入模型进行检验。

（6）年度控制变量。为控制年度对检验结果的影响，针对不同年度设置了 Year11、Year12、Year13、Year14 四个年度虚拟变量来对 2010～2014 年的五个年度进行度量。

（7）地区控制变量。为控制地区对检验结果的影响，本章根据公司注册地把样本分为东部与非东部，借鉴王小鲁和樊纲（2004）的做法，京、津、冀、辽、沪、苏、浙、闽、鲁、粤、琼的 11 个省、直辖市作为东部地区；晋、吉、黑、皖、赣、豫、鄂、湘的 8 个省作为中部地区；内蒙古、桂、渝、川、黔、云、藏、陕、甘、青、宁、新的12个省、自治区、直辖市作为西部地区。公司注册地在东部的，该变量取值为1，在非东部（中西部）的，取值为0。

（8）行业控制变量。为控制行业对检验结果的影响，参照上市公司行业分类指引（2012年证监会修订）对所需研究的除金融业外的18个行业设置B、C、D、E、F、G、H、I、K、L、M、N、O、P、Q、R、S17个行业虚拟变量。

本章实证研究所需的变量定义如表5-2所示。

表5-2　独立董事津贴与高管薪酬关系检验之变量定义表

变量类型	变量名称	变量符号	变量定义
被解释变量	高管薪酬	*DirePay*	公司当年前三董事平均薪酬的自然对数
解释变量	公司业绩	*ROS*	公司当年的营业利润率，即公司当年的营业利润/年度销售收入×100%
	独立董事津贴	*IndepPay*	公司当年独立董事平均津贴的自然对数
	大股东缺位	*Nature*	公司实际控制人性质。如为国有性质，取1，否则取0
	*CEO*权威性	*Age*	*CEO*年龄的虚拟变量。如大于平均值，取1，否则取0
	董事长关联性	*Relation*	董事长是否来自股东单位。如是，取1，否则取0
	独立董事怠职	*Meeting*	独立董事亲自出席董事会会议次数的虚拟变量。如少于平均值，取1，否则取0
	股权制衡	*SharHold*	公司当年第二到第十大股东持股比例之和的虚拟变量。如大于平均值，取1，否则取0
	独立董事海外背景	*Oversea*	公司是否拥有海外背景独立董事。如有，取1，否则取0
	机构投资者监督	*InstHold*	机构投资者持股比例之和的虚拟变量。如大于平均值，取1，否则取0
	地区市场化进程	*Mar*	公司所处地区市场化发育程度的虚拟变量。如高于平均值，取1，否则取0

续表

变量类型	变量名称	变量符号	变量定义
控制变量 *Control*	公司规模	*Lnsize*	公司总资产的自然对数
	资产负债率	*Level*	年末负债总额/总资产
	成长性	*Growth*	营业收入增长率 =（本年营业收入 - 上年营业收入）/上年营业收入
	董事会规模	*Bsize*	董事会人数的自然对数
	监事会规模	*Spvboard*	监事会人数的自然对数
	年度	*Year*	归属于某年度时取1，否则取0
	地区	*Area*	东部取1，非东部（中西部）取0
	行业	*Industry*	归属某行业取1，否则取0，以中国证监会颁布的上市公司行业分类指引（2012年修订）为准

（三）研究模型

$$DirePay = \alpha_0 + \alpha_1 ROS + \alpha_2 IndepPay + \alpha_3 ROS \times IndepPay + \alpha_4 Control + \varepsilon \tag{5-1}$$

模型（5-1）用以验证本章假设。H5-1直接运行此模型进行检验，H5-2a至H5-3d则分组后分别运行该模型。由于是探讨独立董事津贴和高管薪酬及薪酬业绩敏感性的关系，故主要关注 α_2 和 α_3 的符号。

H5-1是探讨独立董事津贴和高管薪酬及薪酬业绩敏感性的关系，预计独立董事津贴和高管薪酬呈正相关关系，与高管薪酬业绩敏感性呈负相关关系，预期 α_2 应显著为正，α_3 应显著为负。H5-2a至H5-2d探讨的是助长合谋的因素。H5-3a至H5-3d探讨的是抑制合谋的因素。本章对H5-1至H5-3d的符号预期如表5-3所示：

表5-3 符号预期表

假设	条件
H5-1	$\alpha_2>0$，$\alpha_3<0$
H5-2a	α_2（大股东缺位组）$>\alpha_2$（大股东未缺位组） α_3（大股东缺位组）$<\alpha_3$（大股东未缺位组）

续表

假设	条件
H5 - 2b	α_2（CEO 权威性较高组）> α_2（CEO 权威性较低组） α_3（CEO 权威性较高组）< α_3（CEO 权威性较低组）
H5 - 2c	α_2（董事长关联性强组）> α_2（董事长关联性弱组） α_3（董事长关联性强组）< α_3（董事长关联性弱组）
H5 - 2d	α_2（独立董事怠职组）> α_2（独立董事非怠职组） α_3（独立董事怠职组）< α_3（独立董事非怠职组）
H5 - 3a	α_2（股权制衡度较高组）< α_2（股权制衡度较低组） α_3（股权制衡度较高组）> α_3（股权制衡度较低组）
H5 - 3b	α_2（含海外背景独董组）< α_2（不含海外背景独董组） α_3（含海外背景独董组）> α_3（不含海外背景独董组）
H5 - 3c	α_2（机构投资者监督力度较大组）< α_2（机构投资者监督力度较小组） α_3（机构投资者监督力度较大组）> α_3（机构投资者监督力度较小组）
H5 - 3d	α_2（市场化发育程度较高组）< α_2（市场化发育程度较低组） α_3（市场化发育程度较高组）> α_3（市场化发育程度较低组）

（四）描述性统计

在对总体样本缩尾处理后，本章进行了描述性统计，表 5 - 4 列示了总体样本中高管薪酬、公司业绩、独立董事津贴、各影响因素和控制变量的描述性统计结果。

如表 5 - 4 所示，我国上市公司高管薪酬差距较大，前三名董事平均薪酬自然对数（*DirePay*）极大值是 14.7636，极小值是 10.5696。公司业绩（*ROS*）极大值是 175.3005，极小值是 - 12.7495，均值是 2.8360，表示不同公司的业绩相差很大，平均来看只有较少的盈利。从标准差来看，公司业绩（*ROS*）的标准差为 19.4528，董事前三名平均薪酬的自然对数（*DirePay*）标准差为 0.7656，前者的变异率明显高于后者，说明相对于高管薪酬，公司业绩的变动更大。独立董事平均津贴自然对数（*IndepPay*）极大值是 12.1415，极小值是 9.8609，表示独立董事津贴差距也较大。

表 5-4　独立董事津贴与高管薪酬关系检验之变量描述性统计

变量名称	变量符号	N	极小值	极大值	均值	标准差
高管薪酬	*DirePay*	9464	10.5696	14.7636	12.8389	0.7656
公司业绩	*ROS*	9464	-12.7495	175.3005	2.8360	19.4528
独立董事津贴	*IndepPay*	9464	9.8609	12.1415	10.9227	0.4344
大股东缺位	*Nature*	9303	0.0000	1.0000	0.4400	0.4960
CEO 权威性	*Age*	9326	0.0000	1.0000	0.5100	0.5000
董事长关联性	*Relation*	9277	0.0000	1.0000	0.5800	0.4940
独立董事怠职	*Meeting*	8254	0.0000	1.0000	0.5900	0.4920
股权制衡	*SharHold*	9335	0.0000	1.0000	0.4300	0.4960
独立董事海外背景	*Oversea*	9464	0.0000	1.0000	0.1700	0.3740
机构投资者监督	*InstHold*	8123	0.0000	1.0000	0.3900	0.4880
地区市场化进程	*Mar*	9464	0.0000	1.0000	0.5600	0.4970
公司规模	*Lnsize*	9464	18.8261	25.2013	21.6229	1.1719
资产负债率	*Level*	9464	0.0043	0.9958	0.3774	0.2239
成长性	*Growth*	9464	-0.9246	9.8891	0.2470	1.1913
董事会规模	*Bsize*	9464	1.6094	2.7081	2.1638	0.1943
监事会规模	*Spvboard*	9464	1.0986	1.9459	1.2727	0.2628

从本章所预期的助长合谋的因素上看，大股东缺位（*Nature*）的均值为0.44，说明大股东缺位的国有控股上市公司占全体样本的比重为44%，大股东缺位现象比较普遍。*CEO* 权威性（*Age*）的均值为0.51，说明 *CEO* 权威性较高和较低的样本数基本相持。董事长关联性（*Relation*）的均值为0.58，说明董事长来自股东单位的样本占全体样本的58%，董事长普遍来自股东单位。独立董事怠职（*Meeting*）均值为0.59，说明独立董事亲自出席董事会会议较少的样本要多于较多的样本，独立董事的任职情况较为懈怠。

从本章所预期的抑制合谋的因素上看，股权制衡（*SharHold*）的均值为0.43，说明第二到第十大股东持股比例较多的和较少的样本数基本相持，略微倾向于持股较少的样本。独立董事海外背景（*Oversea*）均值是

0.17，说明拥有海外背景独立董事的上市公司比重是17%，引入海外背景独董的公司较少。机构投资者监督（*InstHold*）均值是0.39，机构投资者持股比例较少的样本多于持股较多的样本，机构投资者在股权的持有上比重相对较小，监督力量尚小。市场化进程（*Mar*）均值是0.56，说明公司所在地市场化发育程度较高的样本要多于较低的样本，市场化进程普遍较快。

另外，本章也对其他控制变量做了描述性统计。在表5-4中可以看到，公司规模（*Lnsize*）极大值是25.2013，极小值是18.8261，标准差是1.1719，不同公司在规模上差距较大。资产负债率（*Level*）极大值是0.9958，极小值是0.0043，标准差是0.2239，公司间资产负债率也相差较大。成长性（*Growth*）极大值是9.8891，极小值是-0.9246，标准差是1.1913，说明公司间年营业收入增长率差距较大。董事会规模（*Bsize*）及监事会规模（*Spvboard*）极大值与极小值差距不大，数值较平稳。

（五）相关性分析

表5-5列示了各变量间的Pearson和Spearman相关系数。从主要解释变量来看，独立董事津贴（*IndepPay*）与高管薪酬（*DirePay*）在1%的水平上显著正相关，独立董事津贴提高，高管薪酬相应增加，此结果符合H5-1，表明在确定高管薪酬时，独立董事和高管有着合谋的倾向。另外，高管薪酬（*DirePay*）与公司业绩（*ROS*）显著正相关，表明上市公司普遍实施了基于业绩的高管薪酬激励机制，此结果与Firth等（2002）、方军雄（2009）等的研究结论一致。

从助长合谋的变量上看，大股东缺位（*Nature*）和高管薪酬（*DirePay*）显著负相关，但系数的绝对值较小，表明国有性质的公司高管存在一定的薪酬管制。CEO权威性（*Age*）和高管薪酬（*DirePay*）显著正相关，表明年龄越大，高管薪酬越高，由年龄代表的权威性在一定程度上可以反映高管的管理权力。董事长关联性（*Relation*）和高管薪酬（*DirePay*）正相关，但不显著。独立董事怠职（*Meeting*）和高管薪酬（*DirePay*）显著负相关，表明独立董事亲自出席董事会会议较少，怠于履行职责时，高管薪酬越低。

从抑制合谋的变量上看，股权制衡（*SharHold*）和高管薪酬（*DirePay*）显著正相关，表明第二到第十大股东持股比例较大的公司，高管薪酬较高。独立董事海外背景（*Oversea*）和高管薪酬（*DirePay*）显著正相关，说明公司具有海外背景独董，则高管薪酬较高。机构投资者监督（*InstHold*）和高管薪酬（*DirePay*）显著正相关，表明机构投资者持股比例较大的公司，高管薪酬较高。地区市场化进程（*Mar*）和高管薪酬（*DirePay*）显著正相关，表明市场化发育程度较高的地区，当地的经济更发达，相应地会给予高管更多薪酬。

从控制变量上看，公司规模（*Lnsize*）、成长性（*Growth*）、董事会规模（*Bsize*）均与高管薪酬（*DirePay*）正相关，表明在较大规模、营业收入快速增长或董事会规模较大的公司中，高管拥有更多的薪酬。资产负债率（*Level*）、监事会规模（*Spvboard*）和高管薪酬（*DirePay*）负相关，说明公司的资产负债率较高或监事会规模较大时，高管获得的薪酬较少。

表5-5显示，各变量之间的相关系数并不高，预计变量间不存在严重的共线性问题。

（六）回归分析

1. 独立董事津贴和高管薪酬及薪酬业绩敏感性

为了检验独立董事津贴和高管薪酬及薪酬业绩敏感性的关系，根据研究模型（5-1）进行回归分析，结果报告见表5-6。调整的 R^2 为0.281，F值是124.186，模型在1%的水平下显著，表明模型合理、拟合度良好。

表5-6数据显示，独立董事津贴（*IndepPay*）回归系数是0.418，*T*值是24.141，显著性水平为1%。独立董事津贴和高管薪酬（*DirePay*）显著正相关，表示独立董事津贴越多，高管薪酬也越多。独立董事津贴和公司业绩交互项（*ROS*×*IndepPay*）的回归系数是-0.002，T值是-3.380，显著性水平为1%。独立董事津贴和高管薪酬业绩敏感性显著负相关，说

表 5－5　独立董事津贴与高管薪酬关系检验之变量相关性分析

变量	*DirePay*	*ROS*	*IndepPay*	*Nature*	*Age*	*Relation*	*Meeting*	*SharHold*	*Oversea*	*InstHold*	*Mar*	*Size*	*Level*	*Growth*	*Bsize*	*Spvboard*
DirePay	1	0.246 ***	0.364 ***	−0.062 ***	0.052 ***	0.003	−0.063 ***	0.071 ***	0.117 ***	0.106 ***	0.237 ***	0.350 ***	−0.007	0.051 ***	0.157 ***	−0.028 ***
ROS	0.053 ***	1	0.163 ***	−0.039 ***	0.022 **	−0.005	−0.011	0.070 ***	0.050 ***	0.130 ***	0.118 ***	0.115 ***	−0.331 ***	0.110 ***	0.023 **	−0.043 ***
IndepPay	0.386 ***	0.052 ***	1	0.035 ***	0.046 ***	0.064 ***	−0.152 ***	0.041 ***	0.102 ***	0.025 **	0.162 ***	0.316 ***	0.029 ***	0.008	0.074 ***	0.026 **
Nature	−0.070 ***	0.039 ***	0.045 ***	1	0.122 ***	0.237 ***	0.044 ***	−0.268 ***	−0.035 ***	−0.060 ***	−0.170 ***	0.353 ***	0.256 ***	−0.055 ***	0.256 ***	0.396 ***
Age	0.052 ***	0.015	0.050 ***	0.122 ***	1	0.039 ***	0.039 ***	−0.040 ***	−0.006	−0.034 ***	0.001	0.108 ***	0.011 ***	−0.062 ***	0.059 ***	0.056 ***
Relation	−0.008	0.016	0.066 ***	0.237 ***	0.039 ***	1	0.015	−0.164 ***	−0.008	−0.035 ***	−0.066 ***	0.207 ***	0.128 ***	−0.016	0.126 ***	0.121 ***
Meeting	−0.068 ***	0.007	−0.157 ***	0.044 ***	0.039 ***	0.015	1	−0.036 ***	−0.039 ***	−0.039 ***	−0.035 ***	−0.094 ***	−0.089 ***	−0.018	0.013	0.019 *
SharHold	0.076 ***	−0.045 ***	0.042 ***	−0.268 ***	−0.040 ***	−0.164 ***	−0.036 ***	1	0.094 ***	0.135 ***	0.081 ***	−0.120 ***	−0.213 ***	0.064 ***	−0.011	−0.096 ***
Oversea	0.119 ***	−0.015	0.123 ***	−0.035 ***	−0.006	−0.008	−0.039 ***	0.094 ***	1	0.026 **	0.081 ***	0.058 ***	−0.036 ***	0.017	0.063 ***	0.027 ***
InstHold	0.103 ***	−0.024 **	0.018	−0.060 ***	−0.034 ***	−0.035 ***	−0.039 ***	0.135 ***	0.026 **	1	−0.002	0.006	−0.042 ***	0.140 ***	−0.015	−0.054 ***
Mar	0.232 ***	0.007	0.159 ***	−0.170 ***	0.001	−0.066 ***	−0.035 ***	0.081 ***	0.081 ***	−0.002	1	−0.054 ***	−0.143 ***	0.041 ***	−0.085 ***	−0.176 ***
Lnsize	0.359 ***	0.062 ***	0.375 ***	0.364 ***	0.122 ***	0.200 ***	−0.087 ***	−0.089 ***	0.095 ***	−0.015	−0.040 ***	1	0.365 ***	0.002	0.277 ***	0.254 ***
Level	−0.034 ***	−0.075 ***	0.018 *	0.249 ***	0.009	0.122 ***	−0.085 ***	−0.211 ***	−0.038 ***	−0.050 ***	−0.148 ***	0.308 ***	1	0.037 ***	0.133 ***	0.195 ***
Growth	0.016	0.012	0.049 ***	0.011	−0.006	0.011	−0.041 ***	−0.023 **	−0.020 *	0.021 *	0.016	0.002	0.035 ***	1	0.005	−0.013
Bsize	0.167 ***	0.032 ***	0.102 ***	0.263 ***	0.067 ***	0.128 ***	0.020 *	−0.013	0.078 ***	−0.019 *	−0.079 ***	0.299 ***	0.128 ***	0.005	1	0.304 ***
Spvboard	−0.028 ***	0.035 ***	0.031 ***	0.393 ***	0.058 ***	0.120 ***	0.023 **	−0.090 ***	0.027 ***	−0.054 ***	−0.176 ***	0.270 ***	0.190 ***	0.013	0.317 ***	1

注：***、**、* 分别表示在 1%、5%、10% 的置信度（双侧）水平上显著相关。右上角是 Spearman 相关分析结果，左下角是 Pearson 相关性分析结果。

明独立董事津贴越多，高管薪酬业绩敏感性越低。这些结果表示，独立董事与高管确实有着合谋关系，验证了 H5－1 的观点。

表 5－6　独立董事津贴和高管薪酬及薪酬业绩敏感性

变量	全样本	
	回归系数	T 值
常数项	2.908***	14.637
ROS	0.027***	3.425
IndepPay	0.418***	24.141
ROS × *IndepPay*	－0.002***	－3.380
Lnsize	0.198***	27.767
Level	－0.399***	－11.990
Growth	0.002	0.331
Bsize	0.512***	13.560
Spvboard	－0.271***	－9.646
Industry	控制	
Area	控制	
Year	控制	
F 值	124.186***	
Sig.	0.000	
$Adj-R^2$	0.281	

注：***、**、*分别表示在1%、5%、10%的置信度（双侧）水平上显著相关。

2. 大股东缺位、独立董事津贴和高管薪酬及其业绩敏感性

为了检验大股东缺位对独立董事津贴和高管薪酬及薪酬业绩敏感性关系的影响，对全样本进行了分组，以上市公司实际控制人性质作为分组标准将样本划分为大股东缺位组和大股东未缺位组，以国有性质公司为大股东缺位组，以非国有性质公司为大股东未缺位组。实际控制人性质通过查阅 CSMAR 国泰安数据库中实际控制人性质编码来获取相应数据。表 5－7 列示了以公司实际控制人性质是否为国有性质为标准，分组对独立董事津

贴和高管薪酬及薪酬业绩敏感性进行回归的结果。

表 5-7 大股东缺位、独立董事津贴和高管薪酬及其业绩敏感性

变量	分组样本			
	大股东缺位组		大股东未缺位组	
	回归系数	T 值	回归系数	T 值
常数项	2.737***	9.146	1.677***	5.878
ROS	0.047***	4.615	-0.006	-0.475
IndepPay	0.451***	16.822	0.350***	15.482
ROS × *IndepPay*	-0.004***	-4.582	0.001	0.515
Lnsize	0.173***	16.536	0.288***	27.544
Level	-0.341***	-6.657	-0.399***	-9.124
Growth	-0.007	-0.867	0.009	1.130
Bsize	0.449***	7.459	0.602***	12.608
Spvboard	-0.131***	-3.415	-0.158***	-3.493
Industry	控制		控制	
Area	控制		控制	
Year	控制		控制	
F 值	60.390***		76.835***	
Sig.	0.000		0.000	
$Adj-R^2$	0.297		0.297	
Obs.	4086		5217	

注：***、**、*分别表示在1%、5%、10%的置信度（双侧）水平上显著相关。

从表 5-7 中可知，在大股东缺位组中，独立董事津贴（*IndepPay*）在 1%的水平下和高管薪酬（*DirePay*）显著正相关，其回归系数为 0.451，*T* 值为 16.822，大于大股东未缺位组中独立董事津贴的回归系数 0.350 和 *T* 值 15.482，说明相比于大股东未缺位下的非国有性质上市公司，大股东缺位下的国有性质上市公司中独立董事津贴和高管薪酬的正相关关系更加显著。

另外，从独立董事津贴和公司业绩的交互项（*ROS* × *IndepPay*）来看，在大股东缺位组中，独立董事津贴在1%的水平下和高管薪酬业绩敏感性显著负相关，其回归系数是-0.004，T值是-4.582，小于大股东未缺位组中对应的回归系数0.001和T值0.515，并且在大股东未缺位组中不显著，说明相比于大股东未缺位上市公司，大股东缺位的上市公司中独立董事津贴和高管薪酬业绩敏感性的负相关关系更加显著。这些结果表明，在大股东缺位的上市公司中，独立董事津贴和高管薪酬正相关，独立董事津贴和高管薪酬业绩敏感性负相关，总体上独立董事和高管合谋的程度更显著。结果验证了H5-2a的观点。

3. CEO权威性、独立董事津贴和高管薪酬及其业绩敏感性

为了检验CEO权威性对独立董事津贴和高管薪酬及薪酬业绩敏感性关系的影响，对上市公司全样本进行了分组，以CEO年龄的平均值作为分组标准，将样本划分为CEO权威性较高组和CEO权威性较低组，其中CEO年龄大于平均值为CEO权威性较高组，CEO年龄小于平均值为CEO权威性较低组。

表5-8列示了以CEO权威性为标准，分组对独立董事津贴和高管薪酬及薪酬业绩敏感性进行回归的结果。在CEO权威性较高组中，独立董事津贴（*IndepPay*）在1%的水平下与高管薪酬（*DirePay*）显著正相关，其回归系数为0.454，T值为18.772，大于CEO权威性较低组中独立董事津贴的回归系数0.384和T值15.240，说明相比于CEO权威性较低的公司，CEO权威性较高的公司中独立董事津贴和高管薪酬的正相关关系更加显著。

另外，从独立董事津贴和公司业绩的交互项（*ROS*×*IndepPay*）来看，CEO权威性较高组中，独立董事津贴在1%的水平下和高管薪酬业绩敏感性显著负相关，其回归系数是-0.004，T值是-4.039，小于CEO权威性较低组中对应的回归系数-0.001和T值-0.668，且CEO权威性较低组中独立董事津贴和公司业绩的交互项（*ROS*×*IndepPay*）并不显著，说明相比于CEO权威性较小的上市公司，CEO权威性较高的公司中独立董事津贴和高管薪酬业绩敏感性的负相关关系更加显著。这些结果表明，在

CEO 权威性较高的上市公司中，独立董事和高管合谋的程度更显著，验证了 H5 - 2b 的观点。

表 5 - 8 CEO 权威性、独立董事津贴和高管薪酬及其业绩敏感性

变量	分组样本			
	CEO 权威性较高组		CEO 权威性较低组	
	回归系数	T 值	回归系数	T 值
常数项	2. 855 ***	10. 413	2. 809 ***	9. 494
ROS	0. 040 ***	4. 088	0. 009	0. 700
IndepPay	0. 454 ***	18. 772	0. 384 ***	15. 240
ROS × *IndepPay*	- 0. 004 ***	- 4. 039	- 0. 001	- 0. 668
Lnsize	0. 178 ***	18. 220	0. 224 ***	20. 914
Level	- 0. 377 ***	- 8. 078	- 0. 440 ***	- 9. 109
Growth	- 0. 004	- 0. 462	0. 013	1. 520
Bsize	0. 502 ***	9. 451	0. 509 ***	9. 330
Spvboard	- 0. 264 ***	- 6. 909	- 0. 265 ***	- 6. 324
Industry	控制		控制	
Area	控制		控制	
Year	控制		控制	
F 值	65. 850 ***		60. 196 ***	
Sig.	0. 000		0. 000	
$Adj - R^2$	0. 284		0. 279	
Obs.	4740		4586	

注：***、**、*分别表示在 1%、5%、10% 的置信度（双侧）水平上显著相关。

4. 董事长关联性、独立董事津贴和高管薪酬及其业绩敏感性

为了检验董事长关联性对独立董事津贴和高管薪酬及薪酬业绩敏感性关系的影响，对上市公司全样本进行了分组，以董事长是否来自股东单位作为分组标准，将样本划分为董事长关联性较高组和董事长关联性较低组。

表5－9列示了以董事长关联性为标准，分组对独立董事津贴和高管薪酬及薪酬业绩敏感性进行回归的结果。董事长关联性较高组中，独立董事津贴（*IndepPay*）在1%的水平下和高管薪酬（*DirePay*）显著正相关，其回归系数为0.468，*T*值为19.482，大于董事长关联性较低组中独立董事津贴的回归系数0.326和*T*值13.075，说明相比于董事长关联性低的上市公司，董事长关联性高的上市公司中独立董事津贴和高管薪酬的正相关关系更加显著。另外，从独立董事津贴和公司业绩的交互项（*ROS*×*IndepPay*）来看，董事长关联性较高中独立董事津贴在1%的水平下和高管薪酬业绩敏感性显著负相关，其回归系数是－0.003，T值是－3.572，小于董事长关联性较低组中对应的回归系数0.000和T值－0.194，且董事长关联性较低组不显著。说明相比于董事长关联性低的上市公司，董事长关联性高的公司中独立董事津贴和高管薪酬业绩敏感性的负相关关系更加显著。这些结果表明，在董事长关联性高的上市公司中，独立董事和高管合谋的程度更显著，验证了H5－2c的观点。

表5－9 董事长关联性、独立董事津贴和高管薪酬及其业绩敏感性

变量	分组样本			
	董事长关联性较高组		董事长关联性较低组	
	回归系数	T值	回归系数	T值
常数项	2.292***	8.254	3.123***	10.682
ROS	0.036***	3.573	0.003	0.273
IndepPay	0.468***	19.482	0.326***	13.075
ROS×*IndepPay*	－0.003***	－3.572	0.000	－0.194
Lnsize	0.188***	19.962	0.244***	21.420
Level	－0.357***	－7.676	－0.420***	－8.759
Growth	－0.001	－0.127	0.010	1.116
Bsize	0.675***	12.542	0.325***	6.201
Spvboard	－0.356***	－9.522	－0.078*	－1.824

续表

变量	分组样本			
	董事长关联性较高组		董事长关联性较低组	
	回归系数	T 值	回归系数	T 值
Industry	控制		控制	
Area	控制		控制	
Year	控制		控制	
F 值	72.462***		59.757	
Sig.	0.000		0.000	
$Adj-R^2$	0.286		0.303	
Obs.	5349		3928	

注：***、**、*分别表示在1%、5%、10%的置信度（双侧）水平上显著相关。

5. 独立董事怠职、独立董事津贴和高管薪酬及其业绩敏感性

为了检验独立董事履职情况对独立董事津贴和高管薪酬及薪酬业绩敏感性关系的影响，对上市公司全样本进行了分组，以独立董事亲自出席董事会会议次数平均值作为分组标准，将样本划分成独立董事怠职组和非怠职组。表5－10列示了以独立董事亲自出席董事会会议次数的平均值为标准，分组对独立董事津贴和高管薪酬及薪酬业绩敏感性进行回归的结果。

表5－10　独立董事怠职、独立董事津贴和高管薪酬及其业绩敏感性

变量	分组样本			
	独立董事怠职组		独立董事非怠职组	
	回归系数	T 值	回归系数	T 值
常数项	3.094***	10.905	2.040***	6.153
ROS	0.041***	4.230	0.010	0.667
IndepPay	0.404***	16.725	0.476***	15.845
ROS × *IndepPay*	－0.004***	－4.224	－0.001	－0.608
Lnsize	0.193***	19.521	0.210***	17.414
Level	－0.413***	－8.873	－0.378***	－6.753

续表

变量	分组样本			
	独立董事怠职组		独立董事非怠职组	
	回归系数	T 值	回归系数	T 值
Growth	-0.009	-1.015	0.011	1.413
Bsize	0.553 ***	10.032	0.435 ***	7.014
Spvboard	-0.303 ***	-7.901	-0.168 ***	-3.618
Industry	控制		控制	
Area	控制		控制	
Year	控制		控制	
F 值	62.599 ***		53.770 ***	
Sig.	0.000		0.000	
$Adj-R^2$	0.275		0.311	
Obs.	4865		3389	

注：***、**、*分别表示在1%、5%、10%的置信度（双侧）水平上显著相关。

从表5-10中可知，独立董事怠职组中，独立董事津贴（*IndepPay*）在1%的水平下和高管薪酬（*DirePay*）显著正相关，其回归系数为0.404，T值为16.725，独立董事非怠职组中相应的回归系数和T值分别为0.476和15.845[①]。从两组的T值来看，独立董事怠职组大于非怠职组，说明相比于独立董事非怠职的上市公司，独立董事怠职的公司中独立董事津贴和高管薪酬的正相关关系更加显著。另外，从独立董事津贴与公司业绩的交互项（*ROS*×*IndepPay*）来看，在独立董事怠职组中，独立董事津贴在1%的水平下与高管薪酬业绩敏感性显著负相关，其回归系数是-0.004，T值是-4.224，小于非怠职组中对应的回归系数-0.001和T值-0.608，且在非怠职组中交互项的回归系数不显著，说明相比于独立董事非怠职的公司，独立董事怠职的公司中独立董事津贴和高管薪酬业绩敏感性的负相关

① 两组样本的回归系数和T值在比较大小时结果并不统一，这是由于样本不同造成的，此处主要根据T值来比较，事实上相比于回归系数，T值的精确度更高，以T值来进行比较更合理。

关系更加显著。这些结果表明，在独立董事出席董事会会议较少的上市公司中，独立董事和高管合谋的程度更显著，验证了 H5－2d 的观点。

6. 股权制衡、独立董事津贴和高管薪酬及其业绩敏感性

为了检验股权制衡对独立董事津贴和高管薪酬及薪酬业绩敏感性关系的影响，对上市公司全样本进行了分组，以第二到第十大股东持股比例（S 指数）平均值作为分组标准，将样本划分为股权制衡度较高组和较低组。表 5－11 列示了以第二到第十大股东持股比例的平均值为标准，分组对独立董事津贴和高管薪酬及薪酬业绩敏感性进行回归的结果。

表 5－11　股权制衡、独立董事津贴和高管薪酬及其业绩敏感性

变量	分组样本			
	股权制衡度较高组		股权制衡度较低组	
	回归系数	T 值	回归系数	T 值
常数项	3.342***	10.896	2.685***	10.061
ROS	－0.005	－0.385	0.040***	4.198
IndepPay	0.318***	11.967	0.465***	20.056
ROS×*IndepPay*	0.001	0.442	－0.004***	－4.176
Lnsize	0.218***	19.391	0.189***	20.118
Level	－0.396***	－7.241	－0.344***	－7.816
Growth	0.013	1.273	－0.001	－0.190
Bsize	0.557***	9.688	0.483***	9.505
Spvboard	－0.149***	－3.398	－0.321***	－8.675
Industry	控制		控制	
Area	控制		控制	
Year	控制		控制	
F 值	51.554***		72.396***	
Sig.	0.000		0.000	
$Adj-R^2$	0.273		0.288	
Obs.	4047		5288	

注：***、**、*分别表示在1%、5%、10%的置信度（双侧）水平上显著相关。

从表5－11中可知，股权制衡度较高组的独立董事津贴（*IndepPay*）在1%的水平下与高管薪酬（*DirePay*）显著正相关，其回归系数是0.318，*T*值是11.967，小于股权制衡度较低组中对应的回归系数0.465和*T*值20.056，说明相比于股权制衡度较低的公司，股权制衡度较高的公司中独立董事津贴和高管薪酬的正相关关系趋于缓和。另外，从独立董事津贴与公司业绩的交互项（*ROS*×*IndepPay*）来看，在股权制衡度较高组中，独立董事津贴和高管薪酬业绩敏感性的关系并不显著，回归系数为0.001，T值为0.442，大于股权制衡度较低组中对应的回归系数－0.004和T值－4.176，且在股权制衡度较低组中为1%的水平下显著。说明相比于股权制衡度较低的公司，股权制衡度较高的公司中独立董事津贴和高管薪酬业绩敏感性的负相关关系趋于缓和，并显现出正向促进的态势。这些结果表明，在股权制衡度较大的上市公司中，独立董事和高管合谋的程度趋于缓和，验证了H5－3a的观点。

7. 独董海外背景、独立董事津贴和高管薪酬及其业绩敏感性

为了检验独立董事海外背景对独立董事津贴和高管薪酬及薪酬业绩敏感性关系的影响，以上市公司是否具有海外背景独董作为分组标准，将样本划分为有含海外背景独董组和不含海外背景独董组。

表5－12列示了以公司是否拥有海外背景的独立董事为标准，分组对独立董事津贴和高管薪酬及薪酬业绩敏感性进行回归的结果。不含海外背景独董组中，独立董事津贴（*IndepPay*）回归系数是0.420，T值是21.836，显著性程度为1%，而含海外背景独董组中对应的回归系数和T值则分别下降到0.372和9.080，说明相比于不含海外背景独董的上市公司，拥有海外背景独董的上市公司中独立董事津贴和高管薪酬的正相关关系趋于缓和。

另外，从独立董事津贴和公司业绩的交互项（*ROS*×*IndepPay*）来看，在不含海外背景独董组中，独立董事津贴和高管薪酬业绩敏感性的T值为

-2.262，小于含海外背景独董组中对应的T值-2.071①，说明相较于不含海外背景独董的公司，含海外背景独董的公司中独立董事津贴和高管薪酬业绩敏感性的负相关关系趋于缓和。这些结果表明，在拥有海外背景独董的上市公司中独立董事和高管合谋的程度趋于缓和，基本验证了H5-3b的观点。

表5-12　独董海外背景、独立董事津贴和高管薪酬及其业绩敏感性

变量	分组样本			
	含海外背景独董组		不含海外背景独董组	
	回归系数	T值	回归系数	T值
常数项	3.378***	7.573	2.941***	12.919
ROS	0.036*	1.948	0.021**	2.334
IndepPay	0.372***	9.080	0.420***	21.836
ROS×IndepPay	-0.003**	-2.071	-0.002**	-2.262
Lnsize	0.220***	12.808	0.193***	24.371
Level	-0.426***	-4.950	-0.392***	-10.850
Growth	0.015	0.851	0.001	0.115
Bsize	0.455***	4.956	0.508***	12.232
Spvboard	-0.380***	-5.681	-0.248***	-8.040
Industry	控制		控制	
Area	控制		控制	
Year	控制		控制	
*F*值	29.010***		94.502***	
Sig.	0.000		0.000	
$Adj-R^2$	0.338		0.263	
Obs.	1589		7875	

注：***、**、*分别表示在1%、5%、10%的置信度（双侧）水平上显著相关。

① 由于样本不同造成两组样本的回归系数和T值在比较大小时结果并不统一，相比于回归系数而言，T值的精确度更高，以T值来进行比较更合理，故此处主要根据T值来进行比较。

8. 机构投资者监督、独立董事津贴和高管薪酬及其业绩敏感性

为了检验机构投资者监督对独立董事津贴和高管薪酬及薪酬业绩敏感性关系的影响，以机构投资者持股比例平均值作为分组标准，将上市公司样本划分成机构投资者监督力度较大组及监督力度较小组，以大于机构投资者持股比例平均值为监督力度较大组，以小于平均值为监督力度较小组。

表 5－13 列示了以分组样本对独立董事津贴和高管薪酬及薪酬业绩敏感性关系进行回归的结果。机构投资者监督力度较小组的独立董事津贴（*IndepPay*）的回归系数是 0.433，*T* 值是 18.511，而机构投资者监督力度较大组中对应的回归系数和 *T* 值则分别下降到 0.379 和 12.385，说明相较于机构投资者持股比例较小的公司，机构投资者持股比例较大的公司中独立董事津贴和高管薪酬的正相关关系趋于缓和。另外，从独立董事津贴与公司业绩的交互项（*ROS* × *IndepPay*）来看，在机构投资者监督力度较小组中独立董事津贴和高管薪酬业绩敏感性的回归系数是－0.002，T 值是－2.876，显著性程度是 1%，而机构投资者监督力度较大组中对应的回归系数和 T 值则分别上升到－0.001 和－0.812 且已不显著。结果表明，相比于机构投资者持股比例较小的公司，机构投资者持股比例较大的公司中独立董事津贴和高管薪酬业绩敏感性的负相关关系趋于缓和。这些结果表明，机构投资者持股比例较大的上市公司中独立董事和高管合谋的程度趋于缓和，验证了 H5－3c 的观点。

表 5－13　机构投资者监督、独立董事津贴和高管薪酬及其业绩敏感性

变量	分组样本			
	机构投资者监督力度较大组		机构投资者监督力度较小组	
	回归系数	T 值	回归系数	T 值
常数项	2.889***	7.722	3.166***	11.923
ROS	0.015	0.830	0.027***	2.892
IndepPay	0.379***	12.385	0.433***	18.511

续表

<table>
<tr><th rowspan="3">变量</th><th colspan="4">分组样本</th></tr>
<tr><th colspan="2">机构投资者监督力度较大组</th><th colspan="2">机构投资者监督力度较小组</th></tr>
<tr><th>回归系数</th><th>T 值</th><th>回归系数</th><th>T 值</th></tr>
<tr><td>ROS × IndepPay</td><td>-0.001</td><td>-0.812</td><td>-0.002 ***</td><td>-2.876</td></tr>
<tr><td>Lnsize</td><td>0.211 ***</td><td>15.121</td><td>0.175 ***</td><td>18.536</td></tr>
<tr><td>Level</td><td>-0.322 ***</td><td>-4.975</td><td>-0.355 ***</td><td>-7.756</td></tr>
<tr><td>Growth</td><td>0.007</td><td>0.609</td><td>0.005</td><td>0.732</td></tr>
<tr><td>Bsize</td><td>0.541 ***</td><td>8.161</td><td>0.529 ***</td><td>10.345</td></tr>
<tr><td>Spvboard</td><td>-0.179 ***</td><td>-3.590</td><td>-0.302 ***</td><td>-8.119</td></tr>
<tr><td>Industry</td><td colspan="2">控制</td><td colspan="2">控制</td></tr>
<tr><td>Area</td><td colspan="2">控制</td><td colspan="2">控制</td></tr>
<tr><td>Year</td><td colspan="2">控制</td><td colspan="2">控制</td></tr>
<tr><td>F 值</td><td colspan="2">38.387 ***</td><td colspan="2">69.108 ***</td></tr>
<tr><td>Sig.</td><td colspan="2">0.000</td><td colspan="2">0.000</td></tr>
<tr><td>Adj - R^2</td><td colspan="2">0.260</td><td colspan="2">0.279</td></tr>
<tr><td>Obs.</td><td colspan="2">3193</td><td colspan="2">4930</td></tr>
</table>

注：***、**、*分别表示在1%、5%、10%的置信度（双侧）水平上显著相关。

9. 地区市场化进程、独立董事津贴和高管薪酬及其业绩敏感性

为了检验地区市场化进程对独立董事津贴和高管薪酬及薪酬业绩敏感性关系的影响，以市场化进程平均值作为标准，将全样本划分成市场化发育程度较高组和较低组。表5-14列示了以分组样本对独立董事津贴和高管薪酬及薪酬业绩敏感性关系进行回归的结果。

从表5-14中可知，在市场化发育程度较低组中独立董事津贴（*IndepPay*）与高管薪酬（*DirePay*）的回归系数为0.451，*T*值为17.136，而市场化发育程度较高组中对应的回归系数和*T*值则分别下降到0.363和15.882，说明相比于市场化发育程度较低地区的公司，市场化发育程度较高地区的上市公司中独立董事津贴和高管薪酬的正相关关系趋于缓和。另外，从独立董事津贴和公司业绩的交互项（*ROS* × *IndepPay*）来看，市场

化发育程度较低组中独立董事津贴和高管薪酬业绩敏感性的回归系数是 -0.003，T 值是 -1.912，而市场化发育程度较高组中对应的回归系数和 T 值则分别上升到 -0.002 和 -1.682，说明相比于市场化发育程度较低地区的公司，市场化发育程度较高地区的上市公司中独立董事津贴和高管薪酬业绩敏感性的负相关关系趋于缓和。上述结果显示，在市场化发育程度较高地区的公司中，独立董事和高管合谋的程度趋于缓和，验证了 H5 - 3d 的观点。

表 5-14　市场化进程、独立董事津贴和高管薪酬及其业绩敏感性

变量	分组样本			
	市场化发育程度较高组		市场化发育程度较低组	
	回归系数	T 值	回归系数	T 值
常数项	3.575***	13.216	2.359***	7.764
ROS	0.016*	1.637	0.030**	1.993
IndepPay	0.363***	15.882	0.451***	17.136
ROS × *IndepPay*	-0.002*	-1.682	-0.003*	-1.912
Lnsize	0.199***	20.389	0.204***	19.636
Level	-0.191***	-4.189	-0.538***	-11.084
Growth	-0.006	-0.813	0.008	0.898
Bsize	0.457***	9.311	0.590***	10.248
Spvboard	-0.221***	-5.667	-0.255***	-6.363
Industry	控制		控制	
Area	控制		控制	
Year	控制		控制	
F 值	58.322***		56.762***	
Sig.	0.000		0.000	
Adj - R^2	0.240		0.278	
Obs.	5272		4192	

注：***、**、*分别表示在 1%、5%、10% 的置信度（双侧）水平上显著相关。

（七）稳健性检验

本章主要研究的是在高管薪酬确定时独立董事和高管之间是否存在合谋关系，在主检验中以前三名董事平均薪酬的自然对数为因变量做了检验。除董事外，经理人作为管理层的主要成员也可能与独立董事有合谋倾向，故在稳健性检验中，将高管薪酬的代理变量替换成前三名经理人平均薪酬的自然对数（ExecPay）。

模型构建如下：

$$ExecPay = \alpha_0 + \alpha_1 ROS + \alpha_2 IndepPay + \alpha_3 ROS \times IndepPay + \alpha_4 Control + \varepsilon \quad (5-2)$$

表 5－15 列示了对独立董事津贴和经理薪酬及薪酬业绩敏感性之间关系进行回归的结果。调整的 $Adj-R^2$ 是 0.355，F 值是 177.627，模型在 1% 的水平上显著，表明模型（5－2）合理且拟合度良好。

表 5－15　H5－1 的稳健性检验结果

变量	全样本	
	回归系数	T 值
常数项	2.949***	17.670
ROS	0.012*	1.899
IndepPay	0.433***	29.754
ROS × *IndepPay*	−0.001*	−1.803
Lnsize	0.211***	35.415
Level	−0.385***	−13.741
Growth	0.002	0.496
Bsize	0.242***	7.671
Spvboard	−0.061***	−2.586
Industry	控制	
Area	控制	
Year	控制	

续表

变量	全样本	
	回归系数	T值
*F*值	177.627***	
Sig.	0.000	
$Adj-R^2$	0.355	

注：***、**、*分别表示在1%、5%、10%的置信度（双侧）水平上显著相关。

表5－15的数据显示，独立董事津贴（*IndepPay*）的回归系数为0.433，*T*值是29.754，显著性水平是1%，独立董事津贴和经理人薪酬（*ExecPay*）显著正相关，说明独立董事津贴越多，经理人薪酬越多。独立董事津贴和公司业绩交互项（*ROS*×*IndepPay*）的回归系数是－0.001，T值是－1.803，显著性水平为10%，独立董事津贴和高管薪酬业绩敏感性显著负相关，说明独立董事津贴越多，经理人薪酬业绩敏感性越低。结果显示，独立董事和经理人之间也有着合谋关系，验证了H5－1的观点。

表5－16列示的分别是以公司是否为国有性质、CEO年龄的平均值、董事长是否来自股东单位、独立董事亲自参加董事会会议次数的平均值为标准，分组对独立董事津贴和经理人薪酬及薪酬业绩敏感性的关系进行回归的分析结果。分组样本的回归结果与主检验中表5－7至表5－10的结论一致，在大股东缺位组、CEO权威性较高组、董事长关联性高组、独立董事怠职组中，独立董事津贴与经理人薪酬的正相关关系更加显著，独立董事津贴和经理人薪酬业绩敏感性的负相关关系也更加显著。这些结果说明，当大股东监督力度较低、CEO权威性较高、董事长关联性高、独立董事履职不勤奋的上市公司中，独立董事与公司管理层更容易发生合谋行为，结果验证了H5－2a至H5－2d的观点。

表5－17列示的分别是以第二到第十大股东持股比例平均值、公司是否拥有海外背景独立董事、机构投资者持股比例的平均值、地区市场化指数的平均值为标准，分组对独立董事津贴和经理人薪酬及薪酬业绩敏感性关系进行回归的结果。分组样本的回归结果与主检验中表5－11至表5－14

表 5－16 H5－2a 至 H5－2d 的稳健性检验结果

变量	分组样本															
	大股东缺位组		大股东未缺位组		CEO 权威性较高组		CEO 权威性较低组		董事长关联性高组		董事长关联性低组		独立董事怠职组		独立董事非怠职组	
	回归系数	T 值	回归系数	T 值	回归系数	T 值	回归系数	T 值	回归系数	T 值	回归系数	T 值	回归系数	T 值	回归系数	T 值
常数项	3.666 ***	15.964	2.205 ***	8.394	2.977 ***	12.929	2.921 ***	11.805	2.899 ***	13.204	3.149 ***	11.470	3.223 ***	13.667	2.212 ***	7.899
ROS	0.022 ***	2.890	-0.003	-0.244	0.024 ***	3.026	-0.004	-0.411	0.021 ***	2.751	-0.009	-0.722	0.022 ***	2.820	-0.004	-0.273
IndepPay	0.441 ***	21.455	0.403 ***	19.357	0.450 ***	22.199	0.416 ***	19.709	0.449 ***	23.646	0.394 ***	16.798	0.416 ***	20.704	0.485 ***	19.168
ROS × *IndepPay*	-0.002 ***	-2.774	0.000	0.250	-0.002 ***	-2.863	0.000	0.401	-0.002 ***	-2.677	0.001	0.786	-0.002 ***	-2.773	0.000	0.351
Lnsize	0.169 ***	21.191	0.268 ***	27.875	0.200 ***	24.431	0.222 ***	24.913	0.197 ***	26.639	0.227 ***	21.407	0.204 ***	24.974	0.212 ***	20.907
Level	-0.482 ***	-12.277	-0.328 ***	-8.129	-0.339 ***	-8.624	-0.449 ***	-11.082	-0.393 ***	-10.659	-0.357 ***	-7.932	-0.440 ***	-11.315	-0.301 ***	-6.376
Growth	0.004	0.618	0.000	-0.058	0.001	0.210	0.007	0.937	-0.002	-0.302	0.011	1.300	-0.008	-1.092	0.010	1.514
Bsize	0.198 ***	4.339	0.252 ***	5.741	0.236 ***	5.307	0.239 ***	5.262	0.341 ***	8.090	0.093 *	1.897	0.276 ***	6.077	0.206 ***	3.950
Spvboard	-0.033	-1.139	-0.065	-1.572	-0.067 **	-2.092	-0.045	-1.281	-0.105 ***	-3.557	0.022	0.552	-0.103 ***	-3.231	0.028	0.728
Industry	控制		控制		控制		控制		控制		控制		控制		控制	
Area	控制		控制		控制		控制		控制		控制		控制		控制	
Year	控制		控制		控制		控制		控制		控制		控制		控制	
F 值	101.374 ***		80.427 ***		96.357 ***		82.482 ***		106.054 ***		67.753 ***		88.666 ***		75.527 ***	
Sig.	0.000		0.000		0.000		0.000		0.000		0.000		0.000		0.000	
Adj − R^2	0.408		0.305		0.364		0.344		0.365		0.328		0.346		0.385	
Obs.	4217		5257		4827		4666		5487		3960		4977		3448	

注：*、**、*** 分别表示在置信度为 10%、5%、1% 的水平上显著相关。

表 5－17　H5－3a 至 H5－3d 的稳健性检验结果

变量	分组样本															
	股权制衡度较高组		股权制衡度较低组		含海外背景独董组		不含海外背景独董组		机构投资者监督力度较大组		机构投资者监督力度较小组		市场化发育程度较高组		市场化发育程度较低组	
	回归系数	T值	回归系数	T值	回归系数	T值	回归系数	T值	回归系数	T值	回归系数	T值	回归系数	T值	回归系数	T值
常数项	3.193 ***	11.813	2.926 ***	13.478	3.202 ***	8.436	3.007 ***	15.762	2.660 ***	8.457	3.372 ***	15.169	3.366 ***	14.798	2.837 ***	11.234
ROS	－0.014	－1.142	0.022 ***	2.913	－0.003	－0.174	0.014 *	1.861	0.010	0.705	0.012	1.640	－0.002	－0.234	0.041 ***	3.280
IndepPay	0.362 ***	15.490	0.464 ***	24.555	0.416 ***	11.938	0.432 ***	26.830	0.409 ***	15.830	0.442 ***	22.635	0.410 ***	21.312	0.432 ***	19.822
ROS × *IndepPay*	0.001	1.221	－0.002 ***	－2.843	0.000	0.128	－0.001 *	－1.761	－0.001	－0.669	－0.001	－1.565	0.000	0.285	－0.004 ***	－3.228
Lnsize	0.218 ***	22.206	0.202 ***	26.489	0.225 ***	15.460	0.207 ***	31.354	0.219 ***	18.675	0.186 ***	23.630	0.211 ***	25.815	0.215 ***	25.105
Level	－0.304 ***	－6.289	－0.400 ***	－11.143	－0.374 ***	－5.109	－0.386 ***	－12.733	－0.259 ***	－4.755	－0.396 ***	－10.329	－0.159 ***	－4.159	－0.548 ***	－13.590
Growth	0.014	1.602	－0.002	－0.288	0.019	1.252	0.001	0.211	0.013	1.482	0.000	0.046	0.000	0.078	0.001	0.120
Bsize	0.314 ***	6.214	0.206 ***	5.014	0.178 **	2.304	0.240 ***	6.936	0.310 ***	5.586	0.249 ***	5.867	0.231 ***	5.596	0.253 ***	5.354
Spvboard	0.078 **	2.019	－0.131 ***	－4.362	－0.137 **	－2.443	－0.048 *	－1.859	0.018	0.422	－0.078 **	－2.508	－0.108 ***	－3.300	0.038	1.138
Industry	控制		控制		控制		控制		控制		控制		控制		控制	
Area	控制		控制		控制		控制		控制		控制		控制		控制	
Year	控制		控制		控制		控制		控制		控制		控制		控制	
F 值	71.564 ***		106.106		43.319 ***		132.406 ***		55.358 ***		100.038 ***		94.253 ***		75.144 ***	
Sig.	0.000		0.000		0.000		0.000		0.000		0.000		0.000		0.000	
$Adj-R^2$	0.341		0.368		0.430		0.330		0.335		0.355		0.336		0.334	
Obs.	4086		5421		1628		8009		3234		5047		5347		4290	

注：*、**、*** 分别表示在置信度为 10%、5%、1% 的水平上显著相关。

的结论一致，在第二到第十大股东持股比例较多、拥有海外背景独董、机构投资者持股比例较大、地区市场化发育程度较高的公司，独立董事津贴和经理人薪酬的正相关关系趋于缓和，独立董事津贴和经理人薪酬业绩敏感性的负相关关系也趋于缓和，甚至转为正向关系。总体上说明，股权制衡、海外背景独董、机构投资者持股、地区市场化发育这些因素在一定程度上抑制了独立董事与上市公司管理层的合谋关系，结果验证了 H5 - 3a 至 H5 - 3d 的观点。

表 5 - 15、表 5 - 16 和表 5 - 17 显示，用 ExecPay 替代 DirePay 后，H5 - 1 至 H5 - 3d 均得到验证，解释变量和被解释变量的关系与主检验结论保持一致，表明本章结论具有稳健性。

五、研究结论与建议

（一）本章主要结论

本章选取我国沪深 A 股上市公司 2010 ~ 2014 年 5 年的数据作为研究对象，基于委托代理理论、管理者权力理论、组织合谋理论等理论对独立董事津贴和高管薪酬及高管薪酬业绩敏感性的关系进行检验。通过研究，得到以下几点结论：

第一，在高管薪酬确定时独立董事和高管之间存在合谋关系。本章分别选用前三名董事平均薪酬的自然对数（*DirePay*）和前三名经理人平均薪酬的自然对数（*ExecPay*）来衡量高管薪酬，以独立董事平均津贴的自然对数（*IndepPay*）衡量独立董事津贴，来研究独立董事津贴和高管薪酬及薪酬业绩敏感性的关系。回归结果和稳健性检验结果都表明，独立董事津贴和高管薪酬显著正相关，与高管薪酬业绩敏感性显著负相关，即独立董事津贴越高，高管薪酬也越高，高管薪酬业绩敏感性越低，结果表明独立董事和高管之间存在合谋的关系。

第二，当大股东缺位、CEO 权威性大、董事长关联性强、独立董事怠职时，独立董事和高管的合谋程度较高。回归结果和稳健性检验结果都表明，大股东缺位、CEO 权威性大、董事长关联性强、独立董事怠职时，独立董事津贴和高管薪酬的正相关关系更加显著、和高管薪酬业绩敏感性的负相关结果也更加显著，表明大股东缺位、CEO 权威性大、董事长关联性强、独立董事怠职，这些因素助长了独立董事和高管合谋。

第三，当股权制衡大、有海外背景独立董事、机构投资者监督力度大、地区市场化发育程度高等公司内部对高管制衡和监督力量更大或外部市场竞争更充分时，独立董事和高管的合谋程度相对较低。回归结果和稳健性检验结果都表明，当第二到第十大股东持股比例之和较大，或拥有海外背景的独立董事，机构投资者持股比例较多，所在地市场化发育程度较高时，独立董事津贴和高管薪酬的正相关关系被削弱，和高管薪酬业绩敏感性的负相关结果也被削弱或者转为正向关系，表明独立董事和高管合谋的程度趋于缓和，这些因素在一定程度上可抑制独立董事和高管的合谋程度。

（二）相关政策建议

本章从合谋角度研究了独立董事津贴和高管薪酬及薪酬业绩敏感性的关系，并探究了促进和抑制独立董事和高管在薪酬契约中合谋的因素。根据本章的研究结论，提出以下几条建议：

1. 减少助长合谋因素的措施

（1）设立独立董事协会，改善独立董事聘任机制。独立董事未能真正做到“独立”，反因提名、续任和个人收益等问题可能受到高管的挟制，进而与高管合谋，这显然违背了独立董事制度设立的初衷。要让独立董事真正的“独立”，必须让他（她）在聘任和经济上都能独立，让独立董事成为一种职业，这是解决独立董事不独立问题的关键所在。可以设立独立董事协会，将独立董事的角色职业化，使专业和富有实践经验的人士加入其中，引进更多具有海外背景的独立董事，由协会集中管理执业成员，公布合格的独立董事候选名单，披露其履职背景和专业水平以备上市公司之需。每一任独立董事的任职工作交由主要构成人员为独立董事的提名委员会进行，报股东大会采取“一人一票”选举通过。除此之外，协会要制定规范合理的津贴考评办法，按照独立董事的任职情况发放津贴，割断其与上市公司的经济联系。另外，还可以适当地采用延期支付计划和给予数量非常少的股票期权以激励独立董事关注上市公司的长远发展，切实加强独立董事履职和中小股东利益的联系。这样既可以消除公司内部人干扰独立董事履职的因素，又能够形成声誉机制，约束独立董事行为，防止其与高管合谋，更大限度地发挥独立董事监督功能。

（2）构建更完备的高管薪酬考核体系。高管存在借助管理者权力强化其与独立董事合谋基础为自己牟取私有收益的现象。对此，一方面，要加大高管薪酬与公司业绩的匹配程度，构建更为严格的与绩效紧密联系的高管薪酬考核体系，避免高管薪酬和公司业绩不匹配，减少高管利用职位权力影响独立董事监督评价公正性，减少高管攫取不合理收益的操纵空间。另一方面，可以引入多种激励工具，增加对高管的长效激励，如股票期权等方式，将高管的目标效用更多地与股东利益联系在一起。

2. 强化抑制合谋因素的措施

（1）优化股权结构，发挥股东制衡作用。在国有性质公司中内部人控制现象由于大股东缺位而较突出，独立董事和高管合谋程度相对较严重。与此相对应，当第二到第十大股东或机构投资者持股比例较大时，独立董事和高管的合谋情况得到了一定程度上的抑制，显示出公司内部对高管的制衡和监督力量所发挥的作用。因此，公司不妨将机构投资者作为战略合作伙伴来帮助治理内部人控制现象，使公司股权更加多元化，充分发挥股东的制衡作用，为实现高效的内部监督机制奠定基础。

（2）加快市场化进程，培育经理人市场，以优化独立董事制度和高管激励机制有效运行的制度环境。市场化发育程度较高的地区，独立董事和高管的合谋程度得到减弱。市场化进程的推进推动了公司信息的有效传递和管理人员供给，外部市场的竞争迫使着管理者需要付出更多努力来赢得市场竞争。董事市场的竞争也会对独立董事施加压力，督促独立董事在竞争市场中更加注重尽责履职。市场力量带来的约束机制有利于减轻股东与高管之间的代理问题，有助于减少管理者对股东利益的攫取。

第六章

管理层权力、内部控制与高管薪酬业绩敏感性

一、绪论

（一）研究背景与意义

1. 研究背景

企业高层管理人员的薪酬激励问题一直是学术界研究的热点。激励理论认为，合理的高管薪酬能够有效地减轻由于所有权和经营权分离造成的股东与管理层之间的代理问题，使股东与管理层的利益趋于一致（Jensen & Mecking，1976）。然而，现实中中央企业高管薪酬与最优激励理论存在较大差距，这集中表现在以下几方面：一是高管天价薪酬现象时有发生。例如，2016 年海通证券高管薪酬总额近 5000 万元，与 2015 年同比增加 102%。更为典型的是，2007 年中国平安董事长年薪达 6600 万元，成为中

国上市公司“天价”高管第一人①。二是零薪酬现象。在高管天价薪酬常见的同时，亦有不少高管零薪酬事件发生。例如，中国平安董事长放弃2008年的薪酬。领取零薪酬可能是CEO的理性选择，但在短期内会对公司业绩产生显著负面影响。三是高管薪酬与公司业绩不相称。此方面集中体现为，当公司业绩下降甚至亏损时，高管薪酬却不受影响甚至不降反升。例如，三爱富公司净利润从2011年的7.31亿元降到2015年的-3.11亿元，但高管薪酬依旧保持增长②。大唐发电净利润由2015年赢利28.1亿元到2016年亏损26.2亿元，但高管薪酬仍由2015年的665.39万元上升至2016年的838.47万元③。2009年3月美国次贷危机期间，全球第一大保险商——美国国际集团在接受美国政府300亿美元的救助金后，当月15日就向其金融产品部（AIGFP）高管发放1.65亿美金，此番举动引起了美国社会各界的猛烈抨击④。高管薪酬异常现象的频繁发生引发了学术界对管理层权力与高管薪酬关系的关注。

相对而言，我国上市公司的财务丑闻发生频率较高。早期有著名的“银广厦”、“红光实业”等事件，近年有万福生科、紫光古汉、绿大地等财务造假案。这些事件的发生说明我国上市公司的内部控制制度存在较严重缺陷，导致我国相关证券监管机构出台文件以强化上市公司内部控制制度的建设。上海证券交易所和深圳证券交易所于2006年分别颁布了《上海证券交易所上市公司内部控制指引》和《上市公司内部控制指引》，2008年和2010年，财政部、审计署等五部委联合发布了《企业内部控制基本规范》和《企业内部控制配套指引》，要求沪深主板上市公司自2012年1月1日起须进行年度内部控制评价并公开披露评价报告。有效的内部

---

① 平安高管6000万年薪是如何得来的［EB/OL］.http：//finance.sina.com.cn/review/20080424/11264795845.shtml.

② 三爱富业绩雪崩式下滑，高管薪酬高比例增长［EB/OL］.http：//www.sohu.com/a/84833023_115377.

③ 业绩与薪酬脱钩，337家上市公司的高管薪酬令人汗颜［EB/OL］.https：//baijiahao.baidu.com/s?id=1564368172046590&wfr=spider&for=pc.

④ 美国各界同声讨伐AIG奖金门［EB/OL］.http：//finance.ifeng.com/a/20090320/460771_0.shtml.

控制能够提高公司业绩，抑制管理层自利行为（周美华等，2016）。那么，有效的内部控制能否削弱高管权力对自身高管薪酬的影响，从而提升高管薪酬业绩敏感性？

高管在很大程度上拥有公司日常经营管理的决策权，决策权越大，高管对自身薪酬决定的影响力越强，导致高管薪酬越容易与公司业绩脱节。而内部控制作为公司内部监督机制，不仅会直接影响公司高管薪酬业绩敏感性，而且还可通过约束高管行为，使管理层更少利用权力为自己谋求利益，从而间接对高管薪酬业绩敏感性产生影响。基于上述考虑，本章对管理层权力、内部控制和高管薪酬业绩敏感性的关系进行研究。

2. 研究意义

（1）科学意义。阅读相关文献发现，有关高管薪酬的文献基本是以契约理论为依据。随着研究不断深入，一些学者开始从管理层权力理论角度对高管薪酬进行研究，本章利用管理层权力理论，考察管理层权力会如何影响高管的薪酬业绩敏感性，丰富了高管薪酬的理论研究。

随着企业内部控制制度的日益完善，有关内部控制的研究也十分丰富，对其经济后果的研究主要集中在对会计信息质量和公司业绩的影响。内部控制作为公司的内部治理机制，良好的内部控制对道德风险和逆向选择具有约束作用。而有关内部控制对高管薪酬业绩敏感性产生的影响相关研究还不多，内部控制对管理层利用管理层权力操纵薪酬是否同样具有约束作用的研究也较为鲜见，本章研究内部控制对高管薪酬业绩敏感性产生的影响，以及内部控制能否约束管理层利用权力操纵薪酬的行为，可丰富有关内部控制的研究成果。

（2）实践意义。管理层权力会严重影响薪酬激励的效果。管理层权力的存在使公司治理效果受到影响，使薪酬机制本身变成一种代理问题。本章通过研究管理层权力与高管薪酬业绩敏感性之间的关系，提示我国管理层权力产生的不良经济后果，有利于我国科学合理地设计高管薪酬激励契约。

内部控制制度作为公司的内部治理机制之一，有效的内部控制可以对公司的高管薪酬制度实现有效监督，能够抑制高管的自利行为，使管理层与公司整体的利益一致，从而提高公司业绩。本章研究内部控制和高管薪酬业绩敏感性的关系，以及内部控制对管理层权力与高管薪酬业绩敏感性的影响，将有助于公司完善内部控制制度，缓解由管理层权力带来的第一类代理问题。

（二）研究目标

在上市公司，由于所有权与控制权的分离，公司高管往往在很大程度上拥有对公司的控制权，管理层有能力也有意愿利用自身控制权为自己谋求更多利益，使高管薪酬与公司业绩脱节。而内部控制作为公司内部的监督机制，不仅能够直接影响公司高管薪酬业绩敏感性，而且可以通过约束高管行为，使管理层更少利用自身权力为自己谋求利益，间接地对高管薪酬业绩敏感性产生影响。因此，本章对管理层权力、内部控制和高管薪酬业绩敏感性进行研究。具体而言，主要研究以下问题：第一，公司高管权力是否会降低高管薪酬业绩敏感性；第二，公司内部控制制度是否会直接提升高管薪酬业绩敏感性；第三，内部控制能否抑制管理层权力对高管薪酬业绩敏感性的负面影响。

（三）研究内容

本章对管理层权力、内部控制与高管薪酬业绩敏感性间的关系进行了研究，主要内容分为五部分：

第一部分，绪论。简述研究背景和意义、研究内容、研究目标和研究创新。

第二部分，文献综述。阐述有关管理层权力、内部控制和高管薪酬业绩敏感性的文献，梳理管理层权力、内部控制与高管薪酬业绩敏感性之间的关系。

第三部分，研究假设与研究设计。在理论分析的基础上提出研究假设，根据研究假设构建研究模型，并对主要变量进行定义。

第四部分，实证结果与分析。对样本数据运用描述性统计、相关性分析、回归分析等方法对所提出的假设进行检验和分析，并在此基础上进行稳健性检验。

第五部分，研究结论与政策建议。总结实证结果得出结论，并根据研究结论提出相关政策建议。

（四）研究创新

本章研究贡献在于：①通常管理层掌握着企业内部控制建立与执行的权力，这会导致企业高管凌驾于内部控制之上，甚至导致董事会对管理层不能形成有效制约（赵刚等，2017）。研究结果表明，虽然管理层权力会降低其薪酬的激励效果，但有效的内部控制可以削弱管理层权力在此方面的负面作用，内部控制可对管理层形成制约，此结果有助于消除内部控制在约束管理层自利行为上的无用论之疑虑。②相关文献表明，企业内部控制对盈余质量（方红星和金玉娜，2011）、资金成本（Ashbaugh - Skaife et al.，2007；林钟高和丁茂桓，2017）、审计成本、公司并购等诸多方面存在影响。内部控制可提升高管薪酬激励效果，并削弱管理层权力对高管薪酬激励效果的负面影响，此结果进一步佐证了内部控制的重要性，对现有内部控制研究成果形成了有益补充。

二、文献综述

（一）高管薪酬的文献回顾

1. 高管薪酬与公司业绩的关系

作为最优契约理论与管理层权力理论的矛盾点，公司高管人员的薪酬与公司业绩之间的关系引起了一批学者的关注，成为学术研究的重要领域。但国内外学者对这两者之间的关系均有着不一致的结论。

（1）一些学者认为公司高管薪酬与公司业绩之间显著正相关。Murphy（1985）以1964～1981年73家美国制造业公司为样本，对高管薪酬和公司业绩之间的关系进行了实证研究，研究发现公司高级管理人员的报酬与公司业绩呈正相关关系。唐清泉等（2008）通过对高管人员激励报酬的研究，发现高管报酬与公司业绩的关系显著为正。刘绍娓和万大艳（2013）根据2003～2010年296家国有和176家非国有上市公司的数据，研究显示高管薪酬的水平与公司业绩的关系显著为正，且随着高管持股比例的上升，非国有公司的高管薪酬对公司绩效的影响程度更大。

（2）也有部分学者认为高管薪酬与公司业绩之间的关系很弱，甚至是负相关的关系。Fama 和 Jensen（1983）认为，在相对成熟的经理人市场中，公司对高管的薪酬激励效果不是很明显。Jensen 和 Murphy（1990）利用1974～1986年2213位高管薪酬的研究报告，通过研究发现，公司CEO的薪酬变化与股东财富存在弱相关性，股东财富每变动1000美元，CEO薪酬仅仅只会变动3.25美元。李增泉（2000）运用1998年披露的年度高管薪酬与持股的相关数据通过回归模型检验得出，我国上市公司的高管报酬与企业业绩不相关，而是与企业规模紧密相关，表现出明显的地区差异。方军雄（2009）认为，高管薪酬业绩敏感性存在不对称的情况，当业绩上升时，薪酬上涨更快，但当业绩下降时，薪酬却下降更慢，即存在着粘性特征。陈修德等（2014）的研究也同样显示，高管的报酬有着明显的薪酬粘性特征，且这种特征只存在于亏损较为严重的企业。柴才等（2017）表示，高管薪酬与公司业绩呈显著倒U形关系。

2. *高管薪酬激励效果的影响因素*

既然学者对高管薪酬与业绩之间的关系得出的研究结论不一致，那么究竟是哪些因素导致这种不一致的结论？国内外的学者不再仅仅关注高管薪酬与业绩之间的关系，而是把研究的重点放在高管薪酬业绩敏感性与其他因素之间的关系上。大部分学者研究了公司规模、董事会结构以及公司结构等要素对高管薪酬业绩敏感性的影响。

（1）公司规模。Michael（1986）以高管薪酬为被解释变量，以公司规模的虚拟变量与净资产收益率（*Roe*）的交叉项为解释变量进行研究，结果显示两者之间存在着明显的相关关系，说明公司规模对高管薪酬业绩敏感性有显著的影响。杨玉凤、沈玉玲和胡欣（2010）以2008年A股上市公司为研究对象，结果发现公司规模与高管薪酬业绩敏感性显著正相关。胡嘉慧（2013）发现，创业板上市公司的高管年薪受公司规模影响较大。余祥云和蔡璐（2017）对2012~2014年A股市场的数据进行分析发现，公司规模越大，高管薪酬与公司的业绩越相关。

（2）董事会结构。Finkelstein（1992）分别对1971年、1976年、1982年和1983年的娱乐业公司进行了研究，实证结果表明，外部董事的持股比例越高，越能够对高管进行有效监督，高管薪酬业绩敏感性就越高。Lambert等（1993）的研究发现，董事会越独立，高管薪酬变化受到的限制越多，因此他们对自己的薪酬与业绩挂钩的意愿就越强。

（3）公司结构。Ezzamel和Watson（1997）分析了公司结构对高管薪酬的影响，研究显示，公司治理变量不管是单独或是与公司业绩变量共同作用时，高管薪酬与业绩的相关性都不显著。肖继辉（2005）将上市公司分为国有控股、国有独资、国有法人控股以及民营公司四类，对这四类上市公司的高管薪酬业绩敏感性进行检验，结果显示，薪酬业绩敏感性最高的是民营企业，其次是国有独资和国有法人控股，而国有控股公司高管薪酬与业绩的关系并不显著，说明公司产权性质影响高管薪酬业绩敏感性。杨睿娟等（2017）的研究结果显示，国有上市公司的股权结构对公司业绩的正向作用呈下降趋势，从而影响了公司业绩对高管薪酬的促进作用。

（二）管理层权力的文献回顾

1. 管理层权力的影响因素

Bebchuk等（2002）较为系统地提出了管理层权力理论，他们认为由于信息不对称等原因，董事会不能独立于公司管理层对高管薪酬契约进行设计，管理者有意愿也有能力影响自己的薪酬，使公司并不能按照业绩水平合理支付管理者薪酬，因此管理层薪酬激励本身可能成为委托代理的一种问题。众多国内外学者对管理层权力的影响因素进行了探索。

（1）董事会结构。Hambrick 和 Finkestein（2010）、Chung 和 Pruitt（1996）研究均发现，董事长和总经理两职合一会增强管理层对董事会的影响，管理层利用权力对薪酬设计产生影响。Core 等（1999）的研究显示，在董事会独立性较弱的情况下，董事会无法有效地对管理层进行监督，从而管理层有更大的权力来提高自己的薪酬。

（2）股权集中度。Bebchuk 等（2002）的研究结果表明，在股权相对比较分散的公司，管理层权力更大，管理层侵害股东利益的行为更明显。卢锐（2008）研究表示，当公司持股比例越集中时，外界媒体和公众能够更好地对其进行监督，从而更能约束管理层行为。

（3）高管任期。Hu 和 Kumar（2004）和 Cheng（2005）把 CEO 的任期作为管理层权力的一个代理指标，CEO 的任期越长，管理层权力越大。

2. 管理层权力的经济后果

当管理者利用手中的权力为自己谋求更多利益时，往往会对公司造成不良的经济后果。国内外大量学者对管理层权力带来的经济后果进行了多方面研究。

（1）管理层权力影响公司业绩。管理层权力与公司业绩之间关系的研究结果大体上可以归结为两类：一是两者呈线性关系；二是非线性关系。Cho（1998）研究表明，高管持股比例与公司投资规模呈非线性关系。Hambrick 和 Fukutomi（1999）的研究结果显示，CEO 任期与公司绩效呈倒 U 形关系。Dehaenne（2001）研究发现，董事长和总经理两职合一与企业业绩负相关。卢锐、魏明海和黎文婧（2008）以 2001 ~ 2004 年上市公司数据进行研究，发现管理层权力越大的公司，其在职消费越高，公司业绩却并没有得到提升。邵剑兵和李威（2017）认为公司管理层拥有的权力会进一步扩大公司高管薪酬差距，从而影响公司绩效。

（2）管理层权力影响投资效率。Dickinson（2011）认为，管理层权力会导致公司投资不足现象出现。谭庆美等（2014）研究了管理层权力对过度投资的影响，实证结果发现，公司管理层综合权力越大，投资过度的现象就越严重。王茂林等（2014）的研究显示，管理层权力会削弱现金股利对非效率投资的影响。谢佩宏和汪春霞（2017）以 2010～2015 年 A 股制造业公司为研究对象，发现对于成长型企业，两职合一、高管持股和股权结构等因素会显著影响过度投资，对于成熟型企业，高管任职期限可以有效缓解过度投资问题，但两职合一和高管持股会明显加重公司投资不足问题。

（3）管理层权力影响会计信息质量和盈余管理。王克敏和王志超（2007）利用两职合一以及总经理来自控股单位来代表管理层权力，结果显示随着管理层权力的扩大，高管薪酬水平有所提升，高管报酬引发盈余管理的可能性降低。

（4）管理层权力影响高管薪酬和薪酬业绩敏感性。卢锐（2008）利用 2001～2004 年两市 A 股上市公司为研究对象，结果发现，管理层权力越大，高管薪酬越高，但公司业绩并没有提升。进一步的研究还发现，相比亏损业绩，高管薪酬与盈余业绩的敏感性关系更高。耿云江和王明晓（2016）认为，高管的超额在职消费能够在一定程度上反映管理层权力，并且显著降低高管薪酬业绩敏感性。

（三）内部控制的文献回顾

1. 内部控制的作用

美国的反舞弊性财务报告委员会发起组织（COSO 委员会）提出的专题报告《内部控制——整体框架》中谈到，内部控制是一个过程，受企业董事会、管理当局和其他员工的影响，为保证财务报告的可靠性、经营效率和效果以及现行法规的适用性，而自行约束和调整内部业务活动的自律系统。该报告强调公司中的每位员工都对内部控制承担责任，使公司员工能够更积极主动地遵循和监督内部控制，而不是与管理层对立，被动地接受内部控制。

内部控制的作用主要体现在以下几个方面：第一，可以保证公司资产安全。内部控制可以利用恰当的方式对货币资金收支、物资采购和验收等环节进行监控，防止侵占、挪用等违法行为，确保资产的安全。第二，能够防范公司经营风险。在生产经营过程中，为了实现公司目标，需要对各项业务进行风险评估和控制，内部控制作为公司内部治理因素，对公司风险控制有一定的作用，能够利用相应的风险评估，促使公司从风险薄弱处控制和规避风险。第三，可以保证公司财务会计信息的真实性和准确性。真实和准确的会计信息对一家公司来说至关重要，因为它不仅能够改善公司经营管理，提高经济利益，而且能够吸引外部投资者。内部控制可以有效地监督公司财务会计信息的收集、汇总与管理工作，进而更准确地反映公司财务状况，提高会计信息的真实性和准确性。第四，能够促进内部有效的沟通和经营管理政策的落实。高质量的内部控制能够加强公司上下级的沟通，使管理层做出的经济决策在公司能够得到有效的贯彻和落实，提高公司的经营效率。

2. 内控缺陷产生的经济后果

自 2001 年起，美国报道了大量的财务丑闻，安然、施乐等一大批企业承认公司存在财务舞弊现象，这在美国资本市场上引起轩然大波，揭露了美国公司内部控制制度存在严重缺陷。因此，2002 年 7 月美国国会出台了 Sarbanes – Oxley 法案（SOX 法案），其中的 404 条款强调管理层对内部控制的评估，并规定公司年度报告需要包含内部控制报告，同时需要管理层在年末评估内部控制体系的有效性，注册会计师则要对管理者做出的有效性评估进行合理评价。

早期我国公司内部控制意识相对薄弱，相关法律制度也不完善，导致了许多企业由于缺乏有效的内部控制而引起的负面事件频发。中航油案件发生后，我国逐渐开始重视内部控制。2004 年底和 2005 年 6 月，国务院作出重要批示，明确要求“由财政部牵头，联合证监会和国资委，积极研究制定一套完整、公认的企业内部控制指引”。随后，我国上交所和深交所于 2006 年分别颁布了《上海证券交易所上市公司内部控制指引》和

《上市公司内部控制指引》，2008 年和 2010 年，五部委联合发布了《企业内部控制基本规范》和《企业内部控制配套指引》。在一系列有关内部控制的文件出台后，学者纷纷把研究焦点放在内部控制上，对内控缺陷所导致的经济后果进行了大量研究。

（1）公司业绩方面。Bryan 和 Lilien（2005）研究表明，同一行业中，存在内部控制缺陷的公司，其规模更小，业绩更差。Ashbaugh - Skaife 等（2010）考察了内部控制与企业业绩的关系，结果表明，披露了内部控制缺陷的公司其市场价值更低。陈丽春和周曙光（2010）以 2008 年披露了内控信息的公司为研究对象，发现内部控制缺陷与公司业绩负相关。何玉、徐春炫和王宇（2017）以 2012 ~ 2015 年 A 股上市公司为研究对象，分析了内部控制对公司业绩的影响，结果显示公司的内部控制缺陷越严重，其业绩越差。

（2）盈余质量。Ashbaugh - Skaife 等（2007）检验了内部控制有效性与财务报告质量的关系，结果表明，存在内部控制缺陷会降低财务报告的真实性，导致公司盈余质量下降。Doyle（2007）的研究发现，在内部控制相对较差的公司，管理层更可能通过盈余管理操纵公司利润，导致公司盈余质量降低。Hogan 和 Wilkins（2008）探讨了内部控制缺陷和审计费用的关系，发现这两者之间存在正相关的关系。齐保垒（2010）发现存在内部控制缺陷的公司具有更低的应计质量。叶建芳、李丹蒙和章斌颖（2012）在研究中发现，相比内控完善的公司，内控缺陷的公司有更低的盈余质量。李开江和尹宗成（2017）认为，公司内部控制存在缺陷时，盈余管理的程度就越高，盈余质量越低。

（3）融资成本。Ashbaugh - Skaife 等（2005）认为，内部控制存在缺陷的公司融资成本更高。Anna 等（2011）认为，当一家公司存在着重大的内部控制薄弱环节时，公司借款成本会越高。李晓慧和杨子萱（2013）的研究表明，内部控制与债务成本呈负相关关系。陈汉文和周中胜（2014）研究发现，公司内部控制质量对公司融资成本有着重要作用，当公司内部控制不完善时，债务成本就越高。林钟高和丁茂桓（2017）考察了内部控制缺陷对债务融资成本的影响，同样发现，内控制度存在缺陷加大了公司风险，从而增加了公司融资成本。

（四）文献述评

从上述文献回顾中可以看到，对于高管薪酬与公司业绩之间的关系，学者的研究没有得到一致结论。有的文献结果表明高管薪酬与公司业绩正相关，有的呈负相关，甚至有的发现它们两者之间没有关系。这说明公司制定的薪酬激励契约并没有对公司高管起到有效激励作用，高管薪酬业绩敏感性还会受到其他因素的影响。管理层往往会利用其掌握的权力为自己谋利。在管理层权力理论提出后，学术界对管理层权力如何影响高管薪酬进行了研究。大部分研究都认为管理层权力对高管薪酬进行操纵，这可能会使高管薪酬业绩敏感性下降。

通过对内部控制相关文献的梳理，我们观察到国外学者对内部控制的研究成果较为丰富。由于我国内部控制制度发展较为缓慢，国内学者虽然从不同方向对内部控制进行了考察。不过将内部控制与管理层权力结合起来，研究他们对高管薪酬业绩敏感性却不多见。这为我们提供了新的研究思路。

三、研究假设与研究设计

（一）研究假设

1. 管理层权力与高管薪酬业绩敏感性

根据最优契约理论，高管薪酬激励的目的是解决所有权和经营权分离带来的代理问题，高管报酬应该要与公司绩效正相关。但是，现实情况并非与最优契约理论完全一致，高管高额薪酬、零薪酬、高管薪酬及其变动与公司业绩脱钩等现象的广泛存在，说明最优契约理论还不足以充分解释高管薪酬与业绩的关系。在此基础上发展出来的管理层权力理论认为，管理层有能力影响自己薪酬契约的设计。首先，关于管理层努力程度的信息不对称，股东处于信息劣势。如此，容易导致当公司经营状况良好时，高管通常将此功劳归因于自己的努力或能力，公司业绩越好，高管获得薪酬越多。但当公司出现亏损时，管理者则会利用自身权力将责任推卸给其他客观因素，如经济萧条、市场竞争激烈和行业不景气等。管理层权力越大，邀功与卸责行为也越容易发生。其次，在制定薪酬时管理者有较强的讨价还价能力。管理者能力难以评估、管理工作的成效受管理者主动性和积极性等主观意愿影响较强，导致管理者报酬难以根据其能力来确定。因此，相对于普通劳动者，企业高管在薪酬契约签订上有较高的谈判地位。高管权力越大，其与股东的谈判地位也越高，在优秀管理者稀缺的经理人市场更是如此。最后，董事会往往并不完全独立于企业管理层，管理层权力的扩张可能导致其权力凌驾于董事会之上。通常，管理层与董事会成员有着某种特殊关系，在设计薪酬契约时，管理层会利用其对董事会的影响为自己获取更多的薪酬。考虑到许多公司董事会及其成员事实上受到公司高管的影响甚至控制（Bebchuk et al.，2002），董事会中的薪酬委员会并不能完全按最优契约原则来设计与执行高管薪酬，管理层凭借权力影响自身薪酬，使得管理层获得的薪酬超出最优激励契约所决定的水平。高管对董事会的影响与控制也容易导致当公司业绩良好时高管获得的薪酬较高，而当公司业绩出现下滑时高管的薪酬却并没有发生太多变化，高管的薪酬业绩敏感性越低。高管权力越大，高管薪酬越容易与公司业绩脱钩。较大的管理层权力容易引发代理问题，弱化高管薪酬的激励作用，使公司高管薪酬业绩敏感性减弱。基于此，提出如下假设：

H6－1：管理层权力越大，高管薪酬越高，高管薪酬业绩敏感性越低。

2. 内部控制与高管薪酬业绩敏感性

作为公司内部重要的治理机制，有效的内部控制能够通过多种方式提升公司管理层薪酬的业绩敏感性。首先，完善内部控制能够防范公司经营风险，防止高管投资于高风险项目的过度投资行为。内部控制质量越高，越能够有效地降低公司经营风险，防止高管过度投资行为发生，从而提高业绩报酬敏感性。其次，内部控制可以保证会计信息的可靠性，提高公司会计信息质量。会计信息质量提高的基础是建立有效的内部控制（方红星和金玉娜，2011），内部控制质量越高，公司会计信息质量越好。有效内部控制对会计信息质量有积极的促进作用，从而在高管的业绩评价中有更高质量的信息可供使用。最后，有效的内部控制能够改善公司内部沟通效率，有助于提高公司业绩评价制度的效率。公司高管与职能部门、职能部门之间甚至员工与员工之间的沟通效率显著影响公司运转效率。显性成文且严格执行的内部控制更容易实施并得到全体员工的主动执行和改进，公司相关管理制度的执行效率也会得以提高。高质量的内部控制能够加强公司上下级员工间有效的沟通，使管理层做出的经济决策更能够得到有效的贯彻落实。

有效内部控制引致的经营风险的降低、会计信息质量的提高及内部管理效率的提升都有助于提高员工报酬的激励效果。公司高管也更愿意将自己的薪酬与公司业绩紧密结合在一起，此时高管薪酬与公司业绩的敏感性相对较高。良好的内部控制还可以约束高管通过过度投资来获取超额报酬的程度，高管主要获得的是基于业绩的报酬，此时报酬的激励作用更佳，高管报酬业绩敏感度相对更高些（李万福等，2011）。相关研究表明，内部控制作为公司治理机制，能够有效提高公司业绩。有效的内部控制能够帮助公司抑制管理层的自利行为，提升公司业绩，理性的管理者此时就会要求将其薪酬与公司业绩挂钩。许瑜和冯钧科（2016）以 2012～2014 年 A 股上市公司为研究对象，考察内部控制对高管薪酬业绩敏感性的影响，结果发现内部控制在有效发挥其作用的情况下，高管薪酬业绩敏感性会显著提高。因此，上市公司内部控制的有效性越高，高管薪酬业绩敏感性就越高，有效的内部控制能够显著提高高管薪酬的业绩敏感性。基于此，提出如下假设：

H6－2：内部控制制度越有效，高管薪酬业绩敏感性越高。

3. 管理层权力、内部控制与高管薪酬业绩敏感性

随着众多上市公司高管“天价薪酬”事件的发生，社会公众意识到，在委托代理关系中拥有优势信息的高管，在实际工作中并不总是将自身利益与股东利益紧密结合在一起。公司高管通常会通过盈余管理等手段高估收益、低估亏损，以此操纵公司业绩来增加自身薪酬。不仅如此，高管还会将良好的业绩归因于其努力工作的结果而要求高报酬，但当公司亏损时，高管往往将公司亏损归因于行业宏观环境不利等客观因素，以避免自身薪酬降低。因此，公司有必要建立一套能够对管理者自利行为形成约束的内部控制制度，以尽量保证高管薪酬激励契约达到期望效果。

内部控制在提升会计稳健性、增强盈余持续性、提高投资效率和抑制高管腐败等方面具有显著效果（周美华等，2016）。良好的内部控制可以提高企业会计信息质量（方红星和金玉娜，2011），有助于缓和股东与管理层之间的信息不对称程序，降低高管盈余管理的可能性与盈余管理程度，有助于减轻高管卸责与邀功的程度，为股东提供更真实可靠的信息，从而方便股东与高管之间薪酬契约的签订，增加高管薪酬激励的有效性。与此同时，内部控制的有效执行有助于限制公司高管利用权力为自己谋利，直接提高高管薪酬契约的有效性。而且当公司内部控制更有效时，公司会更多采用将高管薪酬与公司业绩挂钩的高管薪酬激励制度，以激励高管实现股东利益最大化。相反，内部控制存在缺陷的公司，其会计信息质量往往偏低，更易误导高管的管理决策，也会使外部投资者无法真实了解公司的经营状况，无法有效监督管理层的行为，进一步加剧管理层的自利行为。基于此，提出如下假设：

H6－3：完善的内部控制能够抑制管理层权力对高管薪酬业绩敏感性的负面影响。

（二）研究设计

1. 样本选取和数据来源

本章选取 2010～2016 年我国沪深两市 A 股上市公司为研究对象，选

择2010年为起点的原因是2011年迪博公司首次公布上市公司内部控制指数，反映的是2010年上市公司内部控制指数。在此基础上剔除以下样本：①考虑到ST和＊ST上市公司盈余管理行为相对严重，且其财务或经营状况通常不太正常，因此剔除ST和＊ST的公司；②考虑到金融行业受政府监管较严，且业务和财务指标不同于制造业等行业上市公司，因此剔除金融业上市公司；③考虑到刚上市公司的内部控制、信息披露等方面的制度建设还不健全，所以剔除上市时间不满一年的公司；④剔除财务数据缺失的样本。为消除极端值的影响，对主要连续性变量采用Winsorize首尾两端1%极值缩尾处理。财务数据主要来自深圳国泰安（CSMAR）数据库，内部控制指标来自迪博公司发布的《中国上市公司内部控制报告》。

2. 研究模型

本章建立模型（6－1）、模型（6－2）、模型（6－3），分别用于检验H6－1、H6－2与H6－3。根据H6－1，α_2应显著为正，而α_3应显著为负；根据H6－2，β_3应显著为正；根据H6－3，γ6应显著为正。

$$Lnpay = \alpha_0 + \alpha_1 Perf + \alpha_2 Power + \alpha_3 Perf \times Power + \alpha_4 Lnsize + \alpha_5 Lev + \alpha_6 Growth + \alpha_7 Bsize + \alpha_8 Soe + \alpha_9 Year + \alpha_{10} Industry + \varepsilon \quad (6-1)$$

$$Lnpay = \beta_0 + \beta_1 Perf + \beta_2 IC + \beta_3 Perf \times IC + \beta_4 Lnsize + \beta_5 Lev + \beta_6 Growth + \beta_7 Bsize + \beta_8 Soe + \beta_9 Year + \beta_{10} Industry + \varepsilon \quad (6-2)$$

$$Lnpay = \gamma_0 + \gamma_1 Perf + \gamma_2 Power + \gamma_3 Perf \times Power + \gamma_4 IC + \gamma_5 Perf \times IC + \gamma_6 Perf \times Power \times IC + \gamma_7 Lnsize + \gamma_8 Lev + \gamma_9 Growth + \gamma_{10} Bsize + \gamma_{11} Soe + \gamma_{12} Year + \gamma_{13} Industry + \varepsilon \quad (6-3)$$

（三）变量定义

研究模型中各变量定义如表6－1所示。其中被解释变量为高管薪酬（*Lnpay*）。根据林钟高和丁茂桓（2017）等有关高管薪酬的文献，考虑到高管薪酬的金额较大，我们用前三名高管薪酬总额平均值的自然对数来衡量。解释变量选取总资产收益率（*Roa*）作为公司绩效（*Perf*）的衡量指标。对于管理层权力（*Power*），参照卢锐（2008）、权小锋等（2010）相关文献，用股权分散、两职合一两个虚拟变量加总得到的管理层权力合计数来表示。其中股权分散用 *Power*1 表示，若第一大股东持股比例除以第二至第十大持股比例之和小于 1，则 *Power*1 取值为 1，否则为 0。通常股权越分散，管理层权力越大，因此 *Power*1 的值越大，则管理层权力越大。两职合一用 *Power*2 表示，当董事长与总经理两职合一时，*Power*2 取值为 1，否则为 0。*Power*2 的值越大，管理层权力越大。$Power = Power1 + Power2$，其数值越大，表示管理层权力越大。

采用深圳迪博公司发布的内部控制指数取自然对数（*IC*）来衡量公司内部控制的有效性。内部控制指数是以公司战略、经营、报告、合规和资产安全五大目标的实现水平为基础，根据内部控制的缺陷对数据进行修正，形成反映上市公司内部控制指数，指数（*IC*）值越大，说明企业内部控制越有效。

参考周美华等（2016）文献，将公司规模、资产负债率、公司成长性、董事会规模、产权性质作为控制变量。同时，考虑到不同年度外部经济环境、不同行业的经营模式及财务特征等存在较大差异，此处亦将年度和行业的虚拟变量纳入回归方程，以控制年度和行业差异可能带来的影响。

表 6－1 管理层权力、内部控制与高管薪酬业绩敏感性关系的变量设计

变量类型	变量名称		变量定义
被解释变量	高管薪酬	*Lnpay*	前三名高管薪酬总额的平均值并取对数
解释变量	公司业绩	*Perf*	总资产收益率 *Roa*，即净利润/平均资产总额
	管理层权力	*Power*	管理层权力积分变量。$Power = power1 + power2$
		*Power*1	如果第一大股东持股比例除以第二至第十大持股比例之和小于 1，则 *Power*1 取值为 1，否则为 0
		*Power*2	董事长与总经理两职合一时，*Power*2 取值为 1，否则为 0
	内部控制指数	*IC*	迪博发布的上市公司内部控制披露指数并取自然对数

续表

变量类型	变量名称		变量定义
控制变量	公司规模	*Lnsize*	公司期末总资产的自然对数
	资产负债率	*Lev*	年末负债总额/年末资产总额
	公司成长性	*Growth*	公司营业收入增长率，即（本年营业收入－上年营业收入）/上年营业收入
	董事会规模	*Bsize*	董事会人数
	产权性质	*Soe*	实际控制人为政府或者国有企业，取值为1，否则为0
	年度	*Year*	若观测值属于该年度，取值为1，否则为0
	行业	*Industry*	若观测值属于该行业，取值为1，否则为0

四、实证结果与分析

（一）描述性统计

主要变量的描述性统计结果如表6－2所示。高管薪酬（*Lnpay*）的平均值为4.956，对应金额为142万元。最小值和最大值分别为3.127和6.858，表明上市公司的高管薪酬存在较大差异。公司业绩（*Perf*）指标总资产收益率（*Roa*）的最大值是0.216，最小值是－0.105，说明我国上市公司的经营业绩也存在较大差异。管理层权力变量（*Power*）的平均值为0.493，标准差是0.624。内部控制（*IC*）是取对数后的结果。迪博发布的上市公司内部控制披露指数表明，我国上市公司的内部控制质量水平存在很大差异。

表 6-2　管理层权力、内部控制与薪酬业绩敏感性关系的变量描述性统计

变量	数量	平均值	标准差	最小值	最大值
Lnpay	12079	4.956	0.713	3.127	6.858
Perf	12079	0.0433	0.050	-0.105	0.216
Power	12079	0.493	0.624	0	2
IC	12079	6.501	0.125	5.892	6.805
Lnsize	12079	13.002	1.292	10.503	16.889
Lev	12079	0.531	0.210	0.0518	0.887
Growth	12079	0.154	0.335	-0.521	1.803
Bsize	12079	12.11	4.007	4	36
Soe	12079	0.468	0.499	0	1

（二）相关性分析

各变量的 Pearson 相关系数如表 6-3 所示。公司业绩（*Perf*）和高管薪酬（*Lnpay*）相关系数为 0.220 且在 1% 的水平上显著，表明公司业绩越好，高管获得的报酬越高，上市公司高管薪酬契约有一定的激励效果。管理层权力（*Power*）和公司高管薪酬呈显著正相关关系，即管理层权力越大，高管薪酬越高，此相关性分析结果支持了管理层权力理论，与 H6-1 一致。

内部控制指数（*IC*）与公司业绩和高管薪酬在 1% 水平上显著正相关，也就是说公司内部控制制度越有效，公司业绩越好，高管获得更好的薪酬，此结果初步验证了 H6-2。内部控制指数与管理层权力（*Power*）的相关系数为 -0.020，并且在 1% 的水平上显著，即内部控制指数越高，管理层权力越弱，说明内部控制确实能够在一定程度上对管理层形成约束，此结果初步验证了 H6-3。

公司规模（*Lnsize*）和高管薪酬、公司业绩呈显著正相关，公司规模越大，说明公司在市场上有较强的竞争力，公司业绩好，高管获得更高报酬。公司资产负债率（*Lev*）在 10% 水平上与高管薪酬负相关，在 1% 的水

平上和公司业绩负相关。公司产权性质（*Soe*）与高管薪酬显著正相关，表明实际控制人为政府或国有企业的上市公司，高管薪酬较高。企业产权性质与公司业绩显著负相关，表明与非国有上市公司相比，国有上市公司等经营业绩相对较低。另外，各变量之间相关系数最大值为0.486，是公司规模与资产负债率的相关系数，远低于0.8，说明各变量之间不存在多重共线性问题。

表6-3　管理层权力、内部控制与高管薪酬业绩变量的Pearson相关系数

	Lnpay	*Perf*	*Power*	*IC*	*Lnsize*	*Lev*	*Growth*	*Bsize*	*Soe*
Lnpay	1.000								
Perf	0.220***	1.000							
Power	0.047***	0.076***	1.000						
IC	0.206***	0.387***	-0.020***	1.000					
Lnsize	0.462***	0.013***	-0.163***	0.258***	1.000				
Lev	-0.111*	-0.362***	-0.183**	-0.008	0.486*	1.000			
Growth	0.027***	0.242***	0.083**	0.190***	0.002	0.028**	1.000		
Bsize	0.110***	0.061***	-0.136***	0.002	0.263***	0.233***	0.003	1.000	
Soe	0.077***	-0.120***	-0.299***	0.060***	0.329***	0.275***	-0.107***	0.271***	1.000

注：*、**、***分别代表统计显著性水平为10%、5%、1%。

（三）多元回归分析

1. 管理层权力与高管薪酬业绩敏感性

表6-4提供了模型（6-1）的回归分析结果，其中第（1）个回归只将解释变量纳入回归方程，第（2）个回归是将控制变量纳入回归方程。由表6-4的结果可知，公司业绩（*Perf*）和高管薪酬（*Lnpay*）呈显著正相关关系，说明整体上上市公司实行了基于业绩的高管薪酬激励机制。管理层权力（*Power*）与高管薪酬呈显著正相关关系，显著性水平为1%，说明管理层权力越大，高管薪酬越高，高管薪酬的高低与高管权力大小密切

相关。两个回归结果中，公司业绩和管理层权力交互项（*Perf*×*Power*）的回归系数皆为负且分别在5%和1%的水平上显著，说明管理层权力越大，高管薪酬业绩敏感性越低，H6－1得到验证。

表6－4 管理层权力与高管薪酬业绩敏感性的回归结果

Variables	（1）*Lnpay*		（2）*Lnpay*	
	回归系数	*T* 值	回归系数	*T* 值
Constant	3.772***	5.629	0.515***	11.482
Perf	0.812***	10.173	1.724***	14.154
Power	0.071***	3.472	0.038***	10.868
Perf×*Power*	－0.003**	－2.013	－0.047***	－2.642
Lnsize			0.214***	7.749
Lev			－0.008**	－2.143
Growth			－0.014	－0.505
Bsize			－0.001*	－1.682
Soe			－0.018	－0.192
Year			已控制	
Industry			已控制	
F 值	208.62		202.42	
Adj－R^2	0.049		0.333	
Observations	12079		12079	

注：*、**、***分别代表统计显著性水平为10%、5%、1%。

2. 内部控制与高管薪酬业绩敏感性

表6－5列示了模型（6－2）的回归分析结果。加入控制变量前后，公司业绩（*Perf*）和高管薪酬（*Lnpay*）都在1%的水平上显著正相关，结果与前文一致。两个回归结果中，内部控制指数（*IC*）的回归系数分别在5%、1%的水平上显著为正，说明公司内部控制制度越有效，高管薪酬越高。两个回归中的公司业绩和内部控制的交互项（*Perf*×*IC*）都与高管薪酬在1%水平上显著正相关，说明公司内部控制制度越有效时，高管薪酬

的业绩敏感性越高。通常，内部控制越有效的公司，高管来自非正常渠道的收益越低，其报酬更多与经营业绩挂钩，理性高管会更加努力工作，以提高公司业绩而获得较多薪酬，这导致高管薪酬业绩敏感性相对较高。上述结果与 H6 – 2 一致。

表 6 – 5　内部控制与高管薪酬业绩敏感性的回归结果

Variables	(1) *Lnpay*		(2) *Lnpay*	
	回归系数	*T* 值	回归系数	*T* 值
Constant	4.272 ***	4.523	0.300 **	4.431
Perf	1.552 ***	6.241	1.776 ***	11.567
IC	0.073 **	2.012	0.133 ***	4.453
Perf × *IC*	0.079 ***	4.952	0.026 ***	3.473
Lnsize			0.212 ***	3.941
Lev			–0.016	–0.224
Growth			–0.018 *	–1.761
Bsize			–0.071	–0.759
Soe			–0.028	–0.433
Year			已控制	
Industry			已控制	
F 值	283.40		196.87	
$Adj-R^2$	0.066		0.327	
Observations	12079		12079	

注：*、**、*** 分别代表统计显著性水平为 10%、5%、1%。

3. 管理层权力、内部控制与高管薪酬业绩敏感性

利用回归模型（6 – 3）验证有效的内部控制是否能够抑制管理层权力对高管薪酬业绩敏感性的负面影响，结果如表 6 – 6 所示。管理层权力的回归系数皆显著为正，同时管理层权力与公司业绩交互项（*Perf* × *Power*）的回归系数为负，且在加入控制变量的回归结果（2）中其回归系数显著为负，说明高管权力越大，其薪酬业绩敏感性越低，结果与 H6 – 1 一致。

内部控制与公司业绩交互项（*Perf*×*IC*）的回归系数都显著为正，说明良好的内部控制可以提升高管薪酬业绩敏感性，结果与 H6－2 一致。管理层权力、内部控制和公司业绩三者交互项（*Perf*×*Power*×*IC*）的回归系数为正，且在加入控制变量的回归结果（2）中显著为正，与交互项 *Perf*×*Power* 的回归系数符号方向相反。结果说明，公司内部控制制度越有效，越能够对公司高管的自利行为产生约束作用，越有助于防止公司管理层利用自身权力自定薪酬，从而有助于提升公司高管薪酬的业绩敏感性，即完善的内部控制能够抑制管理层权力对高管薪酬业绩敏感性的负面影响，H6－3 得到了验证。

表 6－6 管理层权力、内部控制与高管薪酬业绩敏感性的回归结果

Variables	（1）*Lnpay*		（2）*Lnpay*	
	回归系数	*T* 值	回归系数	*T* 值
Constant	4.174***	4.332	0.219***	4.071
Perf	1.460***	6.504	2.042***	12.500
Power	0.070***	3.281	0.030***	9.042
Perf×*Power*	－0.592	－0.762	－1.425***	－5.043
IC	0.062***	14.582	0.117***	3.834
Perf×*IC*	0.077**	2.323	0.063*	1.680
Perf×*Power*×*IC*	0.081	0.622	0.223***	4.793
Lnsize			0.211***	4.355
Lev			－0.007	－1.514
Growth			－0.019*	－1.652
Bsize			－0.049	－1.382
Soe			－0.018	－0.126
Year			已控制	
Industry			已控制	
F 值	146.32		186.19	
$Adj-R^2$	0.067		0.336	
Observations	12079		12079	

注：*、**、*** 分别代表统计显著性水平为 10%、5%、1%。

（四）稳健性检验

本章执行如下回归分析，以检验研究结果的稳健性：考虑到股东更关注净资产收益率，因此以净资产收益率（*Roe*）替换总资产收益率（*Roa*）作为公司业绩指标（*Perf*）进行回归分析，结果如表6－7中回归结果（1）所示。结果（2）采用公司前三名董事平均薪酬的自然对数（*Lndir*）替代*Lnpay*作为高管薪酬的衡量指标进行回归分析。结果（3）更换管理层权力的计量指标。考虑到管理层权力在度量上存在一定困难，不同学者对管理层权力的衡量并不统一。卢锐（2008）从两职合一、股权分散等角度衡量管理层权力，李维安等（2010）则从董事会角度出发，认为当董事会规模越大和董事会独立性越高时，董事会越能够抑制管理层权力的滥用。在此，参考李维安等（2010）的做法，用董事会规模和董事会独立性来表示管理层权力。当董事会规模（*Bsize*）小于平均值时，*Bsize*取1，否则为0。当独立董事比例（*Indep*）小于平均值时，*Indep*取1，否则取0。管理层权力指标$Power = Bsize + Indep$，*Power*数值越大，说明管理层权力越大。结果（4）内生性的考虑。通常，当获得较高薪酬时，公司高管会更加努力工作，导致公司业绩也会得到提高，高管薪酬与公司业绩可能存在互为因果关系。为避免高管薪酬与公司业绩二者之间存在内生性问题，用第t期的自变量对第$t+1$期的高管薪酬（$Lnpay\ t+1$）进行回归。

表6－7的结果显示，公司业绩（*Perf*）、管理层权力（*Power*）的回归系数都显著为正，说明公司业绩越好，高管薪酬越高，同时管理层权力越大，高管获得的报酬也越高。管理层权力与公司业绩交互项（$Perf \times power$）的回归系数为负，且统计显著性水平为1%，说明管理层权力越大，其自定薪酬的能力越强，公司高管薪酬的业绩敏感性越低，结果与H6－1一致。内部控制与公司业绩交互项（$Perf \times IC$）的回归系数皆显著为正，且有三个回归结果的显著程度为1%，表明内部控制越有效，公司高管报酬业绩敏感性越高，符合H6－2的预测。公司业绩、管理层权力和内部控制三者交互项（$Perf \times Power \times IC$）的回归系数都在1%的水平上显著为正，

与 $Perf \times Power$ 的回归系数方向相反，说明良好的内部控制能约束管理者利用权力谋取自身利益的行为，从而提高了高管薪酬业绩敏感性，结果再次验证了 H6－3。

表 6－7　管理层权力、内部控制与高管薪酬业绩敏感性的稳健性检验

Variables	(1) *Lnpay*		(2) *Lndir*		(3) *Lnpay*		(4) $Lnpay_{t+1}$	
	回归系数	*T* 值	回归系数	*T* 值	回归系数	*T* 值	回归系数	*T* 值
Constant	2.053***	11.374	0.508***	3.757	0.126***	3.844	0.614*	1.684
Perf	0.708***	11.317	2.476***	9.727	2.077***	12.242	4.942***	9.734
Power	0.026***	8.380	0.033***	12.615	0.002**	2.487	0.096***	7.614
Perf × *Power*	－0.426***	－4.386	－1.593***	－4.941	－1.235***	－3.934	－2.844***	－3.796
IC	0.109***	3.224	0.140***	4.849	0.105***	3.892	0.086*	1.934
Perf × *IC*	0.004***	3.502	0.072*	1.974	0.001***	3.372	0.003***	4.283
Perf × *Power* × *IC*	0.081***	4.273	0.002***	4.798	0.002***	3.068	0.004***	3.486
Lnsize	0.211***	4.731	0.219***	5.328	0.213***	4.176	0.256***	4.976
Lev	－0.103***	－11.416	－0.013	－1.110	－0.021	－1.381	－0.178***	4.531
Growth	－0.016	－0.958	－0.021*	－1.911	－0.018*	－1.742	－0.133***	－6.723
Bsize	－0.071	－1.517	－0.031	－0.564			－0.004**	－2.562
Soe	－0.019	－0.099	－0.215***	－4.524	－0.025	－1.037	－0.019	－1.412
Year	已控制		已控制		已控制		已控制	
Industry	已控制		已控制		已控制		已控制	
F 值	183.28		123.62		185.01		134.93	
$Adj-R^2$	0.333		0.251		0.328		0.300	
Observations	12079		12074		12009		10000	

注：*、**、***分别代表统计显著性水平为 10%、5%、1%。

五、研究结论与政策建议

（一）主要研究结论

企业高管的薪酬激励问题是公司治理研究的重要领域，合理的高管薪酬能够激励高管努力工作，提升公司业绩。然而现实中中央企业高管高额薪酬、零薪酬、薪酬与公司业绩不相称等现象的发生引发了社会公众对高管利用权力确定自身高额薪酬的质疑。管理层权力对薪酬激励机制是否会产生负面影响？有效的内部控制能否对高管薪酬业绩敏感性产生积极影响、能否抑制管理层权力对高管薪酬业绩敏感性的负面影响，从而提升高管薪酬与公司业绩的敏感性？基于上述考虑，本章利用上市公司为样本，实证分析管理层权力、内部控制和高管薪酬业绩敏感性三者之间的关系。

以2010~2016年我国沪深两市A股上市公司为样本的实证研究发现：①管理层权力与高管薪酬显著正相关，而与高管薪酬业绩敏感性呈显著负相关，即管理层权力越大，高管薪酬越高且与公司业绩脱钩越严重，说明管理层权力使得高管薪酬激励契约不能得到有效执行和实施。②内部控制和高管薪酬业绩敏感性显著正相关，即公司内部控制制度越有效，高管薪酬业绩敏感性越高。③有效的内部控制能够抑制管理层权力对高管薪酬业绩敏感性的负面影响，说明有效的内部控制制度能够对管理层行为起到监督作用，减轻公司高管利用权力为自己谋取高额薪酬的程度，促使高管薪酬激励契约得以更有效运行。

（二）政策建议

本章将管理层权力、内部控制和高管薪酬业绩敏感性三者结合起来探讨了管理层权力和内部控制对高管薪酬业绩敏感性的影响。根据实证结果，我们提出以下政策建议：

1. 建立健全有效合理的高管薪酬激励机制，增强公司的高管薪酬业绩敏感性

只有当薪酬契约对管理层进行有效激励时才能提高管理层的积极性，使公司高管把自身利益和公司利益融为一体，从而使公司管理层努力工作，提高公司业绩。首先，在评估公司业绩时，不能仅仅把关注点放在公司短期盈利指标上，因为这些指标可能会导致公司高管在短期内为了提高自身薪酬而做出不正确的决策，影响公司长远发展。公司同样还需要关注那些中长期指标，如营业利润增长率、资本积累率等。只有综合考虑这些指标，才能对公司长期发展起促进作用。其次，应采取奖励与惩罚相结合的形式使收益与风险对等，建立一套激励与约束有机结合的长期机制，有效改善高管薪酬业绩敏感性下降的现象。最后，采取物质奖励与精神激励相结合的方式对公司高管进行激励。当前，很多公司对高管的激励还仅仅停留在工资等物质奖励的层面上，但现实生活中还存在着很多非货币化的隐性薪酬激励因素，如职位晋升、公司发展机会等，因此只有综合考虑这些因素，对高管的激励才更加有效。

2. 增强对管理层权力的监管

高管薪酬契约的目的本是激励公司的管理层能够努力工作，解决公司所有权和经营权分离导致的代理问题。但由于管理层权力的存在，他们不再只关注公司的利益，而是更加注重自身的利益，希望自己能够获得更多权力，达到更高地位，从而导致高管薪酬激励本身也成为了一种代理问题。因此，为了避免这种情况出现，公司必须从公司内部和外部两个方面进行监管，加强对管理层权力的约束。就公司内部方面来说，公司薪酬委员会负责制定薪酬契约，为杜绝管理层滥用权力来操纵薪酬，薪酬委员会的设立应独立于管理层，只有这样，薪酬委员会的成员才能做到完全公正，不受管理层的影响，缓解管理层滥用权力的状况。另外，要提高公司董事会的独立性以限制管理层滥用权力。就公司外部方面来说，法律制度

是对管理层行为较好的约束方法，国家应加大对管理层滥用权力的处罚力度，使公司高管滥用权力的收益远远低于其滥用权力所带来的成本。

3. 完善公司内部控制制度，提高内控质量

内部控制不仅能直接对高管薪酬业绩敏感性产生积极影响，还能通过约束管理层自利行为，降低管理层权力对高管薪酬业绩敏感性带来的负面影响，因此公司的内部控制制度是否完善对公司发展有着关键作用。随着我国相关内部控制制度政策的出台，上市公司内部控制制度日趋完善，但是有些上市公司内控制度却只是形同虚设。因此，上市公司要不断完善内部控制制度，强化公司内部控制的执行力度，加强内部控制制度的信息披露，使内部控制制度发挥其真正作用，进而起到限制公司高管滥用权力的作用。

第七章
研究总结

一、研究结论

本书对独立董事、高管薪酬与公司业绩相关主题进行实证研究，主要研究结果如下：

（一）市场化进程、独立董事与会计信息质量

关于市场化进程、独立董事与会计信息质量的研究发现：独立董事对公司重大业务事项提出了异议的公司，其会计信息质量越低；独立董事兼职数量与会计信息质量显著正相关，独立董事通过担任其他公司职务能获得更多的知识与经验，更有利于发挥其监督职能；独立董事津贴与会计信息质量显著正相关。进一步的研究还发现，在市场化进程高的地区，独立董事更可能对公司重大业务事项提出异议，表明企业信息质量越低；独立董事在市场化进程高的地区获得的津贴更多，更有动机对会计信息质量实施监督职能，会计信息质量可能越高；在市场化进程低的地区，独立董事通过兼任其他公司职务可以获得很多有效及时的信息及经验，有利于提高

会计信息质量。

（二）董事会独立性、薪酬差距与公司业绩

本书对薪酬差距与公司业绩的关系、董事会独立性对公司薪酬差距的影响以及董事会独立性对薪酬差距与公司业绩关系的影响进行实证研究。以2009～2014年沪深两市A股上市公司为样本的研究结果表明，较大的薪酬差距可提升公司业绩，符合锦标赛理论。然而较高的董事会独立性会降低薪酬差距、降低薪酬差距对公司业绩的提升作用，此结果与社会公平理论的预期一致。研究结果总体表明，薪酬差距具有较强的激励作用，而独立董事更关注薪酬差距引发的社会公平问题。研究结果对企业薪酬政策的制定和居民收入差距扩大的治理具有一定的参考价值。

（三）市场化进程、国有企业薪酬管制与高管薪酬业绩敏感性

本书对市场化进程、国有企业薪酬管制与高管薪酬业绩敏感性进行研究，发现：①薪酬管制越小，国有企业高管薪酬与公司业绩的敏感性越高，薪酬管制越强，国有企业高管薪酬与公司业绩的敏感性越低，表明薪酬管制会扭曲高管薪酬业绩敏感性；②在市场化进程较高的地区，国有上市公司高管的薪酬业绩敏感性相对较高，市场化改革有助于改进国有上市公司高管的薪酬激励制度；③市场化进程会改善薪酬管制对高管薪酬业绩敏感性的扭曲作用；④薪酬管制对中央企业高管薪酬业绩敏感性的扭曲作用大于对地方国有企业。

（四）独立董事津贴与高管薪酬契约——合谋视角的研究

本书基于合谋视角，实证分析独立董事津贴对高管薪酬及薪酬业绩敏感性的影响，进一步分析独立董事和高管之间合谋的助长因素与抑制因素。研究发现：①高管薪酬与公司业绩显著正相关，独立董事津贴与高管薪酬也显著正相关，而且独立董事津贴越高，高管薪酬业绩敏感性越低。结果表明，尽管上市公司建立了基于业绩的高管薪酬激励机制，

但独立董事与公司高管之间仍然存在薪酬合谋现象，此合谋关系推高了高管薪酬，降低了高管薪酬业绩敏感性，削弱了高管薪酬的激励效果。②当外部大股东缺位、CEO 权威性较高、董事长与股东存在较强关联性、独立董事怠于履行职责时，独立董事津贴与高管薪酬之间的正相关关系更强烈，独立董事津贴与高管薪酬业绩敏感性的负相关关系更显著，表明大股东缺位、CEO 权威性、董事长关联性、独立董事怠职助长了独立董事与公司高管的薪酬合谋。而当股权制衡度较高、公司拥有海外背景独立董事、机构投资者持股比例较高以及公司所处地区的经济市场化程度较高时，独立董事津贴与高管薪酬的正相关关系、独立董事津贴与高管薪酬业绩敏感性的负相关关系都趋于缓和，说明股权制衡、海外背景独立董事、机构投资者监督以及地区经济市场化进程可以抑制独立董事与高管的薪酬合谋。

（五）管理层权力、内部控制与高管薪酬业绩敏感性

本书对管理层权力、内部控制与高管薪酬业绩敏感性的关系以及内部控制对管理层权力与高管薪酬业绩敏感性关系的影响进行实证研究。以 2010～2016 年我国沪深两市 A 股上市公司为样本的研究发现：管理层权力与高管薪酬业绩敏感性显著负相关，即管理层权力越大，高管薪酬与公司业绩脱钩越严重；公司内部控制越有效，高管薪酬业绩敏感性越高；有效的内部控制能够抑制管理层权力对高管薪酬业绩敏感性产生的负面影响。结果说明，管理层权力过大会降低高管薪酬契约的激励作用，而良好的内部控制能够提高高管薪酬契约的有效性，降低管理层权力对高管薪酬契约的负面影响。研究结果对完善公司薪酬制度和内部控制有一定参考价值。

二、研究局限

本书的研究局限主要体现在以下方面：

（一）会计信息质量方面

衡量会计信息质量的指标有很多，每个指标都有优点及不足，本书只选取了深交所公布的信息披露考核评级，而未考虑其他因素。此外，使用的是上市公司年度报告的数据，而没有充分考虑季度和半年度数据。

（二）薪酬差距方面

本书的研究结果虽然支持锦标赛理论，通过扩大高管薪酬差距可获得较好的业绩，但这并不意味着，这个薪酬差距没有上限。一个合理的高管薪酬差距应该既能实现对员工的激励政策以提高公司业绩，又不会影响员工之间的团队合作。另外，薪酬激励方式除货币性激励，还包括股权性激励，本书只考察了货币性激励差距给公司绩效带来的影响。

（三）薪酬管制难以精确计量

对于薪酬管制的衡量，本章沿用的是陈信元等（2009）所用的方法，即用前三名高级管理人员的平均薪酬与员工人均薪酬的比值作为薪酬管制程度的度量。该比值越大，管制程度越弱，使用这个方法得出的比值只能大致判断薪酬管制的程度，并不能很具体地量化薪酬管制程度。同时，本书对于高管薪酬的计量只考虑了货币化薪酬，没有考虑股票期权等其他形式的激励。从广义角度而言，薪酬除工资外，还应包括其他各种非货币形式的利润，如员工福利、股权激励和在职消费等。

（四）公司业绩计量方面

学术界采用的计量方式多种多样，主要有总资产收益率（杨青和黄彤，2010）、净利润和剔除非经常性损益后的净利润（方军雄，2009）、资产营业利润率（辛清泉、谭伟强，2009）等会计业绩计量指标，以及普通股获利率（辛清泉、谭伟强，2009）等股市业绩指标。鉴于我国股市是否有效还存在较大争议，故本书主要考虑了会计业绩。

（五）内部控制指数的获取有限

本书采用迪博公司发布的内部控制披露指数来代表内部控制有效性的计量指标，存在此指数并不能真实地反映上市公司内部控制质量的可能，因此还需要用其他方法来评价上市公司内部控制质量，以与迪博公司发布的内部控制披露指数相互验证。

三、研究展望

（一）讨论薪酬差距的主要成因及后果

本书只分析了董事会独立性对薪酬差距的影响，其实还有很多可能导致高管薪酬差距产生及其变化的因素，如股权集中度、监事会监督、市场化资源配置等，未来研究可对薪酬差距的主要成因进行系统分析。另外，还可研究薪酬差距的主要经济效应。本书只研究了高管薪酬差距对公司绩效的影响，未来可进一步研究薪酬差距对企业投资决策、工作努力程度、风险承担等方面可能存在的影响，以明确高管薪酬差距影响公司业绩的具体传导机制。

（二）研究薪酬管制的经济后果

研究薪酬管制与高管离职之间的关系，薪酬管制导致高管薪酬较低，与公司业绩不匹配，直接可能的结果是低薪酬会引发较高的主动离职概率。因此，在未来的研究中可以考虑薪酬管制对高管离职的影响。

（三）研究独立董事与高管合谋的经济后果及影响因素

本书通过研究独立董事津贴与高管薪酬、高管薪酬业绩敏感性的关系，证明了独立董事与高管在薪酬事项上合谋存在性。那么两者的合谋会不会降低独立董事监管效果？在哪些方面产生影响？独立董事声誉、国家对企业薪酬管制是否会弱化独立董事和高管的合谋行为？此方面可进行拓展研究。

（四）研究内部控制各因素对管理层权力与薪酬业绩敏感性的影响

除内部控制披露指数可以反映内部控制有效性外，还可以内部控制五要素（控制环境、风险评估、控制活动、信息和沟通、内部监督）为基础，按照一定标准对各要素进行评分，得出评价内部控制有效性的指标，在此基础上进行深入研究。

参考文献

[1] Agrawal A, Chadha S. Corporate Governance and Accounting Scandals [J]. Journal of Law and Economics, 2005, 48 (2): 371 -406.

[2] Agrawal A, Knoeber C R. Firm Performance and Mechanisms to Control Agency Problems Between Managers and Shareholders [J]. Journal of Financial and Quantitative Analysis, 1996, 31 (3): 377 -397.

[3] Ashbaugh - Skaife H, Collins D W, Kinney W K, et al. The Effect of SOX Internal Control Deficiencies on Firm Risk and Cost of Equity [J]. journal of Accounting Research, 2010, 47 (1): 1 -43.

[4] Ashbaugh - Skaife H, Collins D W, KinneyJr W R. The Discovery and Reporting of Internal Control Deficiencies Prior to SOX - Mandated Audits [J]. Journal of Accounting and Economics, 2007, 44 (1 -2): 116 -192.

[5] Baker G P, Jensen M C, Murphy K J. Compensation and Incentives: Practice vs. Theory [J]. Journal of Finance, 1988, 43 (3): 593 -616.

[6] Barnhart S W, Rosenstein S. Board Composition, Managerial Ownership and Firm Performance: An Empirical Analysis [J]. Financial Review, 1998, 33 (1): 1 -16.

[7] Barro J, Barro R. Pay Performance, and Turnover of Bank CEOs [J]. Journal of Labor Economics, 1990, 8 (4): 448 -481.

[8] Baysinger B D, Butler H N. Corporate Governance and the Board of Directors: Performance Effects of Changes in Board Composition [J]. Journal of

Law, Economics, & Organization, 1985, 1 (1): 101 - 124.

[9] Beasley M S. An Empirical Analysis of the Relation between the Board Director Composition and Financial Statement Fraud [J] . The Accounting Review, 1996, 52 (4): 433 - 465.

[10] Bebchuk L, Fried J, Walker D. Managerial Power and Rent Extraction in the Design of Executive Compensation [J] . The University of Chicago Law Review, 2002, 69 (3): 751 - 846.

[11] Bebchuk L, Fried J. Executive Compensation as an Agency Problem [J] . Journal of Economic Perspectives, 2003, 17 (3): 71 - 92.

[12] Becker B E, Huselid M A. The Incentive Effects of Tournament Compensation Systems [J] . Administrative Science Quarterly, 1992, 37 (5): 336 - 350.

[13] Berle A A, Means G C. The Modern Corporation and Private Property [M] . New York, NY: MacMillan, 1932.

[14] Bhapat S, Black B. The Uncertain Relationship between Board Composition and Firm Performance [J] . Business Lawyer, 1999, 54(3): 921 - 963.

[15] Booth J R, Deli D N. Factors Affecting the Number of Outside Directorships Held by CEOs [J] . Journal of Financial Economics, 1996, 40 (1): 81 - 104.

[16] Borokhovich K A, Brunarski K R, Parrino R. CEO Contracting and Antitakeover Amendments [J] . The Journal of Finance, 1997, 52 (4): 1495 - 1517.

[17] Borokhovich K A, Parrino R, Trapani T. Outside Directors and CEO Selection [J] . Journal of Financial Quantitative Analysis, 1996, 31 (3): 337 - 355.

[18] Bryan H S, Lilien B S. Characteristics of Firms with Material Weaknesses in Internal Control: an Assessment of Section 404 of Sarbanes Oxley [R] . Wake Forest University and City University of New York Working Paper, 2005.

［19］ Bryan S， Hwang L， Lilien S. CEO Compensation after Deregulation： The Case of Electric Utilities ［J］ . Journal of Business， 2005， 78(5)： 1709 - 1752.

［20］ Bushman R， Piotroski J. Financial Reporting Incentives for Conservative Accounting： The Influence of Legal and Political Institutions ［J］ . Journal of Accounting and Economics， 2006， 42 （2）： 107 - 148.

［21］ Chen C J P， Jaggi B. Association between Independent Non - Executive Directors， Family Control and Financial Disclosures in Hong Kong ［J］ . Journal of Accounting & Public Policy， 2000， 19 （4 - 5）： 285 - 310.

［22］ Chen G， Firth M， Gao D N， et al. Ownership Structure， Corporate Governance， and Fraud： Evidence from China ［J］ . Journal of Corporate Finance， 2006， 12 （ 3）： 424 - 448.

［23］ Cheng Q. Equity Incentives and Earning Management ［J］ . The Accounting Review， 2005， 80 （2）： 441 - 476.

［24］ Chidambaran N K， Nagpurnanand Prabhala. Exectutive Stock Option Repricing， Internal Governance Mechanisms， and Management Turnover ［J］ . Journal of Financial Economics， 2003， 69 （7）： 153 - 189.

［25］ Cho M H. Ownership Structure， Investment， and the Corporate Value： An Empirical Analysis ［J］ . Journal of Financial Economics， 1998， 47 （1）： 103 - 121.

［26］ Chung K H， Pruitt S W. Executive Ownership， Corporate Value and Executive Compensation： a Unifying Framework ［J］ . Journal of Banking and Finance， 1996， 20 （7）： 1135 - 1159.

［27］ Claessens S， jsnkov D， Fanand J， Lang L. Disentangling the Incentive and Entrenchment of Large Shareholdings ［J］ . Journal of Finance， 2002， 57 （6）： 2745 - 2770.

［28］ Core J E， Holthausen R W， Larcker D F. Corporate Governance， Chief Executive Compensation and Firm Performance ［J］ . Journal of Financial

Economics, 1991, 51 (3): 371 -406.

[29] Costello Anna M, Wittenberg - Moerman R. The Impact of Financial Reporting Quality on Debt Contracting: Evidence from Internal Control Weakness Reports [J]. Journal of Accounting Research, 2011, 49 (1): 97 - 136.

[30] Cotter J, Shivdasani A, Zenner M. Do Independent Directors Enhance Target Shareholder Wealth During Tender Offer? [J] . Journal of Financial Economics, 1997, 43 (3): 195 -218.

[31] Cowherd D M, Levine D I. Product Quality and Pay Equity between Lower - level Employees and Top Management: Aninvestigation of Distributive Justice Theory [J] . Administrative Science Quarterly, 1992, 237(6): 302 -320.

[32] David S F, Max H Bazerman, Robert S. Atkin. Interlocking Directorates: A Strategy for Reducing Environmental Uncertainty [J] . Academy of Management Review, 1981, 6 (2): 243 -251.

[33] Dechow P M, Sloan R G, Sweeney A P. Causes and Consequence of Earnings Manipulation: an Analysis of Firms Subject to Enforcement Actions by the SEC [J] . Contemporary Accounting Research, 1996, 86 (10): 1 -13.

[34] Dechow P, Sloan R, Sweeney A. Detecting Earning Management [J] . The Accounting Review, 1995, 70 (2): 193 -226.

[35] Dehaene A, De Vuyst V, Ooghe H. Corporare Performance and Board Structure in Belgian Companies [J] . Long Range Planning, 2001, 34 (3): 383 -398.

[36] Dickinson V. Cash Flow Patterns as a Proxy for Firm Life Cycle [J] . The Accounting Review, 2011, 86 (6): 1969 - 1994.

[37] Doyle J, Ge W, Mcvay S. Determinants of Weaknesses in Internal Control over Financial Reporting [J] . Journal of Accounting & Economics, 2007, 44 (1 -2): 193 -223.

[38] Fama E F, Jensen M C. Agency Problems and Residual Claims [J] . Journal of Law and Economics, 1983, 26 (2): 327 -349.

[39] Fama E F, Jensen M C. Seperation of Ownership and Control [J]. Journal of Law and Economics, 1983, 26 (2): 301 -325.

[40] Finkelstein S. Power in Top Management Teams: Dimensions, Measurement, and Validation [J]. Academy of Management Journal, 1992, 35 (3): 505 -538.

[41] Firth M, Fung P M Y, Rui O M. Corporate Performance and CEO Compensation in China [J]. Journal of Corporate Finance, 2002, 12 (4): 693 -714.

[42] Gabaix X, Landier A. Why Has CEO Pay Increased So Much? [J]. Quarterly Journal of Economics, 2006, 123 (1): 49 -100.

[43] Gaver J J, Gaver K M. The Relation Between Nonrecurring Accounting Transactions and CEO Cash Compensation [J]. Accounting Review, 1998, 73 (2): 235 -253.

[44] Gol B W, Li D. Internal Controls and Conditional Conservatism [J]. The Accounting Review, 2011, 86 (3): 975 -1005.

[45] Green J, Laffont J J. On Coalition Incentives Compatibility [J]. Review of Economic Studies, 1979, 46 (2): 243 -254.

[46] Grinstein Y, Hribar P. CEO Compensation and Incentives: Evidence From M&A Bonuses [J]. Journal of Financial Economics, 2004, 73 (1): 119 -143.

[47] Grossman S J, Hart O D. The Costs and Benefits of Ownership: A Theory of Vertical and Lateral Integration [J]. Journal of Political Economy, 1986, 94 (4): 691 -719.

[48] Hall B J, Liebman J B. Are CEOs Really Paid Like Bureaucrats? [J]. Quarterly Journal of Economics, 1998, 113 (3): 653 -691.

[49] Hambrick D C, Fukutomi G D S. The seasons of CEO's Tenure [J]. The Academy of Management Review, 1991, 16 (4): 719 -742.

[50] Hambrick D, Finkestein S. The Effect of Ownership Structure on Con-

ditions at the Top: The Cast of CEO Pay Raises [J]. Strategic Management Journal, 2010, 16 (3): 175 - 193.

[51] Hart O, Moore J. Property Rights and the Nature of the Firm [J]. Journal of Political Economy, 1990, 98 (6): 1119 - 1158.

[52] Hermalin B, Weisbach M. The Determinants of Board Composition [J]. Journal of Economics, 1988, 19 (4): 589 - 606.

[53] Hogan C E, Wilkins M S. Evidence on the Audit Risk Model: Do Auditos Increase Audit Fees in the Presence of Internal Control Deficiencies? [J]. Contemporary Accounting Research, 2008, 25 (1): 219 - 242.

[54] Holmstrom B, Weiss L. Managerial Incentives, Investment and Aggregate Implications [J]. Review of Economic Studies, 1985 (52): 403 - 426.

[55] Holmstrom B. Moral Hazard and Observability [J]. Bell Journal of Eeonomies, 1979, 10 (1): 74 - 91.

[56] Hu A, Kumar. Managerial Entrenchment and Payout Policy [J]. Journal of Financial and Quantitative Analysis, 2004, 39 (4): 759 - 790.

[57] Jackson S B, Lopez T J, Reitenga A L. Accounting Fundamental and CEO Bonus Compensation [J]. Journal of Accounting & Public Policy, 2008, 27 (27): 374 - 393.

[58] Jensen M C. The Modem Industrial Revolution, Exit, and the Failure of Internal Control Systems [J]. Journal of Finance, 1993, 48 (3): 831 - 880.

[59] Jenson M C, Mecking W H. Theory of the Firm: Managerial Behavior, Agency Costs and Ownership Structure [J]. Journal of Financial Economics, 1976, 3 (4): 305 - 360.

[60] Jenson M C, Murphy K J. Performance Pay and Top Management Incentives [J]. Journal of Political Economy, 1990, 98 (2): 510 - 546.

[61] Kale J R, Reis E, Venkateswaran A. Rank - Order Tournaments and Incentive Alignment: The Effect on Firm Performance [J]. Journal of Fi-

nance, 2009, 64 (3): 1479 - 1512.

[62] La Porta R, Shleifer A, and Vishny R. Investor Protection and Corporate Governance [J]. Journal of Financial Economics, 2000, 58 (2): 3 - 27.

[63] La Porta R, Shleifer A, et al. Law and Finance [J]. Journal of Political Economy, 1998, 106 (6): 1113 - 1155.

[64] Laffont J J, Maskin E. A Differential Approach to Dominant Strategy Mechanisms [J]. Econometrica, 1980, 48 (6): 1507 - 1520.

[65] Lambert R A, Larcker D F, Weigelt K. The Structure of Organizational Incentives [J]. Administrative Science Quarterly, 1993, 38(3): 438 - 461.

[66] Lazear, Rosen. Rank - order Tournaments as Optimum Labor Contracts [J]. Journal of Political Economy, 1981, 89 (10): 841 - 864.

[67] Liebman H J B. Are CEOS Really Paid Like Bureaucrats? [J]. Quarterly Journal of Economics, 1998, 113 (3): 653 - 691.

[68] Linck J S, Nstler J M, Yang Z T. The Effects and Unintended Consequences of the Sarbanes - Oxley Act on the Supply and Demand for Directors [J]. Review of Financial Studies, 2009, 22 (8): 3287 - 3328.

[69] Lipton M, Lorsch J. A Model Proposal for Improved Corporate Governance [J]. Business Lawyer, 1992, 48 (1): 59 - 77.

[70] Lo S H. Bureaucratic Corruption and Its Control in Macao [J]. Asian Journal of Public Administration, 1993, 41 (1): 32 - 58.

[71] Main B G M, Johnson J. Remuneration Committees and Corporate Governance [J]. Accounting and Business Research, 1993, 23 (4): 351 - 362.

[72] Murphy K J, Zabojnik J A N. Managerial Capital and the Market for CEOs [EB/OL]. http://ssrn.com/abstract=984376, Working Paper, 2007.

[73] Murphy K J. Corporate Performance and Managerial Remuneration:

an Empirical Analysis [J]. Journal of Accounting and Economics, 1985, 7 (1-3): 11-42.

[74] Murphy. Incentives, Learning, and Compensation: A Theoretical and Empirical Investigation of Managerial Labor Contracts [J]. The RAND Journal of Economics, 1986, 17 (1): 59-76.

[75] Park Y W, Shin H H. Board Composition and Earnings Management in Canada [J]. Journal of Business & Economic Studies, 2004, 10 (3): 431-457.

[76] Peasnell K V, Pope P F, Young S. Accrual Management to Meet Earnings Targets: U. K. Evidence Pre - and Post - Cadbury [J]. British Accounting Review, 2000, 32 (4): 415-445.

[77] Penman S H. The Quality of Financial Statements: Perspectives from the Recent Stock Marker Bullbe [J]. Accounting Horizons, 2003, 17 (1): 77-96.

[78] Persons O S. Corporate Government and Non - Financial Reporting Fraud [J]. Journal of Business & Economic Studies, 2006, 16 (1): 27-38.

[79] Renneboog L. Ownership, Managerial Control and the Governance of Companies Listed on the Brussels Stock Exchange [J]. Journal of Banking & Finance, 1999, 24 (12): 1959-1995.

[80] Rosen S. Authority, Control, and the Distribution of Earnings [J]. Bell Journal of Economics, 1982, 13 (2): 311-323.

[81] Rosenstein S, Wyatt J G. Outside Directors, Board Independence, and Shareholder Wealth [J]. Journal of Financial Economics, 1990, 26 (2): 175-191.

[82] Rosenstein S, Wyatt J G. Shareholder Wealth Effects when an Officer of One Corporation Joins the Board of Directors of Another [J]. Managerial and Decision Economics, 1994, 15 (4): 317-327.

[83] Ross S A. The Economic Theory of Agency: The Principal's Problem

[J] . American Economic Review, 1973, 63 (2): 134 – 139.

[84] Ryan Jr H E, Wiggins III R A. Who is in Whose Pocket? Director Compensation, Board Independence, and Barriers to Effective Monitoring [J] . Journal of Financial Economics, 2004, 73 (3): 497 – 524.

[85] Rüdiger Fahlenbrach, Angie Low, Rene' M. Stulz. Why do Firms Appoint CEOs as Outside Directors? [J] . Journal of Financial Economics, 2010, 97 (1): 12 – 32.

[86] Shaw K W, Zhang M H. Is CEO Cash Compensation Punished for Poor Firm Performance? [J] . The Accounting Review, 2010, 85(3): 1065 – 1093.

[87] Siegel P A, Hambrick D C. Business Strategy and the Social Psychology of Top Management Teams [J] . Advances in Strategic Management, 1991, 13 (1): 91 – 119.

[88] Sloan R. Accounting Earnings and Top Exeeutive Compensation [J] . Journal of Accounting and Economies, 1993, 16 (1): 55 – 100.

[89] Stephen P. Ferris, Murali Jagannathan, and A. C. Pritchard. Too Busy to Mind the Business? Monitoring by Directors with Multiple Board Appointments [J] . The Journal of Finance, 2003, 58 (3): 1087 – 1111.

[90] Taussig F W, Baker W S. American Corporations and Their Executives: A Statistical Inquiry [J] . Quarterly Journal of Economics, 1925, 40 (1): 1 – 51.

[91] Terviö M. The Difference That CEOs Make: An Assignment Model Approach [J] . American Economic Review, 2008, 98 (3): 642 – 668.

[92] Tilore J. Hierarchies and Bureaucracies: on the Role of Collusion in Organization [J] . Journal of Law Economics & Organization, 1986, 2 (2): 181 – 214.

[93] Vafeas. Board Structure and the Informativeness of Eamings [J] . Journal of Accounting and public Policy, 2000, 19 (3): 139 – 160.

[94] Weisbach - Michael. Outside Directors and CEO Turnover [J]. Journal of Financial Economies, 1988, 20 (2): 431 -460.

[95] Xie B, Davidson W N, Dadalt P J. Earning Management and Corporate Governance: The Roles of the Board and the Audit Committee [J]. Journal of Corporate Finance, 2003, 9 (2): 295 -316.

[96] Xin P R, Pearce J L. Guangxi: Connections as Substitutes for Formal Institutional Support [J]. Academy of Management Journal, 1996, 39 (6): 1641 -1658.

[97] Yermack D. Higher Market Valuation for Firms with a Small Board of Directors [J]. Journal of Financial Economics, 1996, 40 (2): 185 -211.

[98] Yermack D. Remuneration, Retention, and Reputation Iincentives for Outside Directors [J]. The Journal of Finance, 2004, 59 (5): 2281 - 2308.

[99] 步丹璐，王晓艳．政府补助、软约束与薪酬差距［J］．南开管理评论，2014（2）：23 -33.

[100] 财政部会计司．我国上市公司2008年执行企业会计准则情况分析报告［M］．北京：经济科学出版社，2009.

[101] 曹雁翎．民营上市公司独立董事制度有效性的灰色关联分析［J］．商业经济，2007（9）：79 -81.

[102] 柴才，黄世忠，叶钦华．竞争战略、高管薪酬激励与公司业绩——基于三种薪酬激励视角下的经验研究［J］．会计研究，2017（6）：45 -52.

[103] 车幼梅，陈煊．管理层自利行为对成本粘性的影响研究［J］．现代管理科学，2013（8）：96 -97.

[104] 陈冬华，陈信元，万华林．国有企业中的薪酬管制与在职消费［J］．经济研究，2005（2）：92 -101.

[105] 陈冬华．不同市场化进程下高管激励契约的成本与选择：货币薪酬与在职消费［J］．会计研究，2010（11）：56 -64.

［106］陈冬华．地方政府、公司治理与补贴收入：来自我国证券市场的经验证据［J］．财经研究，2003（9）：26－32.

［107］陈国辉，韩海文，陈仕华．财务独立董事与自愿性信息披露——来自深市的经验证据［J］．天津商业大学学报，2009（6）：49－55.

［108］陈汉文，周中胜．内部控制质量与企业债务融资成本［J］．南开管理评论，2014，17（3）：103－111.

［109］陈丽蓉，周曙光．内部控制效率对经营业绩影响的实证研究——来自中国证券市场的经验证据［J］．财会通讯，2011（3）：113－116.

［110］陈胜蓝，魏明海．投资者保护与财务会计信息质量［J］．会计研究，2006（10）：28－35.

［111］陈小林，林昕．市场化进程、大股东侵占与信息透明度——来自中国证券市场的证据［J］．金融与经济，2010（7）：63－68.

［112］陈信元，陈东华，万华林，梁上坤．地区差异、薪酬管制与高管腐败［J］．管理世界，2009（11）：130－143.

［113］陈修德，彭玉莲，吴小节．中国上市公司 CEO 薪酬粘性的特征研究［J］．管理科学，2014（3）：61－74.

［114］陈运森，谢德仁．董事网络、独立董事治理与高管激励［J］．金融研究，2012（2）：168－182.

［115］陈震，李艳辉，市场化进程、企业特征与高管薪酬——业绩敏感性［J］．财贸研究，2011（6）：133－143.

［116］陈震．经营风险、管理层权力与企业高管层内部薪酬差距［J］．经济管理，2012（12）：51－61.

［117］陈志广．高级管理人员报酬的实证研究［J］．当代经济科学，2002（5）：58－70.

［118］谌新民，刘善敏．上市公司经营者报酬结构性差异的实证研究［J］．经济研究，2003（8）：55～63.

［119］程新生，谭有超，许垒．公司价值、自愿披露与市场化进程——基于定性信息的披露［J］．金融研究，2011（8）：111－127.

[120] 程新生．论公司治理与会计控制［J］．会计研究，2008（2）：42－46.

[121] 崔学刚．公司治理机制对公司透明度的影响——来自中国上市公司的经验数据［J］．会计研究，2004（8）：72－80.

[122] 杜晓旭．上市公司董事会特征与盈余管理关系研究——基于2006年上市公司财务数据的实证检验［J］．财会通讯，2009(12)：29－32.

[123] 杜兴强，王丽华．高层管理当局薪酬与上市公司业绩的相关性实证研究［J］．会计研究，2007（1）：58－65.

[124] 杜兴强，温日光．公司治理与会计信息质量：一项经验研究［J］．财经研究，2007（1）：122－133.

[125] 樊纲，王小鲁，朱恒鹏．中国市场化指数——各地区市场化相对进程2011年报告［M］．北京：经济科学出版社，2012.

[126] 樊纲，王小鲁．中国市场化指数各地区市场化相对进程2009年报告［M］．北京：经济科学出版社，2011.

[127] 方红星，金玉娜．高质量的内部控制能够抑制盈余管理吗？基于自愿性内部控制鉴证报告的经验研究［J］. 会计研究，2011(8)：53－61.

[128] 方军雄．高管权力与企业薪酬变动的非对称性［J］．经济研究，2011（4）：107－120.

[129] 方军雄．我国上市公司高管的薪酬存在粘性吗？［J］．经济研究，2009（3）：110－124.

[130] 方政，徐向艺，陆淑婧．上市公司高管显性激励治理效应研究——基于“双向治理”研究视角的经验证据［J］．南开管理评论，2017，20（2）：122－132.

[131] 高贵富，吴俊财．上市公司高管薪酬外部公平性影响因素研究——基于管理权力论的分析［J］．哈尔滨商业大学学报，2010（4）：3－7.

[132] 高明华，马守莉．独立董事制度与公司绩效关系的实证分析［J］．南开经济研究，2002（2）：64－68.

[133] 耿云江，王明晓．超额在职消费、货币薪酬业绩敏感性与媒体

监督——基于中国上市公司的经验证据［J］．会计研究，2016（9）：55－61.

［134］郭强，蒋东生．不完全契约与独立董事作用的本质及有效性分析——从传统法人治理结构的缺陷论起［J］．管理世界，2003（2）：78－89.

［135］何玉，徐春炫，王宇．内部控制缺陷与公司业绩［J］．财经理论与实践，2017（4）：83－88.

［136］胡嘉慧．我国创业板上市公司高管薪酬影响因素研究［J］．现代商贸工业，2013（3）：96－98.

［137］胡勤勤，沈艺峰．独立外部董事能否提高上市公司的经营业绩［J］．世界经济，2002（7）：55－62.

［138］黄晓红，张昉．国有企业高管薪酬管制有效性的实证研究［J］．上海金融，2010（5）：98－104.

［139］黄再胜，王玉．公平偏好、薪酬管制与国企高管激励一种基于行为合约理论的分析［J］．财经研究，2009（1）：16－27.

［140］江伟，刘丹，李雯．薪酬委员会特征与高管薪酬契约——基于中国上市公司的经验研究［J］．会计与经济研究，2013（3）：3－17.

［141］江伟．市场化程度、行业竞争与管理者薪酬增长［J］．南开管理评论，2011（5）：58－59.

［142］姜付秀，黄继承．经理激励、负债与企业价值［J］．经济研究，2011（5）：46－60.

［143］黎文靖，胡玉明．国企内部薪酬差距激励了谁？［J］．经济研究，2012（12）：125－136.

［144］李海舰，魏恒．重构独立董事制度［J］．中国工业经济，2006（4）：88－96.

［145］李开江，尹宗成．内部控制缺陷与盈余质量相关性研究［J］．长春理工大学学报，2017，30（1）：91－96.

［146］李四海，江新峰，宋献中．高管年龄与薪酬激励：理论路径与

经验证据［J］. 中国工业经济，2015（5）：122－133.

［147］李万福，林斌，宋璐. 内部控制在公司投资中的角色：效率促进还是抑制？［J］. 管理世界，2011（2）：81－99.

［148］李维安，刘绪光，陈靖涵. 经理才能、公司治理与契约参照点——中国上市公司高管薪酬决定因素的理论与实证分析［J］. 南开管理评论，2010（2）：4－15.

［149］李晓慧，杨子萱. 内部控制质量与债权人保护研究——基于债务契约特征的视角［J］. 审计与经济研究，2013，28（2）：97－105.

［150］李增泉. 激励机制与企业绩效——一项基于上市公司的实证研究［J］. 会计研究，2000（1）：24－30.

［151］林浚清，黄祖辉，孙永祥. 高管团队内薪酬差距、公司绩效和治理结构［J］. 经济研究，2003（4）：31－40.

［152］林钟高，丁茂桓. 内部控制缺陷及其修复对企业债务融资成本的影响——基于内部控制制度变迁视角的实证研究［J］. 会计研究，2017（4）：73－80.

［153］刘春，孙亮. 薪酬差距与企业绩效：来自国企上市公司的经验证据［J］. 南开管理评论，2010（2）：30－39.

［154］刘凤委，孙铮，李增泉. 政府干预、行业竞争与薪酬契约［J］. 管理世界，2007（9）：132－157.

［155］刘善敏. 上市公司经营者报酬结构性差异的实证研究［J］. 经济研究，2003（8）：55－63.

［156］刘绍娓，万大艳. 高管薪酬与公司绩效：国有与非国有上市公司的实证比较研究［J］. 中国软科学，2013（2）：90－101.

［157］刘星，徐光伟. 政府管制、管理层权力与国企高管薪酬刚性［J］. 经济科学，2012（1）：86－102.

［158］卢锐，柳建华，许宁. 内部控制、产权与高管薪酬业绩敏感性［J］. 会计研究，2011（10）：42－48.

［159］卢锐，魏明海，黎文靖. 管理层权力、在职消费与产权效

率——来自中国上市公司的证据［J］．南开管理评论，2008，11（5）：85－92.

［160］卢锐．管理层权力、薪酬与业绩敏感性分析——来自中国上市公司的经验证据［J］．当代财经，2008（7）：107－112.

［161］卢锐．管理权力、薪酬差距与绩效［J］．南方经济，2007（7）：60－69.

［162］吕长江，赵宇恒．国有企业管理者激励效应研究——基于管理者权力的解释［J］．管理世界，2008（11）：99－109.

［163］罗党论，唐清泉．独立董事制度实施效果分析——基于上市公司关联交易的证据［J］．南方经济，2006（9）：65－73.

［164］罗进辉．独立董事的明星效应：基于高管薪酬——业绩敏感性的考察［J］．南开管理评论，2014，17（3）：62－73.

［165］欧阳爱平，周宁．市场化程度对会计信息价值相关性的影响——基于中国A股的数据检验［J］．经济与管理研究，2013（11）：123－128.

［166］潘敏，刘希曦．“限薪令”对企业内部薪酬差距激励效果的影响研究［J］．武汉大学学报（哲学社会科学版），2016，69（3）：65－72.

［167］齐保垒，田高良，李留闯．上市公司内部控制缺陷与财务报告信息质量［J］．管理科学，2010，23（4）：38－47.

［168］齐骥霆．独立董事特征对信息披露违规行为影响的实证研究［D］．西南财经大学，2013.

［169］钱德勒．看得见的手——美国企业的管理革命［M］．1977，中译本，重武译，王铁生校．北京：商务印书馆，1987.

［170］权小锋，吴世农，文芳．管理层权力、私有收益与薪酬操纵［J］．经济研究，2010（11）：73－87.

［171］任广乾．管理层权力、薪酬标杆与高管薪酬制定［J］．中南财经政法大学学报，2016（2）：78－85.

[172] 邵剑兵，李威．高管薪酬差距、战略变革与企业绩效：管理层权力的调节作用［J］．商业研究，2017（11）：88－96.

[173] 邵平，刘林，孔爱国．高管薪酬与公司业绩的敏感性因素分析——金融业的证据（2000～2005年）［J］．财经研究，2008（34）：94－105.

[174] 佘祥云，蔡璐．高管薪酬、员工薪酬与公司绩效的影响分析——基于A股上市公司的经验数据［J］．商业经济研究，2017（4）：183－186.

[175] 石宗辉，徐凯，孙俊奇，等．独立董事薪酬对盈余管理影响的实证研究［J］．中国注册会计师，2014（9）：41－46.

[176] 宋晶，孟德芳．国有企业高管薪酬制度改革路径研究［J］．管理世界，2012（2）：181－182.

[177] 苏冬蔚，林大庞．股权激励、盈余管理与公司治理［J］．经济经究，2010（11）：88－100.

[178] 孙铮，刘浩．中国上市公司费用“粘性”行为研究［J］．经济研究，2004（12）：26－34.

[179] 谭劲松．独立董事独立性研究［J］．中国工业经济，2003（10）：64－72.

[180] 谭庆美，李敏．管理层权力对过度投资影响的实证研究［J］．武汉理工大学学报（信息与管理工程版），2014，36（4）：571－575，580.

[181] 唐清泉，朱瑞华，甄丽明．我国高管人员报酬激励制度的有效性［J］．当代经济管理，2008（2）：59－65.

[182] 唐跃军，吕斐适，程新生．大股东制衡、治理战略与信息披露——来自2003年中国上市公司的证据［J］．经济学（季刊），2008，7（2）：647－664.

[183] 汪平，邹颖，黄丽凤．高管薪酬激励的核心重构：资本成本约束观［J］．中国工业经济，2014（5）：110－121.

[184] 王怀明，张惠．会计背景独立董事对会计信息披露质量的影响

[J]. 财会研究，2008（22）.

[185] 王克敏，王志超. 高管控制权、报酬与盈余管理——基于中国上市公司的实证研究 [J]. 管理世界，2007（7）：111-119.

[186] 王茂林，何玉润，林慧婷. 管理层权力、现金股利与企业投资效率 [J]. 南开管理评论，2014，17（2）：13-22.

[187] 王清刚，胡亚君. 管理层权力与异常高管薪酬行为研究 [J]. 中国软科学，2011（10）：166-175.

[188] 王小鲁，樊纲. 中国地区差异的变动趋势和影响因素 [J]. 经济研究，2004（1）.

[189] 王雄元，何捷. 行政垄断、公司规模与 CEO 权力薪酬 [J]. 会计研究，2012（11）：33-38.

[190] 王跃堂，赵子夜，魏晓雁. 董事会独立性是否影响公司绩效？[J]. 经济研究，2006（5）：62-73.

[191] 王跃堂，朱林，陈世敏. 董事会独立性、股权制衡与财务信息质量 [J]. 会计研究，2008（1）：55-62.

[192] 魏刚，肖泽忠. 独立董事背景与公司绩效 [J]. 经济研究，2007（3）：92-105.

[193] 魏刚. 高级管理层激励与上市公司经营绩效 [J]. 经济研究，2000（3）：32-39.

[194] 魏明海，陈胜蓝，黎文靖. 投资者保护研究综述：财务会计信息的作用 [J]. 全国会计评论，2007（3）：131-150.

[195] 翁洪波，吴世农. 机构投资者、公司治理与上市公司股利政策 [J]. 中国会计评论，2007（3）：367-378.

[196] 吴超鹏，吴世农，郑方镳. 管理者行为与连续并购绩效的理论与实证研究 [J]. 管理世界，2008（7）：72-89.

[197] 吴成颂，唐伟正，黄送钦. 政治联系方式、产权性质与高管薪酬契约——基于政府补贴和政治身份的视角 [J]. 审计与经济研究，2015（1）：46-55.

[198] 吴清华，王平心．公司盈余质量：董事会微观治理绩效之考察——来自我国独立董事制度强制性变迁的经验证据［J］．数理统计与管理，2007，26（1）：30－40.

[199] 吴淑琨，刘忠明，范建强．非执行董事与公司绩效的实证研究［J］．中国工业经济，2001（9）：69－76.

[200] 吴文锋，吴冲锋，芮萌．提高信息披露质量真的能降低股权资本成本吗？［J］．经济学（季刊），2007，6（4）：1201－1216.

[201] 吴小节，曾华，王秀琼．多层次情境嵌入视角下的委托代理理论研究现状及发展［J］．管理学报，2017，14（6）：936－946.

[202] 吴晓晖，姜彦福．机构投资者影响下独立董事治理效率变化研究［J］．中国工业经济，2006（5）：105－110.

[203] 吴育辉，吴世农．高管薪酬：激励还是自利？——来自中国上市公司的证据［J］．会计研究，2010（11）：40－48.

[204] 吴联生，林景艺，王亚平．薪酬外部公平性、股权性质与公司业绩［J］．管理世界，2010（3）：90－115.

[205] 肖继辉．基于不同股权特征的上市公司经理业绩报酬敏感性［J］．南开管理评论，2005，8（3）：18－24.

[206] 谢联胜．论独立董事与公司治理结构——国际经验与中国实践的研究［D］．上海：复旦大学，2003.

[207] 谢佩洪，汪春霞．管理层权力、企业生命周期与投资效率——基于中国制造业上市公司的经验研究［J］．南开管理评论，2017，20（1）：57－66.

[208] 谢志华．内部控制：本质与结构［J］．会计研究，2009（12）：70－75.

[209] 辛清泉，黄曼丽，易浩然．上市公司虚假陈述与独立董事监管处罚——基于独立董事个体视角的分析［J］．管理世界，2013（5）：131－143.

[210] 辛清泉，谭伟强．市场化改革、企业业绩与国有企业经理薪酬

[J]．经济研究，2009（11）：68－81.

[211] 熊彼特．经济发展理论［M］.1911，中译版．北京：商务印书馆，1990.

[212] 徐宏忠，万小勇，连玉君．高管薪酬行业差异的实证分析［J］.管理评论，2002（4）：85－92.

[213] 徐细雄，刘星．放权改革、薪酬管制与企业高管腐败［J］．管理世界，2013（3）：119－133.

[214] 许宁宁．管理层能力与内部控制——来自中国上市公司的经验证据［J］．审计研究，2017（2）：80－88.

[215] 许瑜，冯均科．高管持股、审计定价与股权集中度实证研究［J］．河南社会科学，2016（3）.

[216] 杨德明，赵璨．民营上市公司的政治关联与融资研究——基于货币政策和媒体监督的视角［J］．审计与经济研究，2015（2）：93－102.

[217] 杨青，黄彤．中国上市公司CEO薪酬存在激励后效吗？［J］．金融研究，2010（1）：166－185.

[218] 杨清香，俞麟，陈娜．董事会特征与财务舞弊——来自中国上市公司的经验证据［J］．会计研究，2009（7）：64－70.

[219] 杨清香．我国上市公司控股股东侵占行为及其抑制［J］．武汉大学学报，2007（9）：642－646.

[220] 杨睿娟，元浩然，杨静怡．国内上市公司股权结构、高管薪酬与企业绩效——动态因果关系分析［J］．中国注册会计师，2017（3）：38－42.

[221] 杨玉凤，沈玉玲，胡欣．上市公司高管薪酬与公司业绩相关性研究［J］．会计之友，2010（6）：65－68.

[222] 杨志强，王华．公司内部薪酬差距、股权集中度与盈余管理行为——基于高管团队内和高管与员工之间薪酬的比较分析［J］．会计研究，2014（6）：57－65.

[223] 叶建芳，李丹蒙，章斌颖．内部控制缺陷及其修正对盈余管理

的影响［J］. 审计研究，2012（6）：50－59，70.

［224］伊志宏，李艳丽，高伟. 市场化进程、机构投资者与薪酬激励［J］. 经济理论与经济管理，2011（10）：77－78.

［225］游家兴，徐盼盼，陈淑敏. 政治关联、职位壕沟与高管变更——来自中国财务困境上市公司的经验证据［J］. 金融研究，2010（4）：65－78.

［226］于东智，王化成. 独立董事与公司治理：理论、经验与实践［J］. 会计研究，2003（8）：8－13.

［227］于智东，池国华. 董事会规模、稳定性与公司绩效：理论与经验分析［J］. 经济研究，2004（4）：70－79.

［228］喻猛国. 独立董事制度缺陷分析［J］. 经济理论与经济管理，2001（9）：48－50.

［229］袁春生，唐松莲. 外部董事与高管薪酬激励：经理市场的调节作用——基于民营上市公司的经验研究［J］. 山西财经大学学报，2015（5）：84－98.

［230］湛新民，刘善敏. 上市公司经营者报酬结构性差异的实证研究［J］. 经济研究，2003（8）：55－63.

［231］张必武，石金涛. 董事会特征、高管薪酬与业绩敏感性——中国上市公司的经验分析［J］. 管理科学，2005，18（4）：32－38.

［232］张程睿，蹇静. 我国上市公司违规信息披露的影响因素研究［J］. 审计研究，2008（1）：75－81.

［233］张国华，陈方正. 我国上市公司盈余管理与董事会特征相关性实证研究［J］. 技术经济与管理研究，2006（2）：42－44.

［234］张俊瑞，赵进文，张建. 高级管理层激励与上市公司经营绩效相关性的实证分析［J］. 会计研究，2003（9）：29－34.

［235］张敏，姜付秀. 机构投资者、企业产权与薪酬契约［J］. 世界经济，2010（8）：43－44.

［236］张瑶，郭雪萌，肖序. 内控缺陷信息披露、动机选择与经济后

果［J］．经济问题，2016（5）：118－123.

［237］张正堂，李欣．高管团队核心成员薪酬差距与企业绩效的关系［J］．经济管理，2007（2）：16－25.

［238］张正堂．企业内部薪酬差距对组织未来绩效影响的实证研究［J］．会计研究，2008（9）：81－87.

［239］赵刚，梁上坤，王卫星．超募融资、管理层权力与私有收益——基于IPO市场的经验证据［J］．会计研究，2017（4）：31－37.

［240］赵红文，李垣．中国国企经营者“在职消费”行为探讨［J］．西安交通大学学报，1998（5）：82－84.

［241］赵伟华．管理者才能、权力与高管薪酬——基于我国上市银行的经验证据［J］．宏观经济研究，2015（9）：108－115.

［242］赵秀云，周晨．客户关系型交易、权力配置与经理人薪酬契约［J］．华东经济管理，2018（2）：146－153.

［243］赵增耀．董事会的构成与其职能的发挥［J］．管理世界，2002（3）：125－144.

［244］赵志华，王冀宁，张玉鹤．独立董事薪酬制度与独立性关系初探［J］．现代管理科学，2005（3）：82－83.

［245］郑志刚，孙娟娟．任人唯亲的董事会文化和经理人超额薪酬问题［J］．经济研究，2012（12）：111－123.

［246］周美华，林斌，林东杰．管理层权力、内部控制与腐败治理［J］．会计研究，2016（3）：56－63.

［247］周仁俊，杨战兵，李礼．管理层激励与企业经营业绩的相关性［J］．会计研究，2010（12）：69－75.

［248］周兆生．中小企业融资的制度分析［J］．财经问题研究，2003（5）.

［249］朱滔．董事薪酬、CEO薪酬与公司未来业绩：监督还是合谋?［J］．会计研究，2015（8）：49－57.

后 记

上市公司独立董事是指不在公司担任除董事外的其他职务，并与其所受聘的上市公司及主要股东不存在可能妨碍其进行独立客观判断的关系的董事。中国证券监督管理委员会于 2001 年 8 月 16 日颁布了《关于在上市公司建立独立董事制度的指导意见》，并要求上市公司立即施行，这标志着我国证券市场开始建立起独立董事制度。该指导意见规定了上市公司应当建立独立董事制度的办法、独立董事相应的任职条件、独立董事的独立性等条款，同时特别强调了上市公司还应当赋予独立董事以下特别职权：①重大关联交易应由独立董事认可后，提交董事会讨论，独立董事作出判断前，可以聘请中介机构出具独立财务顾问报告，作为其判断的依据；②向董事会提议聘用或解聘会计师事务所；③向董事会提请召开临时股东大会；④提议召开董事会；⑤独立聘请外部审计机构和咨询机构；⑥可以在股东大会召开前公开向股东征集投票权。独立董事制度实施以来，学者对其效果进行大量研究，但总体上并没有取得一致结论。

所有权和控制权分离是现代企业发展中的普遍现象。在委托代理关系中，由于股东与管理者的目标函数不一致，加之双方信息不对称，管理者有可能利用其私有信息和实际经营决策权做出有利于自身利益、损害股东利益的经营决策，从而导致股东与管理层会产生利益冲突。股东与管理者之间的利益冲突主要表现在直接侵蚀股东财富和间接侵蚀股东财富两个方面，前者如高薪与在职消费，后者表现为由管理者帝国建造引起的过度投资、由管理者的风险态度和任期观念引起的投资不足等投资行为对股东财富的影响。

考虑到独立董事基本职权和股东与管理层之间的典型代理问题，本书围绕独立董事、高管薪酬与公司业绩相关主题展开。本书得到了吴丽丽、曾碧蓉、汪青、袁修霞、熊谜等同学的大力支持，他们为本书的撰写提供了大量资料。在写作过程中，江西师范大学财政金融学院的领导与同事给予了许多帮助。在此，特向他们表示衷心的感谢！

由于个人能力及时间有限，本书难免存在不足，敬请批评指正。

袁春生

2020 年夏于南昌